项目资助

宁夏高等学校一流学科建设（教育学）资助项目（NXYLXK2017B11）

中国基础教育
课程文化价值追求研究

邱芳婷 / 著

中国社会科学出版社

图书在版编目（CIP）数据

中国基础教育课程文化价值追求研究／邱芳婷著．—北京：中国社会科学出版社，2018.12

ISBN 978-7-5203-3691-8

Ⅰ.①中… Ⅱ.①邱… Ⅲ.①基础教育—课程建设—研究—中国 Ⅳ.①G632.3

中国版本图书馆 CIP 数据核字（2018）第 272194 号

出 版 人	赵剑英
责任编辑	赵　丽
责任校对	王　龙
责任印制	王　超

出　　版	中国社会科学出版社
社　　址	北京鼓楼西大街甲 158 号
邮　　编	100720
网　　址	http://www.csspw.cn
发 行 部	010-84083685
门 市 部	010-84029450
经　　销	新华书店及其他书店
印　　刷	北京明恒达印务有限公司
装　　订	廊坊市广阳区广增装订厂
版　　次	2018 年 12 月第 1 版
印　　次	2018 年 12 月第 1 次印刷
开　　本	710×1000　1/16
印　　张	17
插　　页	2
字　　数	267 千字
定　　价	69.00 元

凡购买中国社会科学出版社图书，如有质量问题请与本社营销中心联系调换
电话：010-84083683
版权所有　侵权必究

目　录

第一章　绪论 ……………………………………………………（1）
　　第一节　问题的提出 …………………………………………（1）
　　第二节　基本概念界定 ………………………………………（7）
　　第三节　研究目的和意义 ……………………………………（17）
　　第四节　研究思路与研究方法 ………………………………（18）
　　第五节　文献综述 ……………………………………………（21）

第二章　课程文化及其价值追求解读 …………………………（45）
　　第一节　课程文化释义 ………………………………………（45）
　　第二节　课程文化的表征方式 ………………………………（60）
　　第三节　课程文化的价值追求解析 …………………………（61）

第三章　中华人民共和国成立至 20 世纪末中国基础教育课程文化的价值追求 ………………………………………（65）
　　第一节　中华人民共和国成立初期基础教育课程文化的
　　　　　　价值追求（1949—1952 年）………………………（65）
　　第二节　第一个五年计划时期基础教育课程文化的
　　　　　　价值追求（1953—1957 年）………………………（77）
　　第三节　20 世纪 50 年代末至 60 年代中期基础教育
　　　　　　课程文化的价值追求（1958—1965 年）…………（88）
　　第四节　"文化大革命"期间基础教育课程文化的
　　　　　　价值追求（1966—1976 年）………………………（101）

第五节　恢复和重建期基础教育课程文化的
　　　　价值追求(1977—1985年) ……………………………(114)
第六节　20世纪80年代中期至20世纪末基础教育
　　　　课程文化的价值追求(1986—1999年) ………………(127)

**第四章　21世纪以来基础教育课程文化的
　　　　价值追求(2000年至今)** ………………………………(145)
第一节　21世纪以来基础教育"课程选择的文化" ……………(146)
第二节　21世纪以来基础教育的"课程主体文化" ……………(156)
第三节　21世纪以来基础教育课程文化的特点 ………………(164)
第四节　21世纪以来基础教育课程文化的价值追求
　　　　及其实现 …………………………………………………(174)

第五章　基础教育课程文化"应然"的价值追求构建 ……………(180)
第一节　中华人民共和国成立以来基础教育课程文化及其
　　　　价值追求的反思 …………………………………………(180)
第二节　基础教育课程文化价值追求"应然"构建的
　　　　理论基础 …………………………………………………(192)
第三节　基础教育课程文化价值追求"应然"构建的
　　　　实践依据 …………………………………………………(212)
第四节　当前中国基础教育课程文化"应然"的价值追求 ………(218)

第六章　基础教育课程文化"应然"的价值追求的实现策略 ……(227)
第一节　更新和完善基础教育"课程选择的文化" ……………(227)
第二节　落实课程选择的文化,深入开展"课程主体文化" ……(235)

结　语 ………………………………………………………………(252)

附　录 ………………………………………………………………(254)

参考文献 ……………………………………………………………(255)

第一章

绪　论

第一节　问题的提出

价值问题是课程文化研究的核心问题。课程文化的价值就其深层而言，是指课程文化的属性与课程文化主体的需要之间的一种特殊关系，是课程文化的属性、功能对课程文化主体的需要、目的的满足和实现。课程文化的价值追求是指课程文化的主体在教育的过程中作用于课程文化，使其对自己有用、有意义，满足于自己的一定需要。课程文化的价值关系主要体现在课程文化与外部社会需要以及课程文化与人的发展需要两个方面，这就决定了课程文化价值追求也体现在两个层面，即课程文化的内在价值追求和外在价值追求，内在价值追求指向人的发展，外在价值追求指向社会的发展。不同阶段和不同类别的学校课程存在较大差异，不可能同时把所有学校的课程文化及其价值追求都进行分析研究。鉴于基础教育在个体发展过程中和整个教育体制中的基础地位，本书选择基础教育学校课程，研究基础教育课程文化的价值追求。这一问题的提出源于以下因素。

一　课程文化发展的内在需求

课程文化研究是课程论领域的一个热点问题，近年来呈现出理论研究逐渐深入、文化视野中的课程改革研究受到广泛关注、课程文化的反思、批判和构建问题日益凸显等特点。然而，在全球多元文化背景下，课程文化受到新时代的检视，加上全球多元文化对课程改革的影响，深入本质的研究甚少。课程文化的核心问题是价值问题，要触及课程文化的本质必然要研究课程文化的价值问题。就目前课程文化的研究现状来看，在数量上，课程文化的价值问题的研究在整个课程文化的研究中所占比重较小；在内容上，对课程文化的价值问题的研究以课程文化的价值取向研究为主，大多数是批判课程作为一种社会文化的工具存在，进而提出课程文化的"应然"价值取向，在一定程度上揭示了课程文化存在的问题，但解决策略侧重于理论层面的应然构建，不利于问题的真正解决。课程文化的深入发展需要弄清课程文化的本质，一方面，课程来源于文化，课程对文化的传承性不可否认，这主要是课程文化对社会这一主体需要的满足，也是课程文化外在价值的体现；另一方面，课程本身也是一种文化存在，但这一点长期以来被忽视，致使课程文化对人这一主体需要的忽略，寻回课程的文化品性，是实现人的价值的需要，也是课程文化内在价值的真正体现。因此，追求课程文化外在价值和内在价值的实现，是课程文化深入发展的内在需求。

二　基础教育的实践需要

（一）基础教育课程改革的文化性缺失

中华人民共和国成立至 20 世纪末，先后进行了七次基础教育课程改革，主要是服务于当时国家和社会发展的需要，很少考虑人自身发展的需要。基础教育课程文化主要是传承社会主流文化，强调课程文化的外在价值，忽略课程文化的内在价值。从课程文化的主要载体教材来看，"主要是以教材文本的变换为主，多是对课程的局部调整与修正，缺乏从课程文化建设的角度对课程改革进行反思，从而导致课程改革只是修修补补，革而不新，这实际上显示了课程文化的失语与无奈"[1]。以往的课程改革都强调了课程作为文化传承的工具性，致使基础教育课程改革的文化性缺失。

（二）基础教育课程改革深化的需要

新一轮基础教育课程改革是一次大规模的整体改革，根本理念是"为了每位学生的发展"，要实现工具理性取向到文化价值取向的转变，

---

[1] 张晓东：《课程文化自觉：实现课程改革的文化转向》，《当代教育科学》2004 年第 18 期。

从侧重课程文化的外在价值（促进社会的发展）到强调课程文化的内在价值（促进人的发展），较以往的基础教育课程改革有很大进步。这次的课程改革涉及校园环境的改善、管理方式的更新、教学内容的改变、教学方法的改革等各个方面，其核心是重建学校课程文化，也是推进课程改革的根本保证。在课程文化的重建中实现课程自身的文化品性，真正实现人的发展，这是课程文化的旨趣所在，也是中国课程改革的价值追求的导向所在。然而，在十多年的基础教育课程改革过程中，基础教育课程文化的重建遇到了来自课程文化外部和内部的诸多阻碍。寻回基础教育课程的文化品性，追求基础教育课程文化外在价值和内在价值的共同实现，依然是基础教育课程文化建设的未来方向。

（三）当前中国中小学生的发展需要

文化学的基本观点认为：文化的实质性含义是"人化"或"人类化"。文化是一种"人化"，人在生活中追求价值，并创造了丰富的价值，而文化价值是最基本的价值。文化价值可以理解为其对象属性对人成为"人"的意义，这里的"人"是一定历史文化中的人们关于人的理念，是我们用以作为人的标准的那个"人"，是理想和应然状态的"人"，即文化价值问题就是"人"的意义问题。"人"的意义问题是一个古今中外的哲学家们一直思考和追问的问题，中国古代的老子、孔子、孟子等，西方古代的释迦牟尼、苏格拉底、耶稣等都从不同的角度追问"人"的意义，这些追问都涉及人的基本问题：什么是人？人应该怎样？做人遵循的基本价值是什么？不同历史时期的回答具有不同特点，古代哲人教导人们如何做人，侧重道德义务的履行、笃信教义、恪守传统；启蒙思想家依据对上帝法则的信仰和自然状态的假设，构建了天赋人权、自由平等博爱、人的利己主义天性等基本价值；西方近代文明通过工业、科学、技术使人们关注的焦点转向了真理、效益、功利，"人"的意义问题被逐渐淡忘。[①] 在人类努力实现现代化的过程中，科学技术飞速发展，物质财富极大丰富，但同时也给人类社会带来了巨大危机，如传统价值的逐渐衰落，全球化带来的冲突与困惑，科学技术对人的价值的挑战。总体来看，无不显示当代"人"的意义的失落和当代社会的文化价值危机。在

---

① 孙美堂：《文化价值论》，云南人民出版社2005年版，第2页。

中国大力促进社会主义现代化建设进程中，这些特征也日益凸显，"人"的意义的失落和社会的文化价值危机体现在整个社会的各个层面和各类人群。

作为基础教育课程文化的出发点和落脚点的中小学生，目前在发展方面存在诸多问题。首先是部分学生发展动力匮乏的问题。日益富足的物质生活使他们缺乏追求更大价值发展的积极性、主动性和刻苦精神。发展动力匮乏是学生学习困难和学业不良的重要原因之一，学生之间的发展水平差距过大，后进学生的发展需求不能够得到很好的满足。其次是片面发展问题。这是一个世界性的老问题，在中国表现尤其突出，迄今为止没有得到很好的解决。学生的发展主要表现在体质或智能的发展方面，但在情感领域、道德领域或价值领域、人格领域没有同样地进步，部分学生在情感、道德、价值观以及人格领域存在问题，吸毒、酗酒、自杀、抑郁等心理、精神问题屡见不鲜，极大地威胁着他们的健康和发展。再次，学生个性、社会性与类特性的发展不够和谐。完整的人性包括了个性、社会性和类特性三个部分，分别反映和支配了人们的三种生活状态。人的发展，人性的形成和提升，应当是这三部分之间的和谐一致，帮助人们不仅成为他们自己，而且成为合格的社会公民和人类大家庭中的一员。但是，现实生活中的观察表明，部分学生过分关注自我成长，而对他者或组织成长的关注较少，呈现出社会责任感和人类意识薄弱的特点。总之，当前中国中小学生的发展问题需要反思现行的基础教育课程文化及其价值追求。

三 时代文化的现实诉求

（一）培育和谐文化的需要

建设社会主义和谐社会，是中国目前社会发展的总体战略目标。建设和谐社会的本质和灵魂是和谐的文化精神和文化境界。和谐文化以人的全面发展为旨归。文化通过价值理性和工具理性两种方式促进人类社会的发展，人类社会的历史也透过文化的发展和创新逐渐提升人类的生存价值和文明程度，从而使人成为具有崇高境界的全面自由发展的主体。但是，工业文明在促进人类社会的物质文明巨大进步的同时，过分张扬其工具理性，而忽略了它的价值理性①。人的整体的、完善的发展是社会主义文化所追求的目标，是先进生产力发展的必然要求，也是社会经济和文化发展的最终目的。培养全面发展的人，是文化建设的目的，也是教育的目的，而对于教育的核心部分的课程而言，实现以全面发展的人为宗旨的社会主义和谐文化是课程文化的价值追求之一。

(二) 教育公共性实践的需要

我们的教育还面临着一个重要问题，那就是教育的公共性问题。当前，中国教育的"私化"现象逐渐凸显（如通过扩大办学规模，把教育的公共资源转化为少数人的个人利益；通过名额限制的方式招收高价择校生，把国家的公共教育资源变为获得非公共利益的手段等），教育的公共性式微，主要表现为教育的公共责任意识薄弱，也致使我们的教育可能培养出缺乏公共精神与公共理性的社会成员和缺乏具有公共德性、平等意识和民主意识的公民。如果这种状况不改变，教育和社会中的不公正和不平等就无法减少，还可能使我们的社会遭遇阶层分裂、社会冲突、正义削弱等严重的问题②。所以，彰显教育的公共性，培养具有公共精神的公民，既是教育特性的时代变化，也是当代教育发展的新的价值诉求，教育公共性的最终目标在于培养具有公共德性和民主平等意识的公民，这也是课程文化的价值追求之一。

(三) 社会主义核心价值观培育和践行的需要

社会主义核心价值体系初步提出于党的十一届四中全会，即建设"现代化的、高度民主的、高度文明的社会主义强国"。党的十二届六中全会把社会主义核心价值体系与"培养有理想、有道德、有文化、有纪律的社会主义公民，提高整个中华民族的思想道德素质和科学文化素质"联系在一起。十年后，党的十四届六中全会把社会主义核心价值体系的内容与"以马克思主义、列宁主义、毛泽东思想和邓小平建设有中国特色社会主义理论为指导，坚持党的基本路线和基本方针，加强思想道德建设，发展教育科学文化"和"团结和动员各族人民把我国建设成为富强、民主、文明的社会主义现代化国家"联系在一起。又经过十年，党

---

① 王德如：《课程文化自觉论》，博士学位论文，西南大学，2007年，第9页。
② 金生鈜：《规训与教化》，教育科学出版社2004年版，第127页。

的十六届六中全会正式提出了"建设社会主义核心价值体系"的命题①。

党的十八大提出的"24"个字从三个层次提出了社会主义核心价值观：国家层面的富强、民主、文明、和谐；社会层面的自由、平等、公正、法治；公民个人层面的爱国、敬业、诚信、友善。体现了正确处理国家、集体、个人三者利益的关系。富强、民主、文明、和谐是社会主义核心价值观对发展目标的规定，是立足国家层面的价值目标和要求；自由、平等、公正、法治是社会主义核心价值观对价值导向的规定，是立足社会层面的价值目标和要求；爱国、敬业、诚信、友善是社会主义核心价值观对道德准则的规定，是立足公民个人层面的价值目标和要求。作为社会主义意识形态的本质体现和根本要求，一方面，社会主义核心价值观为基础教育课程文化的价值追求指明方向；另一方面，基础教育课程文化也在实现着这些价值目标和要求。

总之，基础教育课程文化的价值追求问题的提出是课程文化发展的内在需求，是基础教育的实践需要，也是时代文化的现实诉求。课程文化具有外在价值（社会价值）和内在价值（育人价值），决定了基础教育课程文化的价值追求体现在两个层面：内在价值追求（育人价值追求）和外在价值追求（社会价值追求）。探寻基础教育课程文化的价值追求是深入剖析基础教育课程发展的实质，形成基础教育课程文化建设的基本思路，也是对课程改革进行理性思考的需要。在外在价值追求（社会价值追求）层面，如何协调各类社会文化之间的关系；如何实现时代文化的现实诉求；如何实现课程文化的社会价值和个体价值的统一。在内在价值追求（育人价值追求）层面，课程文化如何正确处理知识、技能和智慧之间的关系；如何塑造人的完善人格；如何实现人的意义和价值。课程文化自身如何走出课程的"工具理性"，寻回课程自身的文化品性。中国基础教育课程文化体现着"谁"的价值，蕴含着什么样的价值追求？"应然"的基础教育课程文化的价值追求是什么？这都促使我们的思考和探究。

---

① 陈新汉：《论核心价值体系》，《马克思主义研究》2008年第10期。

第二节 基本概念界定

一 课程

课程是一个普遍运用但定义不一的教育术语,不同的学者基于不同的课程理论从不同角度给出了不同的课程定义,可以罗列十几种甚至几十种。从词源上分析,在西方,英语"课程"(curriculum)一词最早出现在英国教育家斯宾塞《什么知识最有价值》(1859年)一书中,源于拉丁语"currere",获得了两种含义,一种含义为名词"跑道"(race course),意为"学习的进程"(course of study),又称"学程",既可以指一门学程,又可以指学校提供的所有学程,也有学者理解为学校的"学科课程",在课程定义中较为常见。另一种含义为动词"跑",意为"人生阅历"(course of life)[①],侧重个体对自己经验的认识,从而引出了完全不同的两种课程理论和实践。在中国,课程一词始见于唐代孔颖达为《诗经·小雅·小弁》中"奕奕寝庙,君子作之"作疏:"维护课程,必君子监之,乃依法制"。宋代朱熹在《朱子全书·论学》多次提到课程,如"宽着期限,紧着课程","小立课程,大作功夫"等,主要指功课及其进程[②]。

目前关于课程的定义繁多,但综观国内外课程文献,比较有代表性的课程定义有以下几种。

(一)课程即学问和学科

把课程等同于学问(discipline)和学科(subject),是最早出现且最为普遍的一种观点。如我国古代的"六艺"(礼、乐、射、御、书、数)、"六经"(诗、书、礼、乐、易、春秋),宋代的"四书"(《论语》《孟子》《大学》《中庸》)。欧洲中世纪初的"七艺"(即文法、修辞、辩证法、算术、几何、天文、音乐等科目)等。今天,把课程视为学问和学科的观点依然常见,美国哥伦比亚大学名誉教授费尼克斯(P. H. Phe-

---

[①] [日]佐藤学:《课程与教师》,钟启泉译,教育科学出版社2003年版,第97页。
[②] 施良芳:《课程理论——课程的基础、原理与问题》,教育科学出版社1996年版,第2页。

nix）在《课程面临的抉择》一文中明确提出："唯有学问中所包含的知识才是课程的适当内容""未被学问化的知识，无论对于教授还是学习，都是不适宜的""一切的教授应当是以学问为中心的。换言之，不进入学习范畴内的事件是教学所不希望的"①。即学问是课程的唯一源泉，学校的学科课程内容应由学问知识构成。

在国内权威的《辞海》《教育大辞典》《中国大百科全书》（教育卷）以及众多教育专著和教育学教材中，普遍把课程看作是学问知识或学科。如：《教育大辞典》将课程定义为："（1）为实现学校教育目标而选择的教育内容的总和。（2）泛指课业的进程。（3）学科的同义语，如语文课程、数学课程等"②。《中国大百科全书》（教育卷）将课程定义分为广义和狭义两种，"广义指所有学科（教育科目）的总和。……狭义指某一门学科"③。

（二）课程即教学计划

这一课程定义包含教学的范围、序列和进程安排，还包括教学方法和技术设计，目的是对课程有一个较全面的把握。例如，美国课程论专家比彻姆认为："课程是书面文件，可包含许多成分，但它基本上是学生注册入学于某所学校期间受教育的计划。"④《简明国际教育百科全书·教育》一书将课程定义为："学校传授给学生的、意在使他们取得毕业、获得证书或进入职业领域的资格的教学内容和具体教材的总计划。"⑤ 中国学者也有类似的提法："课程是指一定学科有目的有计划的教学进程。这个进程有量、质方面的要求，它也泛指各级各类学校某级学生所应学习的学科总和及其进程和安排。"⑥

（三）课程即预期的学习结果

这一课程定义的基础是行为主义心理学和科学管理原理，强调目标预测、行为控制和工作效率，其代表人物主要有博比特、加涅、波范、

---

① 钟启泉：《现代课程论》，上海教育出版社2006年版，第116页。
② 顾明远主编：《教育大辞典》第1卷，上海教育出版社1990年版，第257页。
③ 《中国大百科全书（教育卷）》，中国大百科全书出版社1985年版，第207页。
④ Beauchamp, G. A., *Curriculum Theory*, Wilmette, IL: The Kagg Press, 1975, p. 6.
⑤ 江山野编译：《简明国际教育百科全书·课程》，教育科学出版社1991年版，第64页。
⑥ 吴杰：《教学论》，吉林教育出版社1986年版，第5—6页。

约翰逊等,他们都赞同课程应该是教育者期望实现的教学目标或预期的学习结果,其课程重点是目的而不是手段。这就要求在课程设计时,就预先制订出一套结构化、序列化的学习目标,并围绕着这些学习目标来展开所有教学活动①。如美国课程学者约翰逊认为:课程是"期待的,而不是报告式的"。课程"规定(或至少期待)教学的结果",但"并不规定其手段,也就是说不规定那些为实现结果而加以利用的活动、材料,以至教学的内容"。因此,课程只能由"预期的学习结果的构造系列"所组成②。

(四) 课程即学习经验

把课程视为"学生在学校内所获得的全部经验",强调从学生学的角度确定课程的内涵。从渊源上看,显示了拉丁语的"课程"的动态含义——"人生阅历"(course of life),这一含义在20世纪初美国进步主义教育的普及中得到发展,"课程"意味着学校中所组织、所生成的学习经验的总体。杜威就基于实用主义的经验论,提出课程应与儿童生活紧密联系,应该让儿童直接去体验教材。20世纪30年代,受到经验主义哲学、完形心理学和进步主义教育运动的冲击,关注学生的兴趣、需要和个性发展成为教育发展的主流。因为学习经验的内容过于宽泛而很难把握,一些课程学者试图限定学习经验,如30年代,卡斯威尔和坎贝尔提出了课程是"儿童在教师指导下获得的所有经验"③。《简明国际教育百科全书·教育》中列举的9种有关课程的定义,有4种就是从经验维度来定义的,如"在学校建立一系列具有潜力的经验,目的是训练儿童和青年以群体方式思考和行动,这类经验被称为课程""学习者在学校的指导下所学得的全部经验""通过有组织地重建知识和经验而得到系统阐述的有计划、有指导的学习经验和预期的学习结果,在学校帮助下,推动学习者个人的社会能力不断地有目的地向前发展""课程被看作是有关人类经验——而不是结论的可能思维模式的不断扩大的范畴。但这种可以

---

① 靳玉乐:《课程定义的批判分析》,《焦作教育学院学报》(综合版) 2001 年第 4 期。

② M. Lkhnson, "Ditlnitions and Models in Curriculum Theory", *Educational Theory*, No. 4, April 1967, p. 130.

③ H. L. Casswell & D. S. Campbell, *Curriculum Development*, New York: American Book Company, 1935, p. 66.

从中得出结论的模式，在那些结论和所谓真理的背景中是站得住脚和有依据的"[1]。

（五）课程即文化再生产

很多学者认为学校是培养人的社会机构，要适应社会的发展需求，学校课程必然要反映社会文化的时代特点，也承担着传递和再生产社会文化的任务和使命。这一课程观的倡导者主要是以斯基尔贝克和劳顿为代表的一批英国教育社会学家，他们把课程视为"再生产社会文化的手段和工具"，加强了学校课程和社会生活的联系，但认为课程可以不加批判地再生产社会文化，忽略了现实的社会文化的不合理性和不完满性。当今欧美一些学者认为社会中存在的大量偏见、歧视和不公正反映在学校课程中，社会权力决定了课程知识的选择和分配，课程已成为再生产社会权力的工具。因此，课程的使命不是学生对社会文化的适应或顺从，而是要帮助学生摆脱现存社会制度的束缚，从而建立一种新的社会秩序。

除了上述五种主要的课程定义之外，还有"知识和经验的重建""生产的技术系统""认知—情感内容和过程""思维模式""种族经验"等定义方式。

上述定义，有从静态的视角定义课程，如"课程即学问和学科""课程即教学计划""课程即预期的学习结果"等；有从动态的视角定义课程，如"课程即学习经验""知识和经验的重建""认知—情感内容和过程""思维模式""种族经验"等；有从社会的视角定义课程，如"课程即文化再生产""生产的技术系统"等。可以看出，每一类定义只看到课程的某一侧面或某一要素、某一环节，缺乏从整体上、深层次上去把握和理解课程。因此，晚近的课程定义体现了一种整体的视角。如："课程作为学校教育系统的重要组成部分，作为实现教育目标的主要手段和媒介，其本质内涵应是指在学校教育环境中，旨在使学生获得促进其身心全面发展的教育性经验体系"[2]。日本学者佐藤学把课程定义为"教师所组织、学生所体验的学习经验（履历）"[3]。有学者认为"基于系统论视

---

[1] 江山野编译：《简明国际教育百科全书·课程》，教育科学出版社1991年版，第64页。
[2] 靳玉乐：《现代课程论》，西南师范大学出版社1995年版，第65页。
[3] ［日］佐藤学：《课程与教师》，钟启泉译，教育科学出版社2003年版，第97页。

角的新经验论的课程可以定义为：课程是由人类经验的综合体、教师的经验体系、学生的经验状态三个要素联结构成的，以经验为介质、以学生全面个性发展为最优化目标的系统"①。也有学者认为"课程即经验知识的活动"②。

本书从整体的视角，把课程界定为：学校选择的人类经验和学生学习、体验的活动。它包括"间接经验"和"直接经验"，"间接经验"指学生需要在学校里学习的经过加工和选择的人类经验；"直接经验"指学生在学校里经历、体验、感受到的经验的总体。

二 文化

什么是文化？不同的国家、不同的时代、不同的学科、不同的学者有着不同的说法，据说，关于"文化"的定义现在已有几千种。在这里也不必对此进行详细讨论，但为了深入研究问题的内涵，对文化进行考察和界定是很有必要的。

在西方，从词源上看，"文化"源于拉丁语的"Cultura"，意为"耕种"，安托马·菲雷蒂埃在1690年编撰的《通用词典》中给"culture"下的定义是："人类为使土地肥沃、种植树木和栽培植物所采取的耕耘和改良措施。"③ 此后类推为人类的训导过程，可见，文化的原初含义具有动态性。到了19世纪，却转义为一种自在之物——"文化"，含义主要有："心灵的普遍状态或习惯""整个社会智性发展"和"艺术的整体状况"，到19世纪末产生了第四种意思："包括物质、智性、精神等各个层面的整体生活方式"④。被认为是第一个现代意义上的文化定义是英国的人类学家爱德华·泰勒在《原始文化》（1871年）中提出的："文化是一个复杂的整合体，它是人们作为社会的一员时，所学习而得到的所有事

---

① 杨志娟、蔡淑兰：《课程定义的新视角——基于系统论视角的新经验论》，《内蒙古师范大学学报》（教育科学版）2009年第12期。

② 吴立忠：《课程即经验知识的活动——一种关于课程概念的简约、实用性定义》，《中国教师》2011年第2期。

③ ［法］维克多·埃尔：《文化概念》，康新文、晓文译，上海人民出版社1988年版，第1页。

④ ［英］雷蒙·威廉斯：《文化与社会》，高晓岭译，吉林出版集团有限责任公司2011年版，第4页。

物。它包括知识、信仰、艺术、道德、法律、风俗以及其他能力和习惯"①，这一定义消解了"文化"的精英性，把"信仰"和"习惯"等融入文化的概念之中，强调了文化的"习得性""整体性"特质，其影响重大而深远。继泰勒之后，一些人类学家对文化的意义又有所发展，如拉尔夫·林顿、艾菲尔雷德·克罗伯、皮尔森等人，又增加了文化的"价值性""生活方式""符号象征""文化战略"等特质②。

在中国，文化一词最早可追溯到《易·象传》之释贲卦："小利而攸往，天文也；文明以止，人文也。观乎天文，以察时变，观乎人文，以化成天下。"郑玄注说，"贲，文饰也"。又说，"天文在下，地文在上，天地二文，相饰成《贲》者也。犹人君以刚柔仁义之道饰成其德也"。以上文字就字面意思来看，文化是人文化成，其间人处在中心地位。文化一语分别来看，"文"通"纹"，转义是"文字""文章"等，但不单指文字或文章，所谓"说诗者不以文害辞"（《孟子·万章》上），文既通纹，便除了狭义上的文字，还可指草木纹理、星座龟壳等无数物事。"化"的古字是"匕"。《说文》的解释是"匕，变也"。徐灏注曰："匕化古今字。"是以《易·系辞传》："知变化之道。"《礼记·乐记》则说："和故百物化焉。"化作为变化是为宇宙之道，变化进而演绎为教化，如《周礼·大宗伯》："以礼乐合天地之化。"③ 这里文化的内涵和西方的文化本义具有相似性。

中国学术界对文化问题的关注是 20 世纪 20 年代前后随着西方民族学、人类学的引进而开始的。梁漱溟在其《东西文化及其哲学》一书中，把文化解释为"人类生活的样法"④。胡适提出："文化是一种文明所形成的生活方式。"陈序经认为："一个比较完备的而透彻的文化的意义，是要对于物质的文化和精神的文化的两个方面能够加以兼顾。"陈独秀认为文化的内容"是文学、美术、音乐、哲学、科学这一类的事"⑤。钱穆

---

① ［英］爱德华·B. 泰勒：《原始文化》，蔡江浓编译，浙江人民出版社 1998 年版，第 1 页。
② 石中英：《教育学的文化性格》，山西教育出版社 2007 年版，第 83 页。
③ 陆扬：《文化定义辨析》，《吉首大学学报》（社会科学版）2006 年第 1 期。
④ 梁漱溟：《东西文化及其哲学》，商务印书馆 1929 年版，第 53 页。
⑤ 王焕勋主编：《实用教育大词典》，北京师范大学出版社 1995 年版，第 470 页。

先生认为"文化只是'人生',只是人类的'生活'。……文化是指集体的、大群的人类生活而言"①。学者们或从整体概括或从具体描述的视角对文化下定义。

学术界比较通用的文化的定义分为广义和狭义两种。王焕勋主编《实用教育大词典》认为"从广义来说,指人类社会历史实践过程中所创造的物质财富和精神财富的总和;从狭义来说,指社会的意识形态,以及与之相适应的制度和组织机构"②,与《辞海》中的定义基本相同。《中国大百科全书》将广义的文化定义为总括人类的物质生产和精神生产的能力、物质的和精神的全部产物③。中国学者郑金洲从教育文化的角度认为,广义文化是指人类后天获得的并为一定社会群体所共有的一切事物。它包括三个层面:物质层面、制度层面和精神层面;狭义的文化是一定社会群体习得且共有的一切观念和行为④。

上述对文化的定义,虽说是人们根据不同的研究需要,从不同的视角解释文化,但不影响文化所具有的共同特征:一是文化是人类创造的,而不是天生的自然物,是经过人类加工、改造和创造的。二是文化是学习的产物,是一个动态的过程。三是文化具有社会的特征,即文化是人类社会集体经验的产物。四是文化具有适应的特征,不同的历史时期、不同国家、不同社会、不同地域有不同的文化。五是文化是多方面的复合体,表现为不同形态的特质。文化是物质和精神的统一,文化具有特定的表现形态,如语言、工具、艺术、道德、信仰、法则、秩序等。每一种文化定义有其自身的依据,但不可能完善。因为,文化作为一种客观现象,随着人类的产生而产生,随着人类的发展而发展,人类对文化的认识将随着人类文化的变化、发展进一步深化,对文化概念的把握也不会止步,这也正是文化特征的体现。

综上所述,要给文化下一个完整的概念,需要从动态和静态两个层面去诠释,动态的文化是取文化的原初意义,强调教化、训导,使人和

---

① 钱穆:《文化学大义》,九州出版社2012年版,第4页。
② 王焕勋主编:《实用教育大词典》,北京师范大学出版社1995年版,第470页。
③ 《中国大百科全书(哲学卷)》,中国大百科全书出版社1987年版,第924页。
④ 郑金洲:《教育文化学》,人民教育出版社2000年版,第4页。

社会走向文明的过程；静态的文化包含着理念的现象，如知识、信仰、艺术、道德、法律、风俗等。文化既体现在对传统文化的继承上，也有在此基础上的超越、创新和生成。

三 课程文化

由于课程和文化定义的多样性和不确定性，不同的学者也有了对课程文化的不同阐释和界定（见表1-1）。

表1-1　　　　　　　　我国课程文化定义的对比分析

代表人物	主要观点	特点
郑金洲	课程文化是以学校中群体间的关系和活动为载体，课程文化是师生双方互动的产物。他认为课程文化有两方面的含义：一是课程体现的是一定社会群体的文化；二是课程本身的文化特征。前者主要是就课程是文化的载体而言的，后者主要是就课程是一种文化形式而言的。狭义的课程文化主要指教材文化①	指出了课程作为文化本体的意义，但未深入探讨。认为狭义的课程文化主要是教材文化，只对教材进行了文化分析，未涉及课程文化本体
裴娣娜	课程文化指按照一定社会发展对下一代获得社会生存能力的要求，对人类文化的选择、整理和提炼而形成的一种课程观念和课程活动形态②	将课程文化作为学校教育活动的生存方式，从理念和活动形态来加以把握
黄忠敬	课程文化是用文化的眼光认识课程的思维方式和研究方法，也是具有实体内容和对象化的文化结构，它既是"文化载体"又是"文化形式"③	指出课程既是对文化的选择，其本身也是一种文化现象

---

① 郑金洲：《教育文化学》，人民教育出版社2000年版，第288页。
② 裴娣娜：《多元文化与基础教育课程文化建设的几点思考》，《教育发展研究》2002年第4期。
③ 黄忠敬：《课程文化释义：一种分析框架》，《学术探索》2002年第1期。

第一章 绪论 / 15

续表

代表人物	主要观点	特点
郝德永	课程文化是一种教育学化了的文化,并赋予了课程文化的"我性"原则,使课程文化成为一种自主的、自为自律的文化形态或现象①	强调了课程文化的自主性,却把课程文化局限为一种文化形态或现象
王海燕	课程文化是课程在实现其特定功能的过程中体现出来的文化特质的复合体。课程文化的表现形态有呈现课程的物质形态(如教材)、围绕着课程的选择、组织、实施、评价所形成的规范以及在其物质层面和规范层面中体现出来的精神文化②	从社会文化学的角度界定课程文化,扩大了课程文化的认识视野。但把课程文化的主体局限于课程管理者、教材编写者等专家。忽视了作为课程主体的教师和学生
范兆雄	从本体论、关系论、实践论三个层面探讨课程文化的意义③	课程文化是价值负载的,体现了课程与文化的复杂关系,需要从课堂生活中师生共同建构的课程文化过程去探讨
金志远	课程文化不是"课程+文化"或"文化+课程",既不是"课程"与"文化"两个词及含义的黏合,也不是这两个词的简单相加,是一种具有自身质的规定性的文化形态,即:主体发展的文化资源④	指出了课程文化对主体具有发展作用,但把课程文化视为外加于主体的课程生活中的文化资源,忽视了作为课程文化主体的教师和学生的作用
姜新生	课程文化是一种具有自身质的规定性的文化形态,是一种教育学化与人学化的文化,是课程在运行过程中所蕴含并显现出来的文化特质⑤	不仅表现为课程意识、课程思想、课程价值等内隐的意识形态,而且表现为课程设施、课程制度、课程政策以及课程行为等外显的文化形态

---

① 郝德永:《课程与文化——一个后现代的检视》,教育科学出版社2002年版,第379页。
② 王海燕:《地域文化与课程——关于人与文化的思考》,博士学位论文,华东师范大学,2003年,第31页。
③ 范兆雄:《课程文化发展研究》,博士学位论文,西北师范大学,2004年,摘要。
④ 金志远:《课程文化:实质、属性与特征》,《内蒙古师范大学学报》(教育科学版)2005年第11期。
⑤ 姜新生:《批判与建构:学校课程文化研究》,博士学位论文,湖南师范大学,2008年,第32页。

续表

代表人物	主要观点	特点
江红来	课程文化就是作为主体的学生和教师对知识和经验的共同学习和体验过程[①]	重视了课程中教师和学生的主体地位及其学生的学习和体验过程,强调了课程文化的动态过程性

综上所述,学者们从不同的视角对课程文化进行了界定和分析。尽管不同的定义具有不同的特点,但都肯定课程来源于文化,并选择文化这一特点,存在对课程文化的动态生成性和作为课程文化主体的教师和学生关注不够等不足。基于此,本书认为,课程文化是指依据一定的标准选择进入课程领域的人类文化以及课程主体围绕课程活动形成的课程观念和课程活动形态。包括两层含义:一是课程选择的文化,指课程对文化的选择,体现了课程对文化的继承;二是课程主体文化,是指作为课程主体的教师和学生在课程活动过程中形成的课程观念和课程活动形态(见图1-1)。

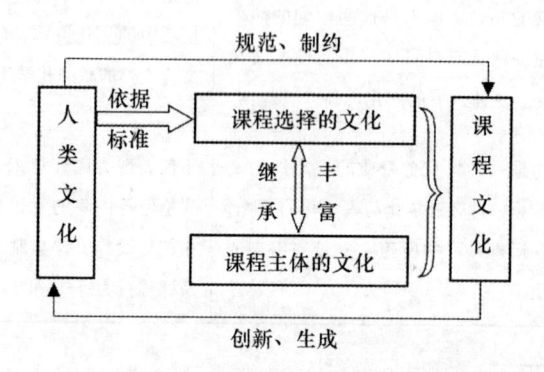

图1-1 课程文化概念图

[①] 江红来:《课程文化定义的探讨》,《辽宁教育研究》2006年第9期。

四 课程文化的价值追求

马克思曾说过:"价值是揭示外部客观世界对于满足人的需要的意义关系的范畴,是指具有特定属性的客体对于主体需要的意义。"[①] "价值"概念,就其深层而言,它是指客体和主体(人)的需要之间关系的普遍范畴,即客体满足人的需要的关系[②]。价值的主动追求者是作为主体的人,客体则是价值的客观承担者,客体对主体具有价值是指客体满足了主体的一定需要。从本质上来说,"价值可以理解为客体对于人的作用、效用。"[③] 因此,课程文化的价值就其深层而言,是指课程文化的属性与课程文化主体的需要之间的一种特殊的关系。课程文化的价值追求是指课程文化的主体在教育的过程中作用于课程文化,使其对自己有用、有意义,满足于自己的一定需要。课程文化的价值关系主要体现在课程文化与外部社会需要以及课程文化与人的发展需要两个方面,这就决定了课程文化价值追求也体现在两个层面,即课程文化的内在价值追求(育人价值追求)和外在价值追求(社会价值追求)。

第三节 研究目的和意义

一 研究目的

本书在对文化和课程的概念进行梳理和分析的基础上,从整体视角界定课程文化,探寻中华人民共和国成立以来的基础教育课程文化及其价值追求,结合历次基础教育课程改革的历史特点,顺应时代文化的现实诉求,构建基础教育课程文化"应然"的价值追求,并探究其实现路径。以期实现以下目的:一是从整体视角诠释课程文化的内涵,深入研究课程文化的核心问题;二是探寻中华人民共和国成立以来基础教育课程文化及其价值追求变迁历程;三是基于中华人民共和国成立以来基础

[①]《马克思恩格斯全集》(第19卷),人民出版社1965年版,第406页。

[②] 夏晋祥、赵卫:《论人类教育价值追求的三次转换》,《教育研究与实验》2008年第4期。

[③] 袁贵仁:《价值学引论》,北京师范大学出版社1991年版,第50页。

教育课程文化价值追求的反思，构建当前基础教育课程文化"应然"的价值追求；四是提出基础教育课程文化"应然"价值追求的实现策略。

二 研究意义

理论意义：一是从整体的视角界定课程文化，便于全面深刻地理解课程文化的内涵；二是梳理中华人民共和国成立以来历次基础教育课程文化及其价值追求的历史经验，为基础教育课程改革研究提供新的视角；三是构建基础教育课程文化的"应然"价值追求并提出实现策略，丰富课程文化理论。

实践意义：一是梳理中华人民共和国成立以来基础教育课程文化的社会价值追求和内在价值追求，从新的视角去分析历次课程改革的不合理之处，为现行基础教育课程改革提供借鉴；二是构建基础教育课程文化的"应然"价值追求，为基础教育课程文化的深入开展提供理论依据；三是探究基础教育课程文化"应然"价值追求的实现策略，为基础教育课程文化的建设提供一定的理论指导和实践参考。

第四节 研究思路与研究方法

一 研究思路

本书以课程文化、基础教育课程文化和基础教育课程文化的价值问题等理论研究成果为基础，从整体的视角，课程选择的文化和课程主体文化两个层面界定课程文化。并以此为依据，综合运用文献研究法、历史研究法、比较研究法和访谈法，对中华人民共和国成立以来中国基础教育课程文化及其价值追求进行梳理和分析。基于对中华人民共和国成立以来中国基础教育课程文化及其价值追求的反思，以元理论、社会结构功能理论和马克思主义"人的全面发展"理论为理论基础，以目前国内外社会背景为实践依据，构建当前基础教育课程文化"应然"的价值追求，并提出实现策略（见图1-2）。

二 研究问题域

本书要解决的问题是：基础教育课程文化"应然"的价值追求"是

图1-2 研究思路

什么"和"怎么做"的问题，围绕这一核心问题，需要解决的具体问题包括：

1. 课程文化是什么？
2. 课程文化的价值追求是什么？
3. 基础教育课程文化的表征形式是什么？
4. 中华人民共和国成立以来中国基础教育课程文化及其价值追求是什么？
5. 中国当前基础教育课程文化"应然"的价值追求是什么？
6. 如何实现当前基础教育课程文化"应然"的价值追求？

三 研究方法

本书主要采用文献研究法、历史研究法、比较研究法和访谈法。

第一，文献研究法。文献研究法是对文献进行查阅、分析、整理并力图找寻事物属性的一种研究方法。本书涉及的文献包括两个层面：一是对以往有关课程文化研究的中英文文献（包括网络文献、杂志期刊、学位论文、著作等）进行查阅、分析与整理，界定课程文化，并力求在尊重课程文化研究事实的基础上，具体、全面而又发展地看待与考察研究对象，指出已有课程文化研究中存在的不足，为本书研究寻找发展的空间。二是对中华人民共和国成立以来历次基础教育课程改革的任务和培养目标、教学计划、教学大纲和教材建设等具体的文献进行查阅、整理和比较分析，分析不同历史时期基础教育课程文化及其价值追求。

第二，历史研究法。是通过整理、比较史料，在错综复杂的历史中分析和清理出发展线索，明确其内在的相互关系或因果关系，决定问题的是非[①]。本书是对中华人民共和国成立以来历次基础教育课程改革中基础教育的任务和培养目标、课程目标、教学大纲（课程标准）和教材建议及其课程改革实践等进行梳理，以期揭示基础教育课程文化及其价值追求的变迁理论。这些梳理必须深入当时特定的社会条件和生产发展对课程文化的要求和影响，在当时整个社会背景下去考察，尽量客观地把握基础教育的课程文化及其价值追求，做出历史的正确判断。此外，用历史的研究方法，还在于用发展的、联系的观点去研究基础教育课程文化，既要考虑到基础教育课程文化发展的动态生成性，又要考虑它与其他社会文化之间的联系性。

第三，比较研究方法。比较研究是把有某些联系的事物在不同时期、不同背景下的不同表现放在一起进行考察，寻找其异同，以揭示对象所特有的质的规定性。中华人民共和国成立以来，每次基础教育课程改革都蕴含着不同的课程文化价值追求，具有鲜明的时代特色，也体现了课程文化的继承性，有个性也有共性。因此，对每一时期基础教育课程文化及其价值追求进行比较研究，分析其变革的原因，理性认识基础教育课程文化及其价值追求与社会发展之间的关系，以期构建基础教育课程文化"应然"的价值追求。

第四，访谈法。是指通过访员和受访人面对面地交谈来了解受访人的心理和行为的心理学基本研究方法。根据访谈进程的标准化程度，可将它分为结构型访谈和非结构型访谈。为了深入了解中华人民共和国成立以来的课程主体文化，本书选取了 5 名访谈对象。分别为接受过不同历史时期的基础教育和在基础教育阶段任过教或现任教师，以期了解当时教师和学生的课程观念、主要活动和行为方式（访谈提纲见附录）。

---

① 裴娣娜：《教育研究方法导论》，安徽教育出版社1995年版，第146页。

第五节 文献综述

一 国外课程文化研究述评

（一）国外课程文化的研究历程

从19世纪末20世纪初课程成为一个专业化的研究领域以来，大多数研究者总是站在一定的文化视角上来展开课程研究，提出课程改革方案，如19世纪末到20世纪上半叶，美国课程领域形成了文化观点不同的四种相互竞争的学派：（1）古典人文主义，如埃利欧特（Eliot C. A.）拥护自由艺术和传统的价值与文化的传播；（2）儿童中心的领导者，如霍尔（Hall G. S.）认为课程内容应该取决于儿童的发展状况；（3）社会效率的拥护者，如博比特（Bobbitt J. F.）把课程看作机械地为儿童准备适应新的工业社会的成人生活的过程；（4）社会重构主义者，如拉格（Rugg H.）要求课程通过教给学生以新的正义和品质而实现改造社会。"古典人文主义统治着19世纪的美国课程；社会效率与科学课程编制在20世纪前20年处于主导；与儿童发展相关的设计与活动课程活跃于20年代；社会重构主义则在30年代最强盛"[①]。课程领域的这种纷争普遍存在于世界各国。

20世纪60年代，受文化研究的影响，西方学者开始了课程文化的研究，特别是泰勒以来的科学化、技术化的课程研究的片面与不足之处日益显现出来，在对课程现代化改革运动的反思中，一些学者开始反思课程在造成教育不公平过程中的社会文化原因。受英国的威廉斯（Wilhams R.）所开创的文化研究的影响，以英国的伯恩斯坦（Bernstein B.）、迈克·扬（Young M. F. D.）、法国的布迪厄（Bourdieu P.）和美国的阿普尔（Apple M. W.）为代表的新教育社会学或课程社会学派开始探讨课程作为知识的社会建构或文化再生产与资本主义的意识形态、社会结构之间的关系，揭示课程文化内容的选择实施是对不合理和不平等的资本主义生产关系的复制，以促进课程政策的调整和师生的社会道德

[①] McNeil, J. D., *Curriculum: a Comprehensive Introduction*, New York: Harper Colons Publishers, 1996, pp. 406–407.

觉悟，实现师生的自我解放和自由与全面的发展。到20世纪70年代，随着英国"新"教育社会学对学校教育微观层面的关注，开始探讨课程及教科书中的文化、政治和经济特征，展开了一系列卓有成效的研究，进而开辟了课程社会学这一专门的研究领域。从已有研究来看，研究者从文化的视角，借用社会学、文化学研究方法研究了学校课程与社会文化的关系、学校课程文化（如学生同辈文化、教材文化、教师文化等）并揭示主流文化如何作用于学校课程，少数民族、女性等非主流文化群体的文化如何在学校课程中受到忽视等问题。20世纪80年代中期，随着冷战结束带来的意识形态的淡化，受西方自由主义思潮的影响，在英美国家关注教育质量的优异与卓越的背景下，对与市场相适应的课程质量和效率的关注超过了对民主和公平的关注。课程中的阶级文化矛盾不再是关注的焦点。相反，不同学校之间的差异成为对教育质量起决定作用的因素。一些研究者开始转向关注学校的文化特征对课程质量和效率的影响，研究作为潜在课程的学校价值观、行为准则和制度等学校组织文化因素对课程实施与学生发展的关系，致力于进行学校文化的改革。

20世纪90年代以来，随着信息社会的发展、经济全球化的进程和欧洲一体化的确立，社会分化进一步加剧，文化的冲突表现为新的形式。种族文化、性别文化间的冲突凸显，青年一代成长面临着文化认同和文化身份的危机。课程的文化研究开始从阶级文化对课程民主化影响的研究转向性别、种族文化对课程文化选择影响的关注。不少学者主张立足课程现代化和后现代主义之争，在后现代主义文化理论指导下，探讨在全球化社会中的多元文化与课程改革的关系[1]。派纳（Pinar W. F.）在《理解课程》中指出，美国课程研究领域自20世纪70年代中期以来发生了重要的"范式转换"：由"课程开发"范式转向"课程理解"范式[2]。这种范式大致分成两种理论倾向。第一种倾向以现象学、存在主义、精神分析理论为理论基础，着眼于个体自我意识的提升与存在经验的发展。我们可以粗略地将这种倾向称为"存在现象学"课程论。以派纳、格鲁

---

[1] 胡定荣：《课程改革的文化研究》，教育科学出版社2005年版，第24—25页。
[2] Pinar, W. F., Reynolds, W. M., Slattery, P., Taubman, P. M., *Understanding Curriculum*, New York: Peter Lang Publishing, 1995, p. 1.

梅特（Grumet M. R.）、格林（Greene M.）、休伯纳（Heubner D.）、威利斯（Willis G..）、范梅南（Mannen M. V.）等为主要代表。第二种倾向以法兰克福学派、哲学解释学、知识社会学为理论基础，着眼于对社会意识形态的批判与社会公正的建立，我们可以粗略地将这种倾向称为批判课程论。以阿普尔、麦克唐纳（Macdonald J. B）、吉鲁（Giroux H.）、韦克斯勒（Wexler P.）、曼恩（Mann J.）等为主要代表。这两种理论倾向具有内在的一致性：追求"解放兴趣"。"解放兴趣"（emancipatory initerest）亦称"解放理性"，是"人类对解放（emancipation）和权力赋予（empowerment）的基本兴趣，这类兴趣使人们通过对人类社会之社会结构的可靠的、批判性洞察而从事自主的行动"[①]，"解放兴趣"是人类最基本的、"纯粹"的兴趣。课程研究的价值取向由对"技术兴趣"的追求逐渐转向"实践兴趣"，最终指向"解放兴趣"；课程研究的基本课题由"课程开发"——探讨课程开发的规律、规则与程序，逐渐转向"课程理解"——把课程作为一种"文本"来解读其蕴含的意义。

进入21世纪，美国课程论一些专家逐步关注起课堂层面的课程文化，美国学者帕梅拉·博洛廷·约瑟夫等人所著的《课程文化》，借鉴人类学方法将美国课程的理论和实践归纳为六种课程文化：工作和生存训练、承接圣典、发展自我和精神、建构理解、思考民主主义和正视主导秩序等。进一步认识、考察和思索那些为学校和课堂而计划，并在学校和课堂里实施的课程，提供相关的知识以帮助教师理解和反思他们的工作所具有的社会目的和人类目标，并且据此决定教什么以及如何教，其最大价值在于让教师明白两点：其一，学生才是教育的主体，无论教师采用何种教授方法，最终目的都只有一个，就是让学生感兴趣，从而真正有所收获；其二，课程设计绝对不能简单地执行已经设计好的方案，教师只有对课程的目的和所教授对象的需要有更为深刻、更为整体的思考，才能将课程设计好，才能圆满地实现课程目的[②]。

---

① Grundy, S., *Curriculum: Product or Praxis*, Lewes: Falmer, 1987, p. 19.
② ［美］帕梅拉·博洛廷·约瑟夫等：《课程文化》，余强译，浙江教育出版社2008年版，"前言"。

（二）国外课程文化研究的进展和存在的问题

1. 课程与文化的关系问题

课程与文化的关系问题主要涉及课程与文化在多个层面的相互关系和相互作用，是课程文化研究中历史久远的问题，也几乎是所有研究者都会涉及的问题。主要的代表性观点有以下三个：

（1）课程作为"文化代码"

这一观点的代表人物是伯恩斯坦，课程作为"文化代码"的观点在他的《阶级、代码与控制：社会传递理论》和《教育知识的分类和框架结构》中都有详细阐述。他以"分类"和"架构"的概念来探讨权力、控制和课程知识组织的关系。"分类"是指内容与内容之间边界保持的程度。"架构"是指对传递内容的选择、组织和速度的控制程度。"编码"是指不同信息系统的调节原则。在此基础上，伯恩斯坦界定了两种教育知识的"编码"："集合编码"（Collection code）和"整合编码"（integrated code）[1]。这两种编码代表着两类课程："集合课程"和"整合课程"。"集合课程"是"分类"界限明显，"架构"控制力度较强的课程，而"整合课程"是指"分类"界限较为模糊，"架构"控制力度较弱的课程。伯恩斯坦就是通过知识的"分类"和"架构"的理论来说明教育知识与权力分配、社会控制之间的关系的，并进一步阐明教育知识"编码"再生产社会文化的运作机制。其他许多学者，如英国的迈克·扬、美国的斯坦利（Stanley W. O.）也认为课程是系统化的、可控化的特定文化规则和知识[2]。

伯恩斯坦从社会学视角对课程加以分类，并把课程的变化与社会的变化联系起来，研究课程组织、师生角色以及学校中权力关系的变化，同时，他的文化编码理论确立了社会本位的、规范化的社会文化构成了学校课程的本体。这揭示了课程类型社会学分析的意义和课程的基本文化功能，为课程文化研究提供了新的视角。但是，课程作为"文化代码"

---

[1] Bernstein B., *On the Classification and Framing of the Educational Knowledge in Class*, *Codes and Control*, London: Routledge, 1977, p. 90.

[2] ［美］斯坦利：《学校与文化的关系》，转引自瞿葆奎《教育学文集·教育与社会发展》，人民教育出版社1989年版，第432页。

赋予了课程社会文化工具的角色和品质，导致课程文化主体性的缺失。

(2) 课程作为"文化资本"

这一观点的代表人物是法国的布迪厄，他区分了经济资本、社会资本和文化资本，认为资本的不同形式之间可以相互转换。布迪厄认为，"文化资本"是社会化的产物，具有三种形态：第一是具体的状态，以精神和身体的持久的"性情"的形式存在，如个体的语言风格、行为习惯、人格类型、文化习俗等，属于外在的"文化资本"的内化效果；第二是客观的状态，以文化商品的形式而存在的物化状态的"文化资本"；第三是体制的形态，以一种客观化制度形式而存在的文化资本，例如学术资格、文凭就是典型的制度化的文化资本。任何社会的文化都具有维持现有社会结构和经济结构的重要作用，当权者或多或少地占有对他们有利的文化，这就是"文化资本"。学校课程所选择、传递的文化都不能超越这些"文化资本"，都由统治阶层的意识形态和文化习俗所构成，体现了绝对的"符应"形制和原则[1]。

布迪厄将"文化资本"的理论应用于教育研究，认为教育是文化再生产的工具[2]，它再生产了社会的财富和权力的不平等，并使之合法化。教育制度需要一种从家庭中获得的文化能力，这种能力是教育本身所不能提供的，它有利于来自具有"文化资本"的良好教育家庭的儿童。来自中上层家庭的学生学业优异，是由于家庭中通过社会化接受了与教育的文化基本一致的文化所致。而享受这种社会化过程，并赋予文化资本的是统治阶级的子女。社会统治阶级的文化似乎决定着教育知识的基本结构，教师的权力也是由统治阶级的文化所赋予的。并不是像人们设想的那样，学生们被授予差异性的课程，也不是教师对于其学生抱有偏见，而正是共同的课程、有效的接受，才使得其本身成为有偏见的教育形式。其他的一些学者，如鲍尔斯（Bowles S.）、金蒂斯（Gintis H.）、马斯格雷夫（Musgrave P. W.）等学者也分别从"符应"和其他的视角探讨了课

---

[1] 包亚明：《文化资本与社会炼金术》，上海人民出版社1997年版，第196—201页。
[2] Bourdieu, P. and Passeron, J., *Reproduction in Education, Society and Culture*, London: Sage, 1977, p. 75.

程作为一种文化资本的意义①。

课程作为"文化资本"的观点，具有较强的政治与经济的价值旨趣。布迪厄的文化资本理论实质上是文化代码理论的延伸和发展，并且揭示出课程是一种具有实利性、象征性价值的客体。这为课程文化的研究注入了新的活力。但是把课程视为"文化资本"，学校以及整个社会对于学生发展状况的评定主要以学生对这种文化资本的占有水平为依据，作为个体受教育程度及接受教育资格的标志和依据的学历证书和学业成绩单，无非是个体对文化资本的占有水平的一种凭证。这实际上也是课程工具理性的体现。

（3）课程作为"文化霸权"

这一观点的创始人是意大利学者葛兰西（Gramsci A.）。他指出，社会统治阶级主要采用两种方式主宰和支配整个社会，其一是强制，主要指军队镇压、警察拘禁、法律制裁等；其二是认识和道德方面的引导，即使被统治者同意、信服、服从统治阶级的价值观念、行为规范、法律制度等，而且这两种方式都具有合法性和权威性。前者一般被视为国家的镇压机器，后者被葛兰西称为"文化霸权"。在葛兰西看来，现存的社会结构的维护和延续，主要依靠镇压机关的力量和"文化霸权"的作用，使得被统治者除了无条件接受、同意、服从统治者的文化规范之外别无选择。因此，"文化霸权"具有强制性和外塑性，不管是主动的还是被动的，"文化霸权"只关心是否"同意"。由此，葛兰西将教育及其课程视为"文化霸权"形成的重要机制。他认为，知识分子是统治阶级执行"文化霸权"的代理人，学校则是培养这种代理人的主要机构，而教师的主要职责就是传递"文化霸权"。这样，学校课程自然被葛兰西看作文化霸权，统治阶级精心为学校策划、研制课程，实质上就是对"文化霸权"的建构、安排和落实。

持这一观点的还有美国学者阿普尔，他通过对意识形态和课程关系的具体考察，指出课程知识的选择和分配是社会权势者依据某一选择或组织原理而做的意识形态上的抉择。在他看来，课程知识的选择和分配

---

① [美]鲍尔斯、金蒂斯：《经济生活与教育改革》，王佩雄译，上海教育出版社 1990 年版，第 28 页。

不是技术性的问题，而是阶级、经济权力、"文化霸权"之间相互作用的产物，是显性的和隐性的价值冲突的产物，"学校中的知识形式，不论是正式的还是隐性的，都含涉权力、经济资源和社会控制之间的相互关系问题。知识的选择和组织即使是无意的，也都是根据知道教育者思想或行动的意识形态或经济的前提而做出的。"[①] 阿普尔还综合了以往学者研究的成果，认为意识形态、"文化霸权"和权力成为决定课程知识选择的重要因素。文化、知识的分配与经济、政治权力的分配、控制密切相关，而权力的分配是关键。

以葛兰西为首的"文化霸权"的观点，揭示了课程社会控制的另外一个层面：学校课程除了通过作为文化资本这种机制，以较为"含蓄""柔和""隐蔽"且较容易使人接受的方式完成其社会教化、社会控制的职能以外，还通过另外一种较为明确的、强硬的、专断性的方式而使个体必须接受、掌握、认同现实的社会主流文化，这就是课程作为"文化霸权"的机制。这对"文化代码""文化资本"研究进行了有益的补充，为课程文化研究中全面认识课程的社会性质提供了另外一种研究的视角和观念。但是，"文化霸权"与"文化代码"和"文化资本"一起，都反映了长期以来课程只是作为文化的一种工具而存在，课程的性质、目标、功能、社会角色等都就范于某种特定形态的社会文化的霸权式话语与规范。通过这些课程文化的研究，我们不仅会发现课程的工具性特点，更能够明晰课程在历史发展中的被动性、他律性、依附性和保守性的根源。

2. 文化变迁与课程改革问题

全球化背景下的文化变革对课程改革的影响已引起了世界各国的关注。美国的玛丽·A. 赫伯恩（HePbum M. A.）认为，美国课程改革的讨论和政策需要把民主社会中的多元文化教育的基本问题提高到重要位置。她认为教育工作者和决策者不能只看到教育为适应高技术所必需的智力

[①] Apple, M. W., "Making Curriculum Problematic", *The Review of Education*, Vol. 2. No. 210, January 1976.

条件，必须考察社会的多元基础以及人口的不断变化①。20世纪90年代以后，开始有论者对多元文化课程的种族价值观提出质疑，提出多元文化教育存在新种族主义倾向②。英国有学者提出，英国自1985年以来在课程领域存在文化身份与课程关系的讨论。试图通过检讨文化与身份的概念来对最近多元文化论证的矛盾之处做出评论，提出一个反对文化传输、赞成文化超越的课程改革模式。20世纪60年代，西方国家自上而下的课程改革的失败引发了一些研究者对不同群体的文化冲突与成功的课程实施之间关系的思考。哈格里夫斯（Hargreaves A.）研究了自上而下与自下而上两种课程改革策略的实施与教师文化变革的关系。在他看来，教师文化的现状是一种强调教师工作自主性、教师中心的个人主义文化，这种文化导致教师强调个人经验的重要性，无论是在自上而下的变革还是在自下而上的变革中，课程的实际变革都收效甚微。哈格里夫斯认为，课程改革要取得实效，教学文化必须改变，即从个人主义文化转向合作文化，教师将经历经验的重构与生存方式的转换。没有教学文化和教学工作的变革，教师水平的实践课程的变革无法收到实效③。劳顿（Lawton D.）认为，学校文化由行为、基本信仰和态度三种水平构成，行为文化是学校文化的表层，基本信仰是学校文化的深层结构，态度介于二者之间。课程改革需要考虑到学校文化的三种成分的变化。④

上述研究指出了文化变革对课程改革的影响，这种影响随着时代的变化而变化。这些研究无疑是有价值的。但是，这些学者主要从本地区和本民族的利益出发，研究文化变革对课程改革的影响，是一种封闭的课程文化观念，缺乏开放的胸襟。

---

① Short, G. & Carrington B., "Anti-racist Education, Multiculturalism and the New Racism", *Educational Review* No. 1, January 1996.

② Nell Burton wood, "Culture, Identity and the curriculum", *Education Review*, Vol. 3, No. 227 - 235, March 1996.

③ Hargreaves, A., *Curriculum and Assessment Reform*, UK, St Edmundsbury Press, 1989, p. 5.

④ Cairns, J. Gardner, R. & Lawton, D., *Values and Curriculum*, London: Woburn Press, 2000, pp. 27 - 30.

3. 关于课程亚文化的问题

(1) 学生的亚文化研究

1963年,哈特(Hartc W. M.)研究了现代"原始"部落的教育,发现原始学校的青春期后的课程主要是用来把青年人塑造成为合格的社会成员。但学校强调的是适当的信仰和教导,而不是如何谋生。学校的课程是传播部落文化,这是无可争辩的。如果一个种族的思想基础是毫无疑问的,那么学校课程就不会遇到矛盾。安尼恩(Anyon J.)通过长期调查研究初等学校的课堂教学,对社会阶层与课程之间的联系进行了深入的剖析,发表了《社会阶层与潜在课程》《社会阶层与学校知识》等论文。她的研究指出:在一个班级里,学生的社会地位越高,对课程要素的认知水平也就越高。契克巴什(Kickbusch K. W.)和艾里哈特(Everhart R. B.)的研究也发现:大学毕业者的孩子乐意进一所对维持他们的社会地位有帮助的学校。他们坚决维护主要课程的合法性,支持课程提供正式的学术学习。他们乐意维护这种使资本主义社会结构稳固地维持下去的学校教育[1]。安尼恩发现学校知识是由某些人选择出来的社会的产物。在传统的学校知识的选择中,妇女总是处于被忽视的或低人一等的地位,或者被局限于某种特定的课程。而学校课程材料或教学过程是称颂男性还是女性,会提高或限制其中一方的发展。伯维斯(purvis J.)、格拉弗顿(Grafton T.)、米梭(Measor L.)都证明了这一点[2]。科尔曼在关于中学生价值氛围的调查中发现了学校中存在的同辈群体,引起了其他研究者的兴趣,包括儿童亚文化和青少年亚文化两个群体,但是人们较多地关注了后者,所以实际上对同辈文化的研究主要集中在中学生和大学生。西方国家对青少年亚文化的研究主要围绕四个方面进行:一是作为反文化的青少年文化;二是对工业社会里的社会化问题持抱怨态度的青少年文化;三是作为成人文化变形的、模仿的青少年文化;四是作为遮掩与自由统一体的青少年文化[3]。

---

[1] Kiekbusch, K. W. and Everhart, R. B., "Curriculum, Practical Ideology, and class Contraction", *Curriculum Inquiry*, Vol. 15, No. 281-317, March 1985.

[2] Grallon, T., *Gender and Curriculum Choice, in Curriculum Practice: Some Sociological Case Studies*, ed by Martyn Hammersly and Andy Hargeaves, London: The Falmer Press, 1983, p. 168

[3] 鲁洁、吴康宁:《教育社会学》,人民教育出版社1990年版,第184—185页。

学生亚文化的研究内容包括对学生种族和民族文化、学生社会阶层文化、学生性别文化和学生同辈文化等。研究者往往把它们看作独立的研究领域。学生族群亚文化的研究总是倾向于揭示少数种族、民族学生的文化特质和类型，而对影响他们学习成绩的其他因素则视而不见。同样，在集中研究学生的社会阶层、性别文化和同辈文化时往往就忽视了其他方面的特质。因而依据研究成果所制定的课程政策经常事与愿违。对学生社会阶层的分析则过分关注了课程在阶层复制中的作用，过分强调了课程对所有阶层的迁就，而忽视了课程在阶层重构中的作用。对学生性别亚文化的研究则集中注意于分析课程中的性别歧视问题，未能对解决课程中的性别意识问题提出适合于一定文化传统的策略，而是一概而论，盲目追求性别地位的绝对平等，未能有效地引导性别角色的区分与定位。

（2）课程知识亚文化

关于课程知识的研究，主要包括如何选择课程知识和选择什么样的课程知识，但是从文化的角度深入思考课程知识的是英国的知识社会学。主要代表人物有曼海姆（Manheim K.）、迈克·扬和伯恩斯坦。他们与美国的社会批判课程论者都关注课程与社会之间的联系，只是他们更强调从课程内部的各要素来研究。曼海姆把知识社会学视为不必革命而建立更加稳定的社会的方法，认为学校教育会造成社会结构与阶级关系的再生产。迈克·扬认为对知识的分析不能只着重于它与现有文化的相互关系，而应把现有文化模式看作学校环境中不断发展的事物，所以人们应采用课程内容挑选原则与社会结构相联系的整体研究框架。在他看来，新教育社会学不应该只是向年轻一代传授传统观念和价值，而应该积极解决学校中的社会问题。伯恩斯坦则大肆宣扬，教育机构中的知识和符号结构与整个社会中的社会和文化相似原则有着密切联系，他提出课程社会学研究应关注课程知识的控制与管理以及课程知识与权力分配的关系。课程社会学家虽然主要是从课程与社会的关系、课程的社会价值等角度进行研究，但是他们所提出的问题、所运用的研究方法和得出的结论都对课程文化研究具有较大的借鉴意义。

（3）教科书亚文化

教科书亚文化的特质包括教科书的编制、审定、出版、发行、选择和使用等的机制与原则。课程是主流文化的反映，透过教科书的编制、出版、发行、审查、教师选择的各个环节，"课程的主流文化特征从根本上得到了保证"[1]。安尼恩（Anyon J.）研究了美国17种不同的历史课本，在《理想与美国的历史课程》一文中，她指出教科书的历史为财富和权力"提供了合理的解释"[2]。西方各国的教材研究普遍表明，教材中男性角色多于女性角色，男女角色都根据男主女从、男主外女主内的性别传统定型加以描述，教材传递着性别偏见，阻碍了女子地位在社会中的变化[3]。有关学校教材的研究主要关注了知识的来源，因此，它与课程知识、课程中的种族、性别等文化偏向之类的问题联系在一起。

教科书亚文化的研究涉及教科书内容所反映的文化意识——阶级、阶层、民族、群体特征和性别角色，揭露教科书中所存在的主流文化中心主义、上层中层文化占主导地位、男性支配等，批判教科书中存在的种种偏见。但是根据这种批判的理想，似乎要使所有的文化都在课程中有一席之地，实际上这是不可能的，因为在一定的时代，文化的价值是不等的，有些文化对于非同一群体的学生根本没有接受的必要。而且教材性别文化反映的主要是社会的性别角色，如果我们承认学校本身受社会文化的制约，那么期望通过教材文化变革来改变性别文化的偏见显然是矛盾的。

可见，无论是学生亚文化、课程知识亚文化还是教科书的亚文化的研究，研究者往往把它们看作独立的研究领域，关注其中的一些文化的现象分析，例如性别因素、种族因素等，而相对应的其他因素，则被排除在研究的视野之外，并且即使在学生的亚文化研究中，也存在类似的现象。这是一种典型的局部研究的状态，更为甚者，如果研究者在研究中没有一种对文化和课程的整体把握，则极其容易陷入片段的泥潭，割裂整体，无法从整体上把握课程文化研究的要义。

---

[1] 郑金洲：《教育文化学》，人民教育出版社2001年版，第297页。
[2] Anyon, J., "Ideology and United States History Text Book", *Harvard Education Review*, Vol. 49, No. 379, March 1979.
[3] 郑金洲：《教育文化学》，人民教育出版社2001年版，第304—308页。

二 国内课程文化研究述评

中国学术界研究课程文化是近 20 年的事，受教育文化和学校文化热的影响，学校课程文化也于 20 世纪 80 年代末开始进入研究者的视线。早在 1989 年，乔晓冬就在《文化与课程建设的价值取向》中探讨文化与课程之间的关系，侧重文化对课程的潜在影响。刁培萼在其主编的《教育文化学》（1992 年版）中列专章考察了学校课程的文化传播功能和机制。与此同时，国内相继展开了课程文化的相关研究，有学者把校园文化分为物质文化、精神文化和组织制度文化，并把课程文化作为学校精神文化的一个子系统提出①。有学者运用教育文化学的理论和方法，探讨了跨世纪课程改革的文化选择规律及其机制②。90 年代末，有学者对课程的文化内涵、文化传统与课程的价值取向以及课程现代化和课程文化的关系等方面进行考察，到 2000 年郑金洲在其著作《教育文化学》中把课程文化作为学校文化的重要组成部分来研究。2001 年我国第八次基础教育课程改革"引发了一股从文化角度考察课程的文化内涵、文化性格、文化建构等的理论研究热潮"③，课程文化成为人们研究课程改革的热点问题。随着教育实践探索的推进和理论认识的深化，国内对课程文化的研究也呈现出了内容丰富、视角多样等特点。概括来说，中国课程文化研究的焦点和问题主要集中在以下几个方面：

第一，课程文化理论研究的不断深入。一方面表现为课程文化的基本理论问题研究的深化。课程与文化的关系、课程文化的本质、内涵和特征等基本理论问题一直是学者们关注的重点，近年来研究的视角也从课程和文化两个视角扩大到社会学、历史学、后现代、生态学等多个视角，诸多学者也开始关注课程文化的发展。另一方面，课程文化的价值问题探讨增多。

第二，从文化的视角透视课程改革的研究受到广泛关注。随着学界

---

① 何智林：《论校园文化》，《自贡师专学报》1993 年第 1 期。
② 唐迅：《21 世纪的文化选择与课程的民族化和现代化》，《上海高教研究》1994 年第 4 期。
③ 张红霞：《回溯与展望：国内近年课程文化研究现状及反思》，《河北师范大学学报》（教育科学版）2009 年第 4 期。

对基础教育课程改革本身的运作过程和效果的关注和反思，课程改革的文化缺失与需求、文化转型与建构等命题开始成为主要研究和探讨对象。包括对课程改革的文化审视；围绕新课程实施中的难点与误区，提出课程文化的建设原则或具体策略；具体学科领域的课程文化的研究。

第三，课程文化的反思、批判和构建增多。随着课程文化的研究不断扩大和深入，有些学者开始理性地认识和反思课程文化，不仅体现在对课程文化本身的反思和批判上，也表现为对课程文化研究的反思与批判，在此基础上探索建设和构建课程文化的路径。

(一) 课程文化的基本理论问题

1. 课程文化的界定

要研究课程文化就要界定课程文化，课程文化的界定问题也一直是课程文化研究的一个基础理论问题，由于课程和文化概念的复杂性、多样性和不确定性，课程文化的定义也是仁者见仁，智者见智。首先，从课程视角界定课程文化被广为引用，如裴娣娜教授认为"课程文化指按照一定社会发展对下一代获得社会生存能力的要求，对人类文化的选择、整理和提炼而形成的一种课程观念和课程活动形态"[1]。郑金洲教授认为课程文化有两方面的含义：一是课程体现的是一定社会群体的文化；二是课程本身的文化特征[2]。其次，从文化视角界定课程文化，多是基于美国人类学家泰勒（Edward B. Tylor）《原始文化》中的经典文化定义的演绎。如把课程文化定义为课程形态和实践活动中体现的规范、价值、信仰和表意象征符号的复合体[3]。也有论者"试图从两个角度来认识课程文化，即作为方法论意义的课程文化和作为对象化的课程文化"[4]。最后，有学者从过程性的角度重新理解课程文化的含义，认为课程文化就是作为主体的学生和教师对知识和经验的共同学习和体验过程[5]。还有学者强

---

[1] 裴娣娜：《多元文化与基础教育课程文化建设的几点思考》，《教育发展研究》2002年第4期。

[2] 郑金洲：《教育文化学》，人民教育出版社2000年版，第288页。

[3] 金志远：《课程文化：实质、属性与特征》，《内蒙古师范大学学报》（教育科学版）2005年第11期。

[4] 黄忠敬：《课程文化释义：一种分析框架》，《学术探索》2002年第1期。

[5] 江红来：《课程文化定义的探讨》，《辽宁教育研究》2006年第9期。

调"课程文化是一种教育学化了的文化,并赋予了课程文化的'我性'原则,使课程文化成为一种自主的、自为自律的文化形态或现象"①。

2. 课程与文化的关系

"课程与文化的关系"是课程文化研究最早出现的命题,也是一个至今被重点讨论的问题。乔晓冬最早论述文化与课程的关系,指出文化对课程的影响是潜在的,强调文化对课程价值取向的决定作用②。有学者对民族文化与课程的关系和高校课程与文化的关系进行探讨。有学者从课程的文化属性这一视角来分析文化学与课程的关系③。还有学者从知识与权力控制的角度,分析了作为文化子系统的课程在整个文化系统中的地位及其与其他文化的关系,并主张课程应当采取一种多元化的文化价值取向与文化策略④。还有学者从工具存在的课程文化反思和剖析了课程与文化的关系,认为课程与文化应该从分离走向融合,重建一种作为文化存在的课程⑤。人们普遍认可文化是课程的母体和基础,产生并制约着课程,课程选择、传递、创造并丰富了文化,随着时代的发展,对课程与文化的关系的复杂性的认识进一步深入,总体呈现从分离到融合、从"实体"的隔离走向"关系"式的开放与整合。

3. 课程文化与学校其他文化的关系

关于课程文化与学校其他文化的关系的研究主要有两类:一类认为课程文化是学校文化的一个子系统,与环境文化、教师文化、学生文化、制度文化、物质文化等并列组成学校文化。随着课程改革背景下学校文化建设的理性认识与实践探索的重大发展,课程文化在学校文化建设中日益突出,有学者认为"以课程文化为核心建设学校文化,保证了学校育人功能的发挥,整合了学校文化的功能,从而使之高效率运转,为办

---

① 郝德永:《课程与文化——个后现代的检视》,教育科学出版社2002年版,第379页。
② 乔晓冬:《文化与课程建设的价值取向》,《北京师范大学学报》1989年第2期。
③ 胡斌武、吴杰:《试论课程的文化学基础》,《西南师范大学学报》(人文社会科学版)2002年第5期。
④ 黄忠敬:《知识·权力·控制——基础教育课程文化研究》,博士学位论文,华东师范大学,2002年,第8页。
⑤ 方莹莹:《课程与文化:从分离走向融合——从皮革马利翁与伽拉特亚引发的思考》,《当代教育科学》2010年第16期。

特色学校,张扬学校个性指明了方向"①。有学者通过对过去学校文化或校园文化建设并不包含课程文化进行反思,提出学校文化和课程文化要与学校的定位相一致,要与学校的培养目标、培养规格相一致,并坚守学校自身的理想和追求②。另一类把课程看作是一种包含多种亚文化的复合文化,其中学生文化、教师文化、教材文化等都是课程亚文化的实体表现形式。

4. 课程文化的发展

课程文化的发展成为近年来研究者们关注的重点。首先,从多角度研究课程文化的发展。如有学者研究课程文化的发展标准,认为课程文化发展是以课程所代表的文化的生产力发展水平为标尺的,代表先进生产力的课程,就是先进的课程文化;反之,就是落后的课程文化③。有学者针对全球化背景下课程文化同质化、综合化的发展倾向,在对课程文化反思的基础上,提出课程文化自觉的构想,并对课程文化创新进行探讨④。有学者提出课程文化的研究构架,也有人考察课程研究的文化学路向,还有学者指出课程改革的成功与否在于实现课程文化的良性变迁,探析课程文化变迁的路径⑤。其次,课程文化的发展研究具有明显的时代特点。如有研究者在"生活世界"视域下探讨课程文化的重建⑥。有学者指出在消费语境下课程文化的工具属性和短期效应,应该确立课程文化的个性,建构符合自身特点的课程文化,以适应课程文化多元性、人才培养多样性的需求⑦。

5. 课程文化的价值问题研究

(1) 文化与课程价值取向的关系

课程文化的价值问题最早的研究主要是文化与课程的价值取向之间的关系问题,如乔晓冬教授在 1989 年就主要从文化传统、文化交流和文

---

① 树生、李建军:《课程文化:学校文化建设的核心》,《教育发展研究》2010 年第 2 期。
② 彭钢:《在学校文化建设中形成学校特色》,《教育发展研究》2008 年第 2 期。
③ 范兆雄:《论课程文化发展的客观标准》,《教育研究》2004 年第 6 期。
④ 王德如:《试论课程文化自觉与创新》,《课程教材教法》2004 年第 11 期。
⑤ 王平:《课程文化变迁路径探析》,《中国教育学刊》2010 年第 4 期。
⑥ 张庆华、邵景进:《"生活世界"视域下课程文化的重建》,《教育探索》2013 年第 3 期。
⑦ 贺卫东:《消费语境的课程文化个性确立》,《江苏高教》2013 年第 2 期。

化变革三个方面探讨文化对课程建设的价值取向的潜在影响①。靳玉乐教授从对文化传统与课程价值取向辩证关系的历史考察出发,阐释了文化传统与课程价值取向的关系:传统文化决定着课程的价值取向,同时,课程也对文化进行着选择与传递②。刘旭东教授则从文化的视域中去理解课程的价值取向问题,并提出人文精神是现代课程的价值取向③。

(2) 课程文化的价值取向

课程文化的价值取向研究是课程文化价值研究的一个重要领域,是人们在处理课程的各种关系、矛盾和冲突时所表现出来的基本价值立场、价值态度,也是影响课程文化选择的决定性因素,可以说,课程文化的价值取向问题是课程文化领域最核心的价值问题,也是课程文化价值研究中学者们探讨最多的。

首先,课程文化价值取向的宏观理论研究。如有学者认为课程文化的价值取向主要体现在课程文化要有民族性和时代性,重在"以人为本",最终价值是关注生命教育,体验生命的深度和理想的高度,并在此基础上提出课程文化的建设策略④。有学者对课程文化自觉的价值取向做过专门论述,提出"课程文化自觉的价值取向,就是按照一定的课程和文化的价值标准,对课程文化进行价值选择的理性动态过程"⑤。也有学者从育人的视角诠释课程文化对生命的关注和学生幸福感的价值追求。其次,对基础教育课程文化的价值取向、价值选择的研究。如有从文化哲学的视角对多元文化背景下基础教育课程文化的价值观进行分析与定位,建构以人文关怀为核心理念的基础教育课程文化价值观⑥。也有学者指出民族地区基础教育课程文化选择存在以汉族文化为中心和过分彰显

---

① 乔晓冬:《文化与课程建设的价值取向》,《北京师范大学学报》1989年第2期。
② 靳玉乐:《试论文化传统与课程价值取向》,《西南师范大学学报》(哲学社会科学版) 1997年第6期。
③ 刘旭东:《文化视野中课程的价值取向》,《教育评论》1997年第6期。
④ 刘启迪:《课程文化:涵义、价值取向与建设策略》,《课程·教材·教法》2005年第10期。
⑤ 王德如:《课程文化自觉的价值取向》,《教育研究》2006年第12期。
⑥ 李晓华、孙丽娟:《人文关怀:基础教育课程文化的一种价值选择》,《青海师范大学学报》(哲学社会科学版) 2010年第4期。

民族文化的误区，提出要复归课程文化的民族品性[①]。最后，微观领域课程文化价值取向研究，如有对隐性课程文化的价值选择的探讨[②]。也有对在线课程的文化选择的考察，提出"'对话'与'开放'是在线课程文化的必然选择"[③]。还有学者关注科学、体育、外语等具体学科的课程文化价值取向和选择问题。

（二）从文化的视角透视课程改革

1. 课程改革的文化审视

文化是课程的母体和基础，课程改革的顺利推行必然带来对课程文化的深层思考，对课程改革的文化审视主要反映在两个方面：一是对历次课程改革的文化学批判和分析。如有学者认为中国基础教育课程改革经历了从文化借鉴—文化自立—文化迷失—文化觉醒—文化自觉五个变革历程，当今的基础教育课程变革应立足于课程文化的建构，使课程以一种自主的文化形态在社会文化的进步、创新与生成中发挥主导性作用[④]。还有研究者认为中国历来的课程改革不是真正意义上的课程变革，传统的课程文化是一种控制文化，民主的合作探究文化是更有助于新课程改革变革的文化[⑤]。二是对新一轮课程改革的文化反思。如有学者从文化哲学的视角分析新课程改革，认为"新课程改革在以直面现实生活、彻底的人文精神为特征的广阔文化哲学视野下，重新思考人、课程与文化的关系，以期建立新的课程文化精神，实现课程文化模式的转型"[⑥]。有学者认为新课程改革要正确处理本土知识与西方知识体系之间的关系，与其他文化课程进行交往的过程中，逐渐建构一种凸显本土文化价值并能够赢得其他文化尊重的课程体系[⑦]。在课程改革实施10多年后，有学者在总结与反思新课程改革过去经验和问题的基础上，提出实现文化自

[①] 包舒畅：《我国民族地区基础教育课程文化选择的误区及思考》，《教育学术月刊》2011年第2期。

[②] 杨志成、柏维春：《隐性课程的文化价值选择》，《黑龙江高教研究》2013年第6期。

[③] 章玳、胡梅：《在线课程的文化选择》，《江苏高教》2013年第4期。

[④] 郑家福：《新中国基础教育课程改革的文化检讨》，博士学位论文，西南师范大学，2003年，第1页。

[⑤] 张华、刘宇：《试论课程变革的文化问题》，《教育发展研究》2007年第1期。

[⑥] 靳玉乐、陈妙娥：《新课程改革的文化哲学探讨》，《教育研究》2003年第3期。

[⑦] 丁钢：《课程改革的文化处境》，《全球教育展望》2004年第1期。

觉与文化自信的策略①。

2. 课程改革困境的文化解读

随着新课改的深入推进，它所遇到的前所未有的困难和困境也逐渐显露出来，研究者们也意识到对问题的解决不能停留在问题本身，部分学者开始从文化的视角去分析这些问题，寻求解决问题的策略。首先，从宏观层面对基础教育课程改革进行文化检视。如有学者从文化学的视角考察和反思基础教育课程实施的困境②。其次，从中观层面考察民族地区、农村地区的课程改革困境。如基于多元文化的视角，对民族地区农村学校的课程文化失衡现象进行了考察，分析了原因并提出相应对策③。有学者从城乡二元社会结构的视角审视农村学校的课程改革，提出推进城乡教育一体化进程，寻求解决农村课程改革的适切道路④。再次，对微观层面的课程改革困境进行文化解读。如有学者从文化的视角考察了新课程改革中教师抵抗态度，并提出新课程改革情境下消除教师阻抗的文化重建策略⑤。有学者分析了目前地方课程发展的困境和原因，尝试从文化地域、文化属性、文化过滤和文化伦理等层面提出解决措施⑥。还有学者认为改革十年，校本课程取得显著成绩，但也遭遇空前挑战，应该在校本课程实施中促进文化融合⑦。

3. 具体学科领域的课程文化研究

学科领域的课程文化建设可以说是课程文化实践探索的重点，仅就学位论文来看，就有31篇。代表性的成果有："打破语文课程工具论的

---

① 刘启迪：《中国课程改革需要文化自觉与文化自信》，《当代教育科学》2012年第22期。

② 胡双喜：《基础教育新课程改革实施困境的文化学解读》，《河北师范大学学报》（教育科学版）2009年第4期。

③ 洪俊、齐阿娜尔：《课程失衡：民族地区农村学校课程的多元文化解析》，《东北师大学报》（哲学社会科学版）2008年第1期。

④ 肖正德：《农村学校新课程改革的文化阻滞力——城乡二元社会结构的审视》，《中国教育学刊》2013年第3期。

⑤ 陆竞文、温元秀：《"新课改"中教师阻抗的文化检视》，《江西教育科研》2005年第10期。

⑥ 王凯：《地方课程发展困境的文化学审视及可能突破》，《教育发展研究》2011年第10期。

⑦ 鲍道宏：《校本课程开发中的文化冲突及其调适》，《教育发展研究》2012年第15—16期。

封闭状态,致力于语文课程的文化建构,把语文课程的建构与实施过程真正作为化育人、培育人的过程,从而涵养人的品格、提升人的境界,真正把人作为'人'来培养,促进生命个体的整体生成"[1]。对科学课程进行历史考察,审视科学课程中的科学文化价值,从科学观与科学课程发展、科学课程目标、科学课程形态和科学课程学习方式等四个方面对科学课程的发展进行展望和构建[2]。还有对英语、数学、信息技术课程、体育、思想政治课、综合实践活动课程等的课程文化研究。

(三)课程文化的反思、批判和构建

1. 对课程文化的反思与批判

随着对课程文化研究的增多,研究者开始对课程文化进行反思和批判,这主要表现为对现代课程"文化性"缺失的揭示,如有学者从课程作为"文化代码""文化资本""文化霸权"三个方面分析了课程的文化锁定机制,课程改革必须消解、转换这种沿袭久远的"非文化"机制,赋予课程一种自在、自主性的文化角色,使课程由文化的工具存在转变为文化的主体存在[3]。有学者"从历史与现实视角,在价值取向、制度和行为等层面,对民族基础教育课程改革存在的文化问题提出了批评。并从理论与实践的视角,论述了民族基础教育课程改革的民族文化转向"[4]。还有研究表明,课程长期以来被赋予文化传递的功能,由于受泰勒原理负面因素的影响,其文化品性和文化底蕴在逐步迷失,并提出课程本身就是一种文化,从理论和实践两个层面重构课程文化品性[5]。

2. 对课程文化研究的回顾与反思

近年来,有研究者对课程文化研究也进行了梳理和反思,聚焦课程文化的热点问题,考察课程文化研究中的不足和缺陷。有学者从课程文化的价值、课程文化的概念、课程文化的内容与结构和学科课程文化等

---

[1] 陈秀春:《语文课程文化建构论》,硕士学位论文,山东师范大学,2006年,摘要。

[2] 于海波:《科学课程的文化阐释与时代建构》,博士学位论文,西北师范大学,2003年,摘要。

[3] 郝德永:《文化性的缺失——论课程的文化锁定机制》,《教育学报》2003年第10期。

[4] 金志远:《民族基础教育课程改革的文化批评》,《西南民族大学学报》(人文社科版) 2008年第5期。

[5] 王中男、贺巍巍:《文化视域下的课程异化与回归——试论课程文化品性的重建》,《广西师范大学学报》(哲学社会科学版) 2008年第2期。

四个方面对课程文化研究进行分析，指出虽然学者们都意识到课程文化研究的重要性，但有价值的成果较少①。有研究考察了基础教育课程文化研究的现状，提出从"实然"到"应然"的课程文化的时代使命，认为"国外的研究主要集中在对课程文化的批判研究，我国对课程文化研究则多从'实然'的角度进行了研究，着重于相应的理论阐释，缺少探讨文化的意识形态性。而课程文化研究是'实然'与'应然'的统一，需要研究课程文化本身蕴含的生产主体、消费主体、评判标准等价值属性，挖掘其背后的文化权力逻辑"②。有学者对国内2000年以来的课程文化研究进行了回溯和展望，指出近年来的研究热点和局限，提出进一步深化和拓展课程文化研究的策略③。

3. 课程文化的建设和构建

课程文化的建设和构建是学者们不懈追求的目标，也是理性思考和实践探索的结果，对课程文化的建设和构建研究主要有三类：第一，在批判基础上的构建。如有学者指出课程不应该是工具的存在，而是文化的存在，作为一种建构性文化，课程文化的知识属性表现为生成性而非"占有"性、批判重构性而非接受性，通过"过程—理解性"和"协商—互动性"来完成生成性的课程文化建构④。有研究认为新课程实施中，控制的课程文化阻碍着课程改革的顺利推行，对话的课程文化和生活的课程文化应该成为目前我国基础教育控制型课程文化的有效转向⑤。第二，基于存在问题的课程文化重建。如有学者分析了学校课程改革与建设面临复杂的文化生态环境，提出重建学校课程文化的策略⑥。有学者通过展开本土行动，进行中西文化的对话与交流，在具体实践的过程中

---

① 金志远：《课程文化研究述评》，《中小学管理》2004年第7期。
② 罗生全：《基础教育课程文化研究的现状及其启示》，《天津师范大学学报》（基础教育版）2008年第3期。
③ 张红霞：《回溯与展望：国内近年课程文化研究现状及反思》，《河北师范大学学报》（教育科学版）2009年第4期。
④ 郝德永：《走向文化批判与生成的建构性课程文化观》，《教育研究》2001年第6期。
⑤ 乐传永、曾宪群：《试论控制型课程文化的有效转向及其建设》，《当代教育科学》2008年第8期。
⑥ 史根林：《学校课程文化的处境及其重建》，《教育理论与实践》2008年第4期。

寻求一种课程文化的重塑[1]。有研究者从多元文化、课程改革和学校发展等多维视角探讨课程文化重建[2]。有学者分析了目前我国学校课程文化建构依然存在的问题和矛盾,并提出相应对策[3]。有研究指出:"课程文化建构中对教师和学生主体性的呼唤亟待师生角色的相应转变。"[4] 第三,实践领域中的课程文化建设探索。如北京市十一中等提出了课程文化资源(特别是语文和数学)开发的基本思路和模式;上海市吴淞中学形成了本土性主题课程与特色主题课程为代表的生态型课程文化;成都玉林中学附属小学建构了开放型的四大生态课程体系等[5]。

三 聚焦基础教育课程文化的价值研究

(一)从课程文化发展历程来看,具有明显的时代性

在西方,20世纪初,课程文化的研究主要侧重从文化的视角去解释课程;60、70年代开始揭示教育不平等的课程文化选择原因,为学生的发展创造公平的社会条件;80年代中期关注学校文化对课程改革质量效率的影响;90年代以来,从多个视角关注多元文化对课程改革影响的研究。在中国,20世纪80年代,主要关注传统文化和传统教育是否有利于课程的现代化发展。90年代中期,关注市场经济带来的文化变革与课程改革的关系。研究围绕科学文化与人文文化、精英文化与大众文化的矛盾展开。90年代末以来,经济全球化带来的多元化对课程改革的影响。无论课程文化研究起步的早晚,国内外的课程文化研究都体现出了明显的时代性,因此,课程文化研究必须考虑当代的社会文化背景。

---

[1] 代建军:《论课程文化的重塑》,《山西师大学报》(社会科学版)2009年第1期。

[2] 易丽:《多维视域下的课程文化重建及其实践路向》,《教育研究与实验》2009年第2期。

[3] 王崇宝:《新课改背景下学校课程文化建构存在的问题及对策建议》,《当代教育科学》2010年第16期。

[4] 张希艳、陈树生:《课程文化建构中的师生角色期待》,《教育理论与实践》2011年第11期。

[5] 张红霞:《回溯与展望:国内近年课程文化研究现状及反思》,《河北师范大学学报》(教育科学版)2009年第4期。

(二) 从课程文化研究的具体内容看，国内外课程文化研究路线不同，各有侧重

国外的研究侧重于课程文化的批判研究，以斯宾塞的经典命题"什么知识最有价值"、劳顿的文化分析、泰勒的课程开发范式为起点，以功能主义和批判理论为代表的研究，多方面揭露课程的文化统治本质和课程文化的政治功能（在社会文化与社会阶级结构再生产中的作用）。除了进行理论的阐释，他们还大量地运用了文化人类学的方法，从现实的教育教学过程中收集素材，深入了解"他者"文化。有很多研究者开展对小型社会、有色人群、原教旨主义者、特殊职业群体、学生同辈群体等人群的教育问题的研究，有利于在主流文化控制的社会中加深对非主流文化教育的认识，获得对人类教育文化发展更为全面精细的把握。无情地揭露了课程的政治性，也体现了对主流文化霸权的批判。但这些研究往往"破"多于"立"，甚至走向另一个极端，如主张去中心、边缘化的后现代主义、相对主义、多元主义等理论以去中心代替中心，以非本质替代本质，以相对反对绝对，以多元反对一元，对于如何从事课程建设没有实质性的指导作用。

国内近年来课程文化研究的内容之丰富、角度之多样、视域之宽阔为该领域的深入研究提供了丰富的理论和实践资源，为我们进一步研究提供了良好的基础，但也存在一些明显的不足和局限。

第一，缺乏有效的研究视域和范式。如就课程文化的定义的研究来看，虽说提法多样，但其实质只是从课程或文化两个视角切入。随着课程文化的深入，对课程文化的批判和反思增多，但这类研究也多是受到外国新教育社会学理论的影响，揭示了课程文化的锁定现象和锁定机制，有些学者对课程的微观不平等做出了一些探索，并提出了一些建议，但没有摆脱"借鸡下蛋"的窠臼，用国外的理论框架来对我国的一些课程理论做一些推演，对课程问题做一些"纲领性"的阐释，没有深入理论的实质和课程实践[①]。现有成果中属于中国本土原创的、能够有效超越国外相应理论的研究为数并不多，且深入课程实践的探究尚显不足。

---

① 罗生全:《符号权力支配下的课程文化资本动作研究》，博士学位论文，西南大学，2008年，第15页。

第二，课程文化的价值问题研究不够深入。文化的核心是价值观问题，课程文化的价值问题也是该领域的一个永恒话题。随着课程文化研究的丰富和进展，学者们对课程文化价值问题的研究也逐渐增多，但仍存在明显不足。首先，表现在对这一问题的研究较少，在整个课程文化研究中所占分量较小。其次，对课程文化的价值问题的研究集中体现在课程文化的价值取向研究上，多是对长期以来课程作为一种社会文化的工具存在的批判，从而提出课程文化的"应然"价值取向，这的确在一定程度上揭示了课程文化存在的问题，但解决策略侧重于思辨的应然构建，大多停留在理论层面，不利于问题的真正解决。课程文化的深入发展需要弄清课程文化的本质，走出课程作为文化附庸者的角色，回归它的文化品性，实现作为一种文化存在的课程文化应然的价值。

第三，课程文化研究多批判、少建设，重理论、轻实践。随着课程文化研究的深入，部分学者开始理性地思考课程文化，课程文化的反思和批判研究成为热点问题，既包括对课程文化基本理论问题的反思，也包括从文化的视角去反思教育实践，但在诸多研究中，体现出多批判、少建设的特点。如研究多数为对以往课程的文化传递功能致使课程文化的"工具性"，而"文化性缺失"的批判。当然在这种批判的基础上，提出重构课程的文化品性，这固然无可非议，但无论是批判还是构建都是从理论到理论，很少甚至无法关照实践，即使有对课程改革中存在问题的文化解读，也主要表现为罗列问题，分析原因，并从"应然"层面提出解决策略，真正的实践领域中的课程文化建设探索甚少。近年来，应基础教育的实践诉求，从"实然"的角度对课程文化的研究逐渐增多，但主要是对课程的技术层面和操作层面的研究，很少探求课程背后的意义，且运用实证研究方法开展实践性研究较少，多侧重于演绎专家观点或过于经验总结，实验性研究方法运用不多，现实问题的针对性也不强。

（三）加强基础教育课程文化的价值研究

国内外的课程文化发展历程显示出课程文化研究的突出的时代特点，不同的时代，不同的政治、经济、文化条件的不同，也必然会影响到课程文化的发展及其选择。21世纪是以知识的创新和应用为重要特征的知识经济时代，科学技术迅猛发展，国际竞争日益激烈。社会的信息化、经济的全球化使创新精神与实践能力成为影响整个民族生存状况的基本因素。改革妨碍学生创新精神、创新能力发展的教育观念、教育模式，全面推进素质教育，极大地提高全民族素质，是提升我国综合国力的关键。基础教育课程改革是完善基础教育阶段素质教育体系的核心环节，课程集中反映了社会发展对教育的要求，体现着教育价值的取向，制约着教育的活动方式，直接影响着学生身心成长和整体教育质量的提高[①]。21 世纪以来，聚焦基础教育课程文化的研究是整个课程文化研究的一个热点问题，也是课程文化研究时代特点的具体体现。

近年来，基础教育课程改革的文化审视、围绕新课程实施中的难点与误区提出的课程文化重构、具体学科领域的课程文化研究成果丰硕，提出了一些有价值的观点，繁荣了课程文化的理论研究，丰富了课程文化的实践研究。但正如前文所说，对基础教育课程改革的文化审视，多是对课程文化"工具性存在"的批判，而这种批判主要是借用国外新教育社会学的一些理论框架来批判基础教育课程文化的文化锁定现象和锁定机制，较少深入理论的实质和课程实践，流于论述很有道理，但不解决实际问题。而对于新课程实施困境的文化解读，多是从文化学或文化的视角去分析原因，触及核心问题的研究较少。价值问题是课程文化的核心问题，涉及课程文化的内在价值和社会价值，现行的基础教育课程文化能否实现自身的文化品性，能否满足社会对基础教育阶段培养的人的智能文化水平要求，又能否促使这一阶段学生的全面、自由发展的需要的实现。基础教育课程文化"应然"的价值追求是什么样的，选择什么样的课程文化能实现这种价值追求，如何去实现这种价值追求，这需要我们的进一步思考和研究。

---

① 钟启泉等主编：《〈基础教育课程改革纲要（试行）〉解读》，华东师范大学出版社 2001 年版，第 3 页。

第二章

课程文化及其价值追求解读

要深入课程文化内部，探究课程文化所蕴含的价值层面，除了对课程文化及其价值追求的概念进行界定之外，还必须对课程文化及其价值追求的含义进行深入的剖析和解读。

第一节 课程文化释义

课程文化包括课程选择的文化和课程主体文化两层含义，即课程文化既是一种对社会文化的选择、整理和提炼，也是一种课程主体围绕课程活动形成的课程观念和课程活动形态。对课程文化的深入理解需要在概念界定的基础上对其进行释义。课程文化释义可以从以下两个层面进行分析。

一 课程选择的文化

课程选择的文化就是课程对文化的选择。就课程与文化的关系而言，二者密切相关，一方面文化是课程的源泉，没有文化，课程就是一个没有肉体的躯壳；另一方面，课程又是文化的载体和重要传承方式。相对于人类浩瀚无垠的文化来说，课程是渺小而有限的，如何通过有限的课程传递尽可能多的、有价值的文化，是学校教育首先要解决的问题。什么样的文化是有价值的？对谁而言有价值？人类的哪些文化可以通过课程得以传承？如何传承？这一系列的问题都涉及文化选择的问题。文化选择会受到不同的历史背景和社会需要的影响，而这不同的文化选择实质上就是一个文化价值标准问题。即选择什么样的知识及如何选择知识的问题,而这一问题在有了学校和课程之后就已经潜在地存在。如古希腊时期的理性主义萌芽,注重能力的培养;欧洲中世纪的神学控制;文艺复兴时期,人本主义思潮的兴起等,无不表现出课程对文化的选择。以下简述几种典型的课程文化选择,以期深入分析课程对文化的选择问题。

"什么知识最有价值"命题。随着17世纪近代科学的兴起,科学知识迅速增长,工业经济需求大量实用型人才,人们开始质疑经典性人文知识的价值。鉴于此,英国社会学家赫伯特·斯宾塞(Herbert Spencer)提出"什么知识最有价值",批判了当时英国只重视虚饰的知识而忽视实用知识的倾向,认为科学知识最有价值。那么,教育该选择什么样的内容帮助个人准备生活呢?他提出应以"生活"为尺度来设置课程。斯宾塞认为:"教育应尽的职责就是为我们的完满生活做准备,而教育对这个职责尽到什么程度是评判一门教学科目的唯一合理的办法。"[1] 他按照重要程度对人类生活的主要活动进行分类:直接保全自身的活动;通过获得生活必需品而间接保全自身的活动;抚养教育子女的活动;关于维持正常社会政治关系的活动;在生活的休闲时间满足爱好和感情的活动。并根据这五类活动开设了相应的课程,为后来的分科课程奠定了基础,也使科学知识的课程登上了历史的舞台。

"泰勒原理"。美国课程专家拉尔夫·泰勒(Ralph Tyler)的著作《课程与教学的基本原理》(1944年),以"功效"和"实用"为追求目标。提出了四个问题并展开论述:一是学校应该达到哪些教育目标;二是提供哪些教育经验才能实现这些目标;三是怎样才能有效地组织这些教育经验;四是我们怎样才能确定这些目标正在得到实现[2]。泰勒认为,选择问题是确定教育目标的主要问题,它应该解决"哪些来源可以被用于取得有助于确定目标的信息?"并提出教育目标的三个来源:对学生的研究、对当代社会生活的研究和学科专家对目标的建议。但上述三个目标来源所得到目标量大且庞杂,需要用教育哲学和学习心理学两个过滤

---

[1] [英] 斯宾塞:《教育论》,胡毅译,人民教育出版社1962年版,第7页。
[2] [美] 拉尔夫·泰勒:《课程与教学的基本原理》,施良方译,人民教育出版社1994年版,第2页。

器进行筛选。这就是著名的"泰勒原理",也被称为课程编制的目标模式,是普遍被认可的课程开发原理最完美、最简洁、最清楚的阐述,也使得课程逐步走向规范化、科学化。

"文化分析"理论。这一理论是当代英国课程论专家劳顿(Denis Lawton)在他的《课程研究与教育规划》(1983年)提出,并在《教育、文化与国家课程》(1989年)一书中进一步完善。劳顿认为,把我们认为最有价值的文化传授给下一代是教育应该关注的,必须认真规划课程,使有限的学校时间和资源确保对文化的适当选择。必须有一套筛选过程或筛选原则,来完成对文化的合理选择基础之上的课程规划。他称这个选择过程为"文化分析"。具体把文化系统分成政治、经济、交流、理性、技术、道德、美学、信仰、成熟等九个子系统,并提出文化分析规划的模式。传统的课程规划方法往往忽视对社会的分析而只注意对知识的分类,而这却是劳顿的文化分析法所强调的,因此,劳顿的这一理论深远地影响着英国国家课程的制定和改革。[①]

从以上几种典型的理论可以看出,课程文化的选择主要是从人的需要和社会的需要两个方面来进行,也可以说课程文化选择有两种取向:个人取向和社会取向。可以看出,斯宾塞的课程文化选择是个人取向的,他提出教育的目的是为了完满人的生活,这里的"人"指的是个人。相应的劳顿的文化分析方法则是社会取向的,他主张用最适合社会发展的知识和经验分析社会和规划,进行文化选择,然后再分析这些共同的文化特征是如何或应该如何与教育相联系。下面我们就课程文化选择的两种取向展开分析。

(一) 课程文化选择的个人取向

人是课程的出发点,也是课程的落脚点。课程文化选择要充分考虑人的因素,这里需要讨论的问题是:课程究竟要给予人间接经验,还是使人获得直接经验,即如何处理间接经验和直接经验的关系问题;课程究竟是应当让人掌握有用的知识,还是发展人的能力,即如何处理好知识与能力的关系问题;课程究竟是优先发展人的人文素养,还是科学素

[①] 石伟平:《"劳顿的产文化分析"课程理论及其应用》,《外国教育资料》1995年第5期。

养,即如何处理好人文主义与科学主义的关系问题。

1. 直接经验与间接经验的关系

"教什么"的问题是课程的首要问题,无论是某个课程流派,还是中小学开设的具体的课程,都必须正视和回答这个问题。对这个问题的回答在课程的发展史上有两种相对立的答案:一是课程应当让学生获得直接经验;二是课程应当给予学生间接经验。学科课程是以间接经验为主的课程的典型的表现形式;活动课程是以直接经验为主的课程的典型的表现形式。历史上这两种主张的最激烈的冲突,表现为20世纪初杜威为代表的进步主义教育改革运动对赫尔巴特为代表的传统教育的挑战与否定,以及人们围绕这场改革展开的论争。

从课程发展的历程来看,最古老的课程,教育和社会生产、社会生活紧密联系,学习是个体直接经验的获得和积累,主要是学习关于生产劳动、社会生活的经验。随着学校教育的产生,也产生了专门的课程,而这时期的课程是以间接经验为内容的,如中国古代孔子的"六经"。在西方,古希腊斯巴达的军事体育教育是以直接经验为主的,但雅典的七艺是以间接经验为主的。可以说,间接经验是正式的专门的课程。近代以来,在文艺复兴特别是自然科学革命和工业革命的推动下,经过夸美纽斯、赫尔巴特、斯宾塞和凯洛夫等一批杰出的教育家的努力,间接经验为主的课程得到了迅速的发展,并逐渐系统化、理论化。直至当今的世界各国,间接经验为主的课程依然占据主流。

间接经验为主的课程对教育乃至整个人类社会具有重要意义。通过这类课程,人类文明的精华得以传承,人类历史得以延续,不必重复和循环。更使得人的知识和思想可以超越个体生命的局限和个体生活的地理限制。因此,以间接经验为主的课程的出现标志着教育和人类社会的重大进步,也是教育促进社会发展的主要途径。然而,以间接经验为主的课程是与人类一般认识及个人认识的过程相违的,这是其产生之初就暗含的缺陷。这类课程是人类社会的产物,与当前的学生生活和生产实践相脱离,学生学习之后也很难直接运用于实践。这种课程节省了教育的时间和资源,但失去了认识的过程性和完整性。如果把它作为课程的唯一类型,必然造成学习者的片面发展。实际上,这一缺陷早被许多教育家意识到了,也从不同角度进行反思和批评,并以直接经验为抨击的武器。如孔子主张"力行",墨子提到"下原察百姓耳目之实",相信来自生活实际的直接经验对于认识的作用。荀子更将"行"视作检验"知"的标准而特别强调。亚里士多德认为,存在就是活动,活动、发展是一切存在的基础。在一定程度上,他承认感觉经验的意义,尤其是他关于游戏活动在儿童发展中作用的思想,也表明了对直接经验的肯定。夸美纽斯的适应自然原则,提出"凡是应当做的都必须从实践去学习"。卢梭强烈地反对和批判经院主义式的教学方法,极力主张在自然和社会的实际活动中学习。

总之,几乎每一个伟大的教育家,都有重视学习者的亲身经历或自主活动的言论或主张。但这些主张在义务教育的广泛普及之前,甚至普及之后的一段时间内,并没有被重视。因为当时社会对人的要求是片面的,更多需求有一定文化知识的劳动者和能够服从和适应某一领域生产或经营要求的职业者。但随着社会的进一步发展,人们对教育的需求从数量转向质量,要求课程不仅给予学生知识,还要培养他们的能力、情感、态度和价值观,要适应学生的个体差异等。注重理论知识和间接经验的课程的缺陷逐渐凸显。也就出现了否定间接经验的教育家和课程,这就是杜威及其倡导的活动课程。杜威认为一切真正的教育都是从经验中产生的,并且非常强调个人直接经验在教育中的地位。尽管今天看来,他所提出的直接经验为基础的课程不再是主流,但是,活动课程已经作为课程结构的重要组成部分,融入了现代课程体系之中[1]。

综上所述,间接经验主要是以学科课程为载体的,有利于学生短时期内获得大量的知识,但容易导致学生接受知识的被动性,不利于调动学生的主动性和积极性,不利于激发学生学习的内在动机和知识获得的成就感。直接经验强调学生获得知识经验的过程、体验,注重学生学习的主动性和主体性。从认识的结果看,课程以间接经验为主没有错误;从学生的发展来看,直接经验必不可少。在课程与教学活动中,让学生在接受间接经验的同时,增加学生直接认识的机会,从而获得直接经验,有效地提高学生的发展水平。将二者在课程中协调起来,已被许多国家所认可,也是课程文化选择必须要考虑和解决的问题。

---

[1] 丛立新:《课程论问题》,教育科学出版社2000年版,第143—154页。

2. 知识与能力的关系

课程是应该给学生实用的知识，还是发展学生的能力（指一般能力，智力是其核心成分），这个问题是课程领域中一个十分重要的问题，也是一个古老的问题。

古希腊的"七艺"为代表的课程，侧重于能力的培养。其课程的目的是促使人的个性和谐发展，这一时期的能力主要指理智、理性的能力。课程所包括的知识只是实现理智发展的手段，知识本身的意义并不被重视。一般来说，古罗马的昆体良是最早对教育应当注重能力培养的思想给予表达的人。他认为："学生不只是获得一些学者所限定的各种事物的知识，也不仅限于了解修辞的规则，更要培养说话的能力，具有雄辩的口才。"[1] 在这里，他已经将知识的学习与能力的培养区分开了，这可以看作是对于这一关系的最早探讨。

文艺复兴时期的人文主义课程，继承了古希腊的教育传统，从根本上说是为人的发展服务的。夸美纽斯已经基本形成注重实用学科、世俗社会和人生知识的思想，并在工业革命后，通过斯宾塞等人的努力，这一思想逐渐取代了课程以能力培养为目标的传统。18世纪，欧洲展开了关于知识和能力问题的形式教育与实质教育之争，形式教育论者的依据是官能心理学，认为课程不应以传授知识为目的，而是通过知识发展学生的能力。实质教育论以观念心理学为重要依据，主张课程的目的是学习实用知识，在获得实际知识的同时，包含着智力训练的作用。这次论争影响了几个世纪，并以强调课程是传授知识尤其是科学知识的实质教育获胜，以自然科学为基础和内容的课程也获得大规模发展。20世纪中叶以后，随着各国课程改革的推进，知识的学习与能力的发展之间的冲突又一次凸显，随着科学技术的迅速发展，课程给予学生的知识不能满足社会的需求已被人们所意识到，学生能力的良好发展被定位为改革的目标，仅关注知识的完整性和系统性的课程遭到批判。随着论争的深入，人们努力将二者统一[2]。

随着对知识与能力关系认识的深入，人们已形成共识：二者既相互

---

[1] 王策三：《教学论稿》，人民教育出版社1985年版，第189页。
[2] 丛立新：《课程论问题》，人民教育出版社2000年版，第160—163页。

联系，又相互独立。二者的相互联系和统一，体现在知识的获得总是以一定能力为基础的。相反地，学生总是在已有知识的基础上参与活动，并在活动中提高能力，即一定的知识是能力形成和提高的基础。二者的相互独立性表现为：在存在方式上，知识是一种概念和理论系统，能力是一种心理机能。从发展上看，知识的量的积累并不必然导致能力的提高，能力的形成具有自己的规律和特征。因此，处理好知识和能力的关系是课程领域的重要问题，也是课程文化选择哪些知识进入课程的问题。

3. 人文主义与科学主义的关系

在课程与教学活动中，人文主义与科学主义的关系问题，是课程与教学领域的一个重要问题。在课程与教学活动中，人文学科和自然科学学科哪个重要？究竟是优先发展学生的人文素养，还是科学素养？一直是课程与教学研究者争论不休的问题，并形成了科学主义课程观与人文主义课程观。

起源于古希腊的人文主义课程观，把教育普遍称之为"自由教育"或"自由人的教育"，崇尚心智潜力的自由运用和人的个性的和谐发展。文艺复兴时期，是人文主义课程观的形成和发展期。它高举崇尚自然、追求美感、倡导人的个性解放，尊重人的价值的伟大旗帜，为教育走出中世纪的"宗教神学"做出了积极的贡献。文艺复兴后，随着工业革命的爆发，科学在社会政治、经济中的地位和作用日益凸显，人文主义教育思想开始衰落。19世纪末20世纪初，随着科学技术的飞速发展，科学主义教育的弊端也逐渐暴露。直到20世纪60年代，面对现代科技所带来的一系列社会问题和人的危机，人们开始反思和批判科学主义，并重新倡导人文主义课程观的关注人自身存在的价值、人的精神需要和人性的完善等基本精神。人文主义课程追求人的价值的实现、人的个性的发展、人的智慧和审美道德的完善。在课程目标上，尊重人，崇尚个性。强调课程与教学的目标服务于个体的发展和幸福，个性的和谐、情操的陶冶、理性的养成、身心发展的平衡都是它追求的目标。在课程内容上，提倡对人的高度重视的课程范围。在课程的实施中，尊重和热爱儿童，重视儿童的需求和兴趣，积极调动学生的主动性和积极性。

科学主义课程观是文艺复兴时期反对封建主义和宗教权威的产物，人文主义者纷纷借科学理性和科学知识反对神本主义的"天启"论，颠覆封建主义和宗教神学权威。文艺复兴以来，特别是 19 世纪以来，科学的不断发展带来了人类生活的深刻变化，一方面带来了人们对科学的普遍信任和尊重；另一方面带来了人们在思想上对教育的重新认识，科学主义课程观应运而生。科学主义课程观追求科学性、高效率，关注学习者的学习结果。在课程目的上，强调科学自身的价值和力量，强调课程与教学服务于科学的发展和社会的进步。在课程内容上，重视各门科学知识在学校课程体系中的地位。在课程实施中，讲求方法的科学性，追求效率。

20 世纪初期，科学的弊端日益暴露出来，人们开始理性地看待科学，认为科学虽然有利于人类物质文化的进步，但不能满足人类思想、价值观、信仰等精神方面的需求，而这需要人文学科和人文精神来实现。只有实现二者融合，才能更好地促进社会的和谐进步，因此，科学人文主义课程观的形成是新时期教育研究领域的发展趋势。这一课程观以人文主义为方向和目的，强调在科学和人的相互协调和补充中促进人和社会的均衡发展，从而实现人的自身解放[1]。科学人文主义课程观，"是人道主义的，由于它的目的在于关心人的福利；它又是科学的，因为它的人道主义内容是以通过科学对人与世界的知识领域持续不断地做出新贡献而规定和充实的。"[2] 它的基础和手段是科学，目的是人自身的完美和解放，是一种新的课程教学观，也是课程文化选择的新型理念。

总之，课程对文化的选择是要让学生掌握知识，还是培养学生的能力，抑或是促进学生的人格完善发展，不同的导向会导致人的不同发展，也会直接影响到课程会选择什么样的文化进入课程。但无论是哪一种取向，都不能忽视课程对文化选择中人的重要因素，更好地满足人的需要，促进人的发展是课程文化需要解决的基本问题。

（二）课程文化选择的社会取向

社会取向强调由一定社会需要来决定课程文化选择，许多社会学者

---

[1] 扈中平、刘朝晖：《挑战与应答——20 世纪的教育目的观》，山东教育出版社 1995 年版，第 423 页。

[2] 联合国教育科文组织国际教育发展委员会编著：《学会生存——教育世界的今天和明天》，教育科学出版社 1996 年版，第 8 页。

都认为课程的文化选择要以社会需要为导向,但究竟要选择哪些社会文化进入课程存在较大的分歧。由于现实的复杂性,课程对于文化的选择,也是一个不断发展变化的过程。长期以来,由于课程对于文化选择的任务是具体地由某些人或某些组织来承担,而他们总是代表了占主导地位的阶级、集团的利益,因此,进入课程的文化,也是优势的和主流的文化。但是优势的和主流文化对于学习者的不合理影响日益暴露,非主流文化、大众文化对学习者的影响日益凸显,当今世界各国对文化多元的呼声日益增强。尽管在众多国家还没有完全改变课程对优势和主流文化的传递和选择这一事实,但课程文化必须正视优势文化和主流文化课程存在的弊端,协调多元社会文化之间的关系,使课程对于文化的选择,趋向进步与合理,这一点已经成为人们的共识。

1. 协调主流文化与非主流文化之间的关系

主流文化从整体上影响着社会的精神生活,体现了时代的主导思想,制约着文化的发展方向。主流文化与时代发展联系紧密,引领着时代的文化发展潮流,并渗透于社会文化的各个方面,规范和引导着文化体系内的所有文化形态与文化内容[①]。也正因为这样,主流文化在课程中占据主导地位,这一点是世界各国所公认的,自然这种一元化的课程观所暴露出来的问题也存在一致性。在西方有些国家存在的主流文化偏见在我国课程知识中也不同程度地存在。(1)忽略不计,某些群体的文化(如女性、残疾人、少数民族文化)被认为价值较小,意义不大而在教学内容中没有表现出来;(2)成见,用统一的眼光审视不同群体,不承认文化的多样性与差异性;(3)选择与失衡,往往从主要群体的视角去解释问题、选择材料,忽略了其他群体,致使学生对历史及当代问题的复杂性认识不够;(4)失实,教材中经常出现对历史和当代生活经验的不真实描述,剔除有争议的问题和关于种族歧视、偏见的问题,可能导致学生对有着种种矛盾、冲突的社会的不良适应;(5)片段与孤立,教科书往往孤立地呈现不同群体的材料;(6)语言,教科书中出现较多的是男

[①] 庞德英:《主流文化与非主流文化的冲突与和谐》,《中共桂林市委党校学报》2012年第4期。

性姓名或优势族群的名字,忽视女性姓名和少数群体的姓名[①]。这样会对主流文化之外的族群的学生和主流族群的学生都造成伤害。

非主流文化常以主流文化对立面呈现,被主流文化排斥,甚至歧视。但非主流文化作为一种文化存在形式,代表了一定群体的利益,虽然与主流文化存在较大差异,但不都是反主流文化的,正视非主流文化,可能比一味地排斥和批判更重要。如有学者将非主流文化分为三类:其一是没有社会期待的根据,但不与社会主导价值发生冲突的文化,并对现有文化起着维护和支持作用的那部分文化,亦可称为"优性非主流文化",与主流文化一起形成驱动社会发展的良性合力。其二是没有社会期待的根据,不过也不会与社会期待发生冲突的文化。即处于灰色地带、无伤大雅的那部分"惰性非主流文化",它对主流价值表现出不对抗的特性。其三是违背社会要求和期待的文化,即"劣性非主流文化",如低级趣味的黄色文化,或充斥暴力的黑色文化等,它对主流价值产生消解破坏的负面影响。应该根据非主流文化的不同特征给予不同对待,如"优性"部分的非主流文化其正面意义和积极影响可以充分发扬挖掘,对于第二或第三种的非主流文化也不能全部否定,应该积极转化一些相互矛盾的方面[②]。非主流文化的积极意义表现在:首先,多样文化的共存是社会进步的显著标志以及社会发展的必然趋势。其次,多样文化的存在能够促进文化的大繁荣。最后,多样文化增强了主流文化的发展动力。但在课程的文化选择过程中,非主流文化要么被歪曲,要么被排斥在课程之外。

因此,在课程选择的文化中协调主流文化与非主流文化的关系,既有改变以主流文化为主导的一元文化课程对学生的不良影响的必要性,又有发挥非主流文化对学生发展的积极作用的可能性。当然,这种协调并不意味着主流文化和非主流文化以对等的形式进入课程,还是要以主流文化为主导,但要改变课程内容中主流文化的偏见和非主流文化的不合理性,并通过主流文化引领非主流文化发挥其积极作用。

---

① 袁振国主编:《当代教育学》,教育科学出版社1999年版,第488页。
② 蒋英燕:《"非主流"文化对高校思政工作的"正能量"价值探微》,《前沿》2013年第6期。

2. 协调精英文化与大众文化的关系

可以说精英文化在课程中占有绝对的垄断地位，但在当代的社会文化生活中，精英文化却面临巨大的挑战。作为知识分子文化主要表现形态的精英文化，在当代中国的社会文化生活中具有十分突出的地位。我国从计划经济到市场经济的社会转型，再到改革开放，知识分子在发展中国哲学思想、继承与弘扬中国传统文化、繁荣中国的文学艺术、传播中国的文化精神和引进世界的先进文化等方面做出了巨大贡献。但精英文化在对这种社会转型和市场经济现实的适应过程中，受到大众文化的严重冲击，面临着困境和危机。一是人文学术著作出版困难。各种庸俗文化作品充斥书店、书摊。这提示了社会的文化、消费与精神追求之低俗化倾向。二是知识分子远离和淡化政治文化。这意味着社会的发展缺乏理性的参与和引导。三是对形而上的人文关怀的淡化倾向。哲学的形而上的品格主要是对人的命运、人的存在方式的终极关怀与思考。但社会的功利化和强调实用性使得知识界失去了对追求智能和真理的内在动力，在急剧变动的社会中，原有的精神文化平衡和社会关系被打乱，人们失落、空虚、压抑，以至精神贫乏和思想混乱，成为当前社会的严重问题。四是中华伦理文化传统面临挑战。在社会转型过程中，商品大潮使传统的道德体系被连根动摇，但新的有效的道德价值观念还未形成，精英文化除了感叹世风日下外束手无策[①]。精英文化在课程中的垄断地位导致选择哪些文化作为课程内容，一般由精英知识分子说了算，而他们反映的统治阶段的旨意和要求，造成课程远离学生生活，只为部分人服务，而忽略了大部分人的需求。

在经济和信息全球化的当今社会，随着大众传媒和网络技术的普及，大众文化显示出了强劲的发展势头，又因为大众文化的世俗性、通俗性、娱乐性、民主性等特点，贴近学生的生活，深受广大师生的喜爱。大众文化充斥着学校和社会的各个角落，对学生、教师和教育产生着巨大影响，这些都对课程的文化选择提出新的课题[②]。但我们必须看到，大众文

---

① 邹广文：《当代中国的主流文化、精英文化与大众文化》，《杭州师范学院学报》（社会科学版）2002年第6期。

② 喻春兰：《大众文化的课程价值研究》，广东教育出版社2009年版，第9页。

化产生于工业社会,以普遍大众为消费对象,通过现代化的传媒技术传播,造成了大众文化无深度、模式化、易复制、按照市场规律批量生产的特点,它是现代化社会高效率、快节奏、方便、时髦的生活方式的体现[①]。这正是在西方的课程实践中,大众文化多为被批判的负面角色的原因。而在中国认为大众文化是否应该进入课程的讨论一直到了新一轮基础教育课程改革。

可见,精英文化在课程文化中的绝对地位被动摇,大众文化进入课程也具有时代必然性,如何协调课程内容中的精英文化与大众文化的关系,需要正确认识两种文化之间的关系。首先,是两者之间的基本差别。大众文化的目标重在普及,而精英文化的目标重在历史文化精神的传承和文化创新。其次,两者之间的差异和冲突。精英文化与大众文化在价值取向、文化活动生产、文化样态、传播、接受过程等方面都存在差异和冲突。再次,两者的相互影响和相互促进。大众文化使精英文化得以创新,使精英文化具有生活性和"草根"意味;精英文化也更新和提升着大众文化[②]。

3. 传统文化的继承和创新

"人类自从在不同的环境中创造积累起了独特的文化或文明,也形成了适合不同心性的文化传统和价值观念。这不仅为不同国家和民族的社会演化提供了独一无二的特殊条件,也为他们的历史发展提供了巨大丰富的思想内涵。只有建立在不同国家民族文化基础上的社会文化制度,才是最适合和最有利于其心性的发展和价值实现的。"[③] 中华民族有着五千年的文明历史,具有世界上唯一绵延数千年而不曾中断的民族文化。这种民族文化也会影响到现代课程文化的发展。首先,传统文化往往决定着课程的价值取向。如文艺复兴时期形成的人文主义传统,对人的发展的强调和人的创造能力的提倡,是西方文化的基本精神之一。这种传

---

① 陈钢:《精英文化的衰落与大众文化的兴起》,《南京师大学报》(社会科学版) 2001 年第 4 期。

② 肖鹰:《中国文化的问题在精英文化取向的下滑——兼论精英文化与大众文化的互动》,《探索与争鸣》2012 年第 5 期。

③ 司马云杰:《价值实现论——关于人的文化主体性及其价值实现的研究》,陕西人民出版社 2003 年版,第 506—507 页。

统反映在课程上,就是西方课程长期以来一直保持的注重个性培养和提倡探索精神的特点。其次,传统文化制约了课程内容的选择。传统文化是课程的重要来源之一,它制约着课程的内容。再次,传统的思维方式也对现代的课程产生影响,有人从整体上把中西的思维方式概括为整体性的和分析式的,虽说不一定准确,但的确会对课程产生重要的影响①。因此,传统文化是我们的教育不可也是不能回避的,当然,在中华传统文化中封建性的糟粕也根深蒂固,我们要看到每一种文化都存着合理性,也存在着不合理性或非理性。我们要对传统文化进行反思,既发现中国传统文化的积极因素,也发现传统文化的严重缺陷。如应该继承的优秀传统有"天人合一""自强不息""以人为本"等。但是,由于专制主义的长期延续,中国过去缺乏民主传统;没有近代实证科学,这是极其严重的缺陷;由于工业不发达,没有重视时间、效率的观念等,都是必须改进的②。因此,课程的文化选择,要继承中国优秀的传统文化,摒弃传统文化中的糟粕,保有中华民族的独立个性。

　　4. 外来文化的本土化

　　自鸦片战争之后,外国的坚船利炮打开了国门,众多的爱国志士纷纷向国外学习,以期"师夷长技以制夷"。向国外的学习在经历了"器物—制度—思想"后,逐渐认识到了任何教育理论都离不开一定的民族文化环境,或者说,任何教育理论的产生和发展都有其特定的民族文化背景。站在各自本土文化,从文化差异的角度出发,我们不能说中国重统一、重师道的课程文化和西方重个性、重自主的课程文化孰优孰劣,因为,每种课程文化都代表了各自的文化特性。如罗杰斯的"非指导性教学"理论就体现了西方文化传统中的"个人主义""自由主义""民主"等价值观念,反映了西方文化的价值特征。当这一理论被引进我国后,如果不关注它背后的文化与价值观念,就只能被教育理论领域"解读"和"引用"③,而无法在课堂教学中显示其鲜活的生命力。因此,外

---

① 黄忠敬:《全球化语境下的课程文化观》,《现代教育论丛》2002年第5期。
② 张岱年:《文化与哲学》,中国人民大学出版社2006年版,第58页。
③ 李广、马云鹏:《课程改革中的文化冲突与文化适应》,《教育发展研究》2008年第22期。

来文化的引进很有必要，但需要本土化。

总之，课程在选择文化的过程中，要打破主流文化和精英文化的垄断地位，吸纳与整合非主流文化和大众文化，正确处理课程中主流文化与非主流文化、精英文化与大众文化之间的关系，传统文化现代化，外来文化本土化。引导学生正确地认识各种文化，从各种文化中吸收营养，培养其多元文化认同的态度和民主的精神、宽容的胸怀及责任心、使命感。选择恰当的课程文化以满足不同阶层学生的需要，从而达到使学生的发展趋向最佳化，使学生的学习获得最优化的目的，尽量减少因为文化偏见引起的文化冲突。这是各国课程文化选择的新课题。

综上所述，课程选择的文化的价值取向直接决定着哪些文化进入课程，也影响到课程文化是以促进社会发展为目的，还是以促进个人发展为目标。事实上，在整个教育史上，课程选择文化过程中纯粹的个人取向或社会取向是不存在的，因为个人与社会紧密联系。社会性是人的本质属性，任何人都不能脱离社会而孤立存在，反过来，个人是社会的基本单位，没有了个人，也无所谓社会。即前面提到的斯宾塞的个人取向的课程文化选择，其个人的未来生活也是社会的一部分，受到社会需求的制约。而劳顿的社会取向的课程文化选择，选择出的最适合社会发展的知识，也只有作用于个人，发展了个人，才能通过个人推动社会发展。因此，课程文化选择中人的因素和社会的因素都是必须要考虑的，要处理好个人取向和社会取向之间的关系，过分强调某一方面是否会给社会的发展和人的发展带来不利影响，这需要深入具体的课程文化中思考和探讨（课程选择的文化释义见图 2-1）。

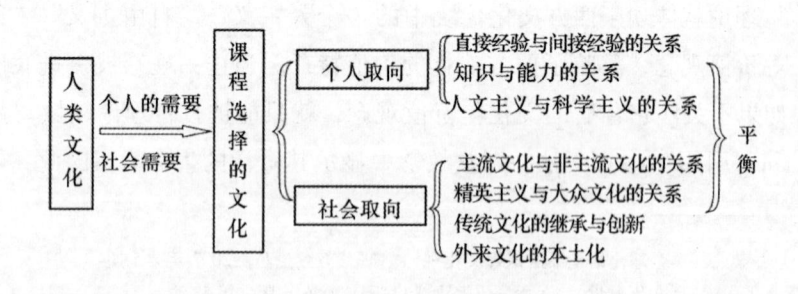

图 2-1 课程选择的文化释义

二 课程主体文化

课程的主体主要指教师和学生，课程文化除了依据一定的标准选择进入课程的人类文化之外，还应该包括作为主体的学生和教师在互动过程中所建构和生成的部分。因为，课程选择的文化外在于课程主体，如果课程文化仅限于课程选择的文化，课程文化就成了学生和教师对文化母体的复制和翻版。因此，课程文化不仅包括课程选择的文化，还应包括课程主体文化。课程主体文化主要指课程主体在课程活动过程中形成的课程观念和课程活动形态。

（一）课程观念

课程观念是指课程主体对课程的总的认识和看法。在不同的时代，甚至在同一时代，都存在着不同的、甚至是相对立的课程观念。

1. 从静态的视角理解课程所代表的课程观念

这类课程观认为，课程是预设的，以"知识"为本位，注重书本知识或间接经验的获取，注重系统知识的学习，以结果或产品的形态存在。课程内容和课程活动是封闭的、固定的。主要包括课程是学科知识、教学计划或预期的学习结果，这种观念的突出代表为传统的学科课程。

2. 从动态的视角理解课程所代表的课程观念

这类课程观认为，课程即学习者从学习活动中获得的一切学习经验或体验。课程是生成性的，是不可预期的，以学习者的"经验"为本位，注重鲜活的直接经验或体验的获取，注重个人知识、实践知识的学习，以过程或活动形态存在。课程内容和课程活动是开放的、运动着的。这种课程观的突出代表是活动课程或经验课程。

课程主体的课程观念影响到他们对课程编制、课程实施和课程评价等各个方面的认识。也直接影响到课程主体的课程活动形态。

（二）课程活动形态

课程活动形态是课程活动的存在和表现形式，主要指课程主体在课程活动过程中表现出来的主要课程活动和行为方式。不同的课程观念影响着作为课程主体的教师和学生对课程概念、课程编制、课程实施和课程评价各个方面的认识，也直接影响到课程主体的主要活动和行为方式。

如果课程主体认为课程是静态的，预设的学科知识、教学计划或预期的学习结果，课程的编制和开发就是课程专家的事，课程的实施就是教师把预先已经编制好的、现成的知识体系教授给学生，实现预期的目标的过程。教师和学生的课程活动主要局限于课堂教学，教师的教学方式主要是讲授已有的、现成的知识，学生的学习方式主要是被动地接受性学习。如果课程主体认为课程是动态的，生成的，注重课程主体的直接经验和体验过程，课程的开发与编制就不完全依赖专家学者，作为课程主体的教师和学生都是参与课程开发的主体，课程的实施既是对已选择的文化的传递和吸收，同时也是课程主体建构和创造新的课程文化的过程。教师和学生的课程活动不仅局限于课堂教学，还包括课程的开发和编制，教师和学生不再只是被动授受已有的知识，而是在传承基础上的创新和生成。

综上所述，课程文化包括课程选择的文化和课程主体文化。课程在选择文化时有个人和社会两个取向，而每一种取向的课程文化选择都需要处理好所涉及的多重关系。课程主体文化主要指课程主体在课程活动过程中形成的课程观念和课程活动形态。但这些都只是对课程文化概念和含义的理论阐释，要具体地分析一定历史时期和一定社会的课程文化，必须找到课程文化的载体或课程文化的具体表征方式。

第二节　课程文化的表征方式

一　"课程选择的文化"的表征方式

课程对文化的选择，更多应关注这些文化以何标准、理由被合法化进入课程，进入之后又被如何组织、安排和呈现。因此，"课程选择的文化"的表征方式是课程内容，要从其选择依据、主要内容和呈现方式等方面去具体分析。

（一）"课程选择的文化"的选择依据

泰勒提出教育目标的三个来源：学习者的需要、社会的需要和学科专家的建议。他的这一提法得到诸多课程专家的认可，因而学生、社会和知识也成为课程目标和课程内容的公认来源。课程对文化的选择受人的需要和社会的需要的影响，在不同的历史时期侧重于不同的方面：个人取向或社会取向。从社会层面来看，课程要选择什么样的文化，受特定时期社会政治、经济、文化等因素的影响和制约。具体到教育领域和学校层面，课程选择什么文化受到任务和培养目标、教学计划、教学大纲、课程标准等方面的制约。

（二）"课程选择的文化"及其呈现方式

"课程内容是指各门学科中特定的事实、观点、原理与问题，和处理它们的方式。"① 课程内容的选择与组织，直接指向"教什么"。因此，课程内容就是课程文化选择的具体体现，或者说"课程选择的文化"是以课程内容为主要载体和呈现方式的，其表征方式是课程内容。但需要注意的是，"课程选择的文化"并不等同于课程内容，因为课程内容还包括对课程所选择文化的组织和安排。具体到某一学段，"课程选择的文化"就体现在具体的学科（如语文、数学、外语、艺术、体育等）知识和教材编写上。所以，对"课程选择的文化"的分析需要涉及学科知识、学科设置和教材建设等方面，也就需要从教学计划或课程计划、教学大纲或课程标准、教材建设等方面去梳理和提炼。

二 "课程主体文化"的表征方式

课程主体文化是课程主体在课程活动过程中，围绕课程活动形成的课程观念和课程活动形态。这里的课程主体主要指教师和学生。课程观念是教师和学生对课程总的认识和看法，课程活动形态是课程主体在课程活动过程中的主要活动和行为方式。因此，课程主体文化的表征方式是教师和学生的课程观念、课程活动和行为方式。对课程主体文化的分析，也主要从这三个方面去进行。

第三节　课程文化的价值追求解析

课程文化的价值追求包括两个层面：课程文化的内在价值追求和外在价值追求。内在价值追求指向人的发展，外在价值追求指向社会的发

---

① 施良芳：《课程理论——课程的基础、原理与问题》，教育科学出版社1996年版，第106页。

展。依前文所述，课程文化包括"课程选择的文化"和"课程主体文化"两层含义，"课程选择的文化"指的是课程对社会文化的选择，而"课程主体文化"指的是课程主体围绕课程活动形成的课程观念和课程活动形成。那么，"课程选择的文化"所代表的文化暗含着什么样的价值追求？这种价值追求本身有没有问题？"课程主体文化"形成过程中这种价值追求如何得到实现？影响实现的因素是什么？如何解决这些问题，这也是本书的核心问题所在。

课程对文化的选择即选择什么文化进入课程的问题，面对人类浩瀚的文化，有限的课程自然是选择有用的、有价值的文化，那么对谁有用？对社会，还是对个人？因此，课程文化在选择之初就已经有了支配选择的价值取向。而无论选择什么样的课程文化，都蕴含着两个层面的价值追求，但价值取向不同所凸显的价值追求也不同。

一 指向人的发展的课程文化的内在价值追求

课程文化的内在价值追求指向人的发展。一方面，课程选择的文化主要依据人的发展的需要，旨在促进人的完善发展；另一方面，课程主体文化的形成和发展，不是对课程所选择的文化的被动继承，而是注重个人的主体意义和价值，在继承已选择文化的基础上创新和生成新的课程文化。这是人作为课程的出发点和落脚点的真正体现，也是课程文化内在价值的体现。这里的人的发展强调的是人自身的发展，主要考虑人自身发展和完善的需要，而不仅是社会对人的素质要求。全面的、整体的、和谐的人是个体发展的理想状态，也是课程文化的"应然"的价值追求。也只有整体的、完善的人才能促进社会的和谐发展。

二 指向社会发展的课程文化的外在价值追求

课程文化的社会价值追求指向社会的发展。课程选择的文化主要是依据社会的需要而确定的，旨在促进社会的发展。在不同的历史时期，社会的主导因素不同，课程对文化的选择的侧重点也随之不同。一是政治因素主导阶段。一般为新政体形成之初，政治体制和意识形态会成为影响课程文化选择的主导因素。课程所选择的文化就是负有服务于国家政治和意识形态任务的主流文化。课程文化选择的社会价值追求就是促进社会的政治体制和意识形态的发展。相应地强调培养促进社会政治发展的人才，课程也会沦为传递国家意识形态的"法定文化"的工具。二是经济因素主导阶段。在政权巩固和社会稳定期间，促进经济的持续增长就成为社会的中心任务①，经济日益成为影响课程文化选择的主导因素，课程选择文化的社会价值追求就成为促进社会的经济发展，内在价值追求则为培养有意识、有能力促进经济增长的人才。科技取向的文化知识从根本上加强了课程的社会文化工具角色。因此，无论是社会政治因素主导时期，还是经济因素主导阶段，课程对文化的选择只是为了更好地促进社会政治或者经济的发展，培养的人也是侧重于某一方面发展的片面的人，影响学生潜能的发挥和个性的全面和谐的发展。

因此，一方面，无论是课程文化选择的个人取向还是社会取向，进入课程的文化都有其内在价值追求和社会价值追求，而且相互影响，共同存在。课程文化的选择只侧重于某一方面，会导致个人、社会和课程的片面发展。另一方面，人是课程文化选择的出发点和落脚点，是影响课程选择文化的根本因素，完整的人是课程文化的终极价值追求，也只有这种育人价值取向的课程才能寻回它的"文化品性"，不但创新文化，也会促进社会的健康合理的发展。

综上所述，对课程文化及其价值追求的解读只是对二者的理论阐释，是为后面的分析和论述提供框架，但要弄清楚课程文化及其价值追求究竟是什么，必须针对具体的课程而展开。因为，不同阶段和不同类别的学校课程存在较大差异，不可能同时把所有学校的课程文化及其价值追求都进行分析研究。鉴于"基础教育，在整个国家的教育体制中的战略意义和基础地位，在个人的一生发展中的基础地位，它为学生未来做个好公民打基础，为高一级学校输送合格生源打基础，也为青少年毕业后从事社会工作打基础。总之，基础教育的作用，一是在个体全面发展中具有基础地位，二是在整个教育体制中具有基础地位。"② 本书选择基础

---

① 曾文婕：《论课程文化基础的建构》，《学术研究》2007 年第 2 期。
② 黄济：《基础教育战略意义浅议》，《集美大学学报》2004 年第 12 期。

教育学校课程，研究基础教育课程文化的价值追求。又因为不同历史时期，社会对基础教育的需求不同，学校课程也会相应地发生变革，本书决定以中华人民共和国成立以来的八次课程改革为基点，分析中国不同社会时期的基础教育课程文化及其价值追求。在此基础上反思并构建当前基础教育课程文化"应然"的价值追求，并提出实现策略。

第三章

中华人民共和国成立至 20 世纪末中国基础教育课程文化的价值追求

中华人民共和国成立至 20 世纪末，中国基础教育课程历经了七次重大改革。每一次的课程改革都是当时国家和社会发生变革对基础教育产生新的需要的集中体现，会涉及基础教育的任务和培养目标、教学计划、教学大纲、教材建设等各个方面，也会影响基础教育课程文化变迁。选择什么样的文化进入课程和形成什么样的课程主体文化在不同的基础教育课程改革时期都存在较大差异。因此，探寻中华人民共和国成立至 20 世纪末中国基础教育课程文化变迁历程，就以基础教育课程改革的时间划分为准，从课程选择的文化和课程主体文化两个层面进行梳理和分析，并提炼基础教育课程文化的价值追求。

第一节 中华人民共和国成立初期基础教育课程文化的价值追求(1949—1952 年)

1949 年 10 月 1 日，中华人民共和国成立，这是中华民族历史上的伟大变革，中国民族从此进入了一个崭新的时代。在政治上，新的体制的确立需要进一步巩固和加强；在经济上，被战争破坏的国民经济亟待恢复；在教育上，要改造旧中国的文化教育事业，从根本上转变旧中国教育的半封建半殖民地性质，为社会主义服务的人民教育事业奠定基础。作为教育核心问题的课程，也必然随之发生根本变革。中华人民共和国的基础教育也进入了第一轮课程改革。

一　中华人民共和国成立初期基础教育"课程选择的文化"

（一）中华人民共和国成立初期基础教育"课程选择的文化"的选择依据

1. 中华人民共和国成立初期国家的教育宗旨和教育方针

要选择什么样的文化进入基础教育课程，都会受到当时国家总的教育方针、政策的指导和制约。中华人民共和国中央人民政府的施政方针是毛泽东于 1949 年 10 月 1 日签发的《中国人民政治协商会议共同纲领》。基于这一方针，中华人民共和国的文化教育是民族的、大众的、科学的文化教育，以人民文化水平的提高，国家建设人才的培养，封建的、买办的、法西斯主义的思想的肃清，发展为人民服务的思想为主要内容。这是改造旧教育，发展中华人民共和国人民教育事业的根本方针。同年12 月 23 日，教育部召开了第一次全国教育工作会议，会议提出了教育改革的基本方针："以老解放区的新教育经验为基础，吸收旧教育的有用经验，借助苏联的经验，建设新民主主义教育。"并以"坚决改造"旧教育与"逐步实现"新教育作为新中国教育事业的基本步骤[①]。1950 年，又提出"为工农服务，为生产建设服务"的教育建设方针[②]。这些方针政策为基础教育课程文化选择指明了方向。

2. 中华人民共和国成立初期基础教育的任务和培养目标

基础教育的任务和培养目标比教育宗旨更直接更具体地影响和制约着基础教育课程选择的文化。

（二）中华人民共和国成立初期基础教育"课程选择的文化"的主要内容

1. 中华人民共和国成立初期基础教育"课程选择的文化"及其组织和安排

1949 年中华人民共和国成立前后，各地教育行政部门接管国民党政府统治区原有小学时，无论是老区还是新区，学校所采用的课程基本上

[①] 中华人民共和国教育部编：《共和国教育 50 年（1949—1999）》，北京师范大学出版社1999 年版，第 2—3 页。

[②] 何东昌：《中华人民共和国重要教育文献（1949—1975）》，海南出版社 1998 年版，第 17 页。

表3-1　　中华人民共和国成立初期基础教育的任务和培养目标①

	小学教育	中学教育
任务	小学教育的宗旨是依据新民主主义的教育方针和理论与实际相一致的教育方法，给予儿童全面的基础教育，把他们培养成新民主主义社会热爱祖国和人民的、自觉的、积极的成员	普通中学的宗旨和培养目标是使青年一代获得智育、德育、体育、美育各方面的全面发展，使他们成为新民主主义社会自觉的积极的成员
培养目标	小学要实施智育、德育、体育、美育全面发展的教育，其主要目标是：（1）智育方面，使儿童具有读、写、算的基本能力和社会、自然的基本知识；（2）德育方面，使儿童具有爱国思想、国民公德和诚实、勇敢、团结、互助、遵守纪律等优良品质。（3）体育方面，使儿童具有强健的身体，活泼、愉快的心情以及卫生的基本知识与习惯；（4）美育方面，使儿童具有爱美的观念和欣赏艺术的初步能力	中学教育目标主要有：（1）使学生能正确运用本国语文，得到现代科学的基础知识和技能，养成科学的世界观。（2）发展学生为祖国效忠、为人民服务的思想，养成他们爱祖国、爱人民、爱劳动、爱科学、爱护公共财物的国民公德和刚毅勇敢、自觉遵守纪律的优良品质。（3）培养学生体育卫生的智能和习惯，以养成他们的强健体格。（4）陶冶学生的审美观念，启发他们的艺术创造能力

仍是过去原有的课程，只是废除了"公民训练""公民"等课程。针对小学教育，1951年10月1日，政务院《关于改革学制的决定》规定小学实行五年一贯制。为了使各地区现行的小学"四二制"教学计划有秩序地由六年分段制向五年一贯制过渡②，1952年2月5日，教育部发布了《"四二"旧制小学暂行教学计划》。规定：小学设语文、算术、历史（高小）、自然（高小）、地理（高小）、体育、音乐、美工八科。初小语文包括常识教学，且常识不另设科。算术包括珠算在内，从四年级开始。

---

①　中央教育科学研究所编：《中华人民共和国教育大事记（1949—1982）》，教育科学出版社1983年版，第55—56页。刘英杰主编：《中国教育大事典（1949—1990）》（上），浙江教育出版社1992年版，第349—350页。

②　刘英杰主编：《中国教育大事典（1949—1990）》（上），浙江教育出版社1992年版，第355页。

美工科包括图画、劳作，可以分别独立设课。低、中、高年级的各科教学周学时，分别为24学时、25（26）学时、29学时。每节课为45分钟。并规定初、高级的学生每周集体活动时间（包括朝会、周会、校内活动、校外社团活动），分别为三百四十分钟和四百五十分钟①。

表3－2　　　中华人民共和国成立初期中学教育"课程选择的文化"及其组织和安排②

时间	主要内容
1950年8月的《中学暂行教学计划》（草案）	（1）取消了"党义""公民"和"军事训练"等课程，设置了政治课，注重通过各门学科对学生进行政治思想教育和革命人生观教育。（2）共设置了政治、语文、数学、自然、生物、物理、化学、历史、地理、外语、体育、美术、音乐和制图等14门课程。（3）课时安排有增有减。如高中每周的教学时数由32课时降为30课时；分别在初中二、三年级开设了化学、物理课。（4）照顾了民族差异。在兄弟民族的学校，初中语文教学以4小时授国文，34课时授本族语文，高中全授国文。（5）所有课程均为必修课
1952年3月18日提出的《中学教学计划（草案）》	（1）每学期上课周数由20周减为18周，初中三年教学总时效由3600课时成为3420课时，高中由3600课时减为3456课时。（2）取消了原教学计划中的"政治"课名称，分设了中国革命常识、社会科学基础知识、共同纲领和时事政策4门课。（3）对工具科目和文化知识科目的比例作了适当调整，工具科目的课时有所减少，文化知识科目的课时有一定增加。（4）理化教学大有改进，原计划把初中化学集中安排在二年级，物理集中安排在三年级，要求以每周4课时的速度在一年内学完，而高中的化学、物理又都集中在高二、高三两个年级，高一不开这两门课。（5）取消了原教学计划中"自然"课名称，只设生物科，初中设植物、动物与生理卫生，高中设达尔文主义基础。（6）高中取消了音乐、美术两科，在课外活动中规定应保证高中学生每周1小时的音乐活动。另外，高中一年级加设了制图课，每周1小时，但内容为与工农业建设有关的各种图样的绘制

---

　　① 中央教育科学研究所编：《中华人民共和国教育大事记（1949—1982）》，教育科学出版社1983年版，第54—55页。
　　② 吕达：《课程史论》，人民教育出版社1999年版，第454—455页。

无论是小学阶段的《"四二"旧制小学暂行教学计划》，还是中学阶段的《中学暂行教学计划（草案）》和《中学教学计划（草案）》，都是中华人民共和国成立后国家颁发全国统一的基础教育教学计划，准确地说，它们可能只是我国基础教育课程中暂时使用的几个过渡性计划，且在许多方面都不够完善，但它们的确为以后基础教育教学计划的进一步修订和完善提供了一个基本框架，为中华人民共和国课程体系的确立奠基了良好的基础。在课程目标上，一是强调各门学科系统的基础知识的教授，让学生掌握运用这些知识解决实际问题的技能与技巧，这是后来"双基"提法的一个雏形；二是强调要通过各门学科进行思想政治教育，养成学生辩证唯物主义的世界观、爱国主义的精神和民族自豪感，形成坚强的意志和性格[1]。在课程内容上，带有明显的学习苏联的烙印，如《中学数学教学大纲（草案）》，明确提出讲授数学的历史知识时要"讲解我国、苏联和各人民民主国家的优秀数学家的贡献和作用"[2]。

2. 中华人民共和国成立初期基础教育"课程选择的文化"在教材中的体现

1951年，政务院文教委员会批准，确定"人民教育出版社开始中小学课本的重编工作，建立由国家统一供应中小学课本的基础"。据此，人民教育出版社重新编写和修订了老解放区的课本和当时比较通用的旧课本及苏联的编译本，在1951年编订出了全国第一套十二年制中小学统编通用教材，同年秋季开始使用。1952年秋季，人民教育出版社发行了小学语文、算术教材和十一本中学新教材。这批新教材"就政治思想、科学知识、语文、绘图、编辑技术各方面说，都比现行课本提高了一步"，初期修订和重编的中小学教材，重视并保持完整的科学性，贯彻了爱国主义精神，体现了苏联教材"给学生以系统的、巩固的科学文化基础知识"[3]等优点。但也存在一些问题，如在教材编写格式、字体等方面带有

---

[1] 彭泽平：《初建的"传统"——建国之初我国中小学课程改革的历史考察》，《西南师范大学学报》（人文社会科学版）2004年第9期。

[2] 课程教材研究所：《20世纪中国中小学课程标准·教学大纲汇编（数学卷）》，人民教育出版社2001年版，第356页。

[3] 中国教育年鉴编委会：《中国教育年鉴1949—1981》，中国大百科全书出版社1984年版，第484页。

明显的旧课本的特点（图3-1）。

图3-1 语文课本（1952年版高级中学第一册）目录①

同时，教材的"苏化"倾向严重，如1952年版的高中《世界现代史》，完全用《苏联现代史》的教材代替。

二 中华人民共和国成立初期基础教育的"课程主体文化"

中华人民共和国成立初期全国统一的基础教育课程体系的初步确立，教学计划、教学大纲和教科书都是全国统一的，各门学科的教学大纲明确地规定了教学要点和教学要求，制约了作为课程文化主体的教师和学生的自主性、主动性和创造性的发展。有学者指出："目前我们国文教学的主要毛病，就是形式主义，教条主义。……多是教学生死读硬记，讲课是逐字逐句，光在字面上打圈子，把语文形式硬和思想内容分割开来，

---

① 《语文课本》（高级中学第一册），人民教育出版社1952年版，"目录"。

单纯着眼于文章技巧,不是搬弄老八股,就是搬弄洋八股,硬套公式","国文教学跟其他学科一样,首先要教师有系统地透彻地讲明课本的课文。要尽力设法解决学生学习中的疑难,使学生能了解每课所教学的东西。……尽力使学生能够掌握国文课中所包含的语文知识。"① 也有学者指出政治课引不起学生的兴趣,"最重要的而又是共同的原因,是教学上有严重的公式主义,解释是教条式的,非常粗糙生硬,缺乏思想性。"并提出主要原因是教师政治理论水平偏低,要加强教师的学习,要让学生适当参与讨论,还要注意讲授时运用适当的"口吻"和"用语"②。可见,当时学校的教学存在教条主义和公式化现象。即使对这一现象进行批判的学者,在改进建议上依然强调学科知识的掌握和讲授方法的应用。因此,中华人民共和国成立初期的课程主体文化无论从教师和学生的课程观念,还是从其主要活动和行为方式上都体现了对课程选择的文化的被动授受,缺乏创新,忽视了主体的意义和价值。

三 中华人民共和国成立初期基础教育课程文化的特点

中华人民共和国成立初期的基础教育课程改革,虽说只有短暂的三年时间,但也形成了具有这一时期特色的基础教育课程文化,取得了一些积极的成果。

(一) 中华人民共和国成立初期基础教育课程文化方面取得的成就

1. 中华人民共和国成立初期基础教育课程文化选择,注重科学性和思想性的统一

中华人民共和国成立初期,新的政治体制需要巩固和加强,国民经济亟待恢复,在国家的"为工农服务,为生产建设服务"的教育方针的指导下,同时,全国政治、经济、文化等各方面"以俄为师"。在这一历史背景下,基础教育不仅十分关注中小学生在德、智、体、美等方面的全面发展,也特别强调基础教育课程的思想性和政治性。基础教育课程对文化的选择,也注重科学性和思想性的统一。重视思想品德教育,在各门学科的具体内容中渗透思想教育,使各门学科成为思想政治教育的

---

① 董纯才:《改革我们的中学国文教学》,《人民教育》1950 年第 2 期。
② 方直:《略谈改善政治课教学情况》,《人民教育》1950 年第 1 期。

必要途径，是中华人民共和国成立初期课程编制工作的基本特点之一。

2. 中华人民共和国成立初期基础教育课程选择的文化的组织和安排的"大一统"特点

第一，确立国家对教学计划、教学大纲和教科书编订、出版的统一管理和控制，树立教学计划和教学大纲在课程实施中的统治地位。如教育部在 1952 年颁发的《四二旧制小学暂行教学计划》和《小学暂行规程（草案）》规定的五年一贯制小学教学计划"说明"中强调，各校可依据实际情况增减教学时间，只是增减的时间不得超过每周 2 节；在教材方面，《小学暂行规程（草案）》和《中学暂行规程（草案）》都提出：小学和中学所用各种课本都必须由教育部统一编订，或采用中央教育部审定或指定课本。第二，确立课程实施中教学的基本规范。如在《小学暂行规程（草案）》中，对小学教师教学的基本原则的明确规定。《中学暂行规程（草案）》也对教师教学的基本形式和教学方法进行明确的规定，强调了教师的地位和作用。总之，中华人民共和国成立初期全国统一的课程体系的形成和确立，无论对各地中小学课程设置不一的混乱局面，还是对规范课堂教学的实施，抑或是对提高中小学教育质量，都起到了积极的作用，也符合当时社会发展需要，为中华人民共和国中小学课程体系的建立和基础教育的发展奠定了良好的基础。

（二）中华人民共和国成立初期基础教育课程文化的不足

1. 基础教育课程选择的文化方面存在的问题

从个人角度来说，中华人民共和国成立初期课程文化重在培养新民主主义国家建设的积极成员，在课程设置上，课程结构单一，只有学科课程，重视对学生科学素养的培养，忽视学生的人文素养。突出表现在课程主要是学术性课程，缺乏适合地方需要的课程、实用性课程、对学生进行生活教育与艺术审美教育的课程。在学科设置方面，重语文、数学、物理、化学等学科，轻体育、音乐、美术学科及社会科学类学科。同时，所设课程全部为必修课，对学生实行统一要求，缺乏弹性。在课程内容上，注重学科系统知识的掌握，忽视对学生能力的培养。这些都不利于学生的生动、活泼、主动的发展，不利于学生全面素质的提高，也难以完成促进学生个性健康发展的艰巨任务。

从社会视角来看，首先，是基础教育课程文化选择中对传统文化的摒弃，如1951年的学制改革，小学四二制就因被认为是"反动的教育制度"，"使劳动人民处在不平等地位的教育制度"，而"必须加以废除"①。毛泽东指出："中国的旧教育是帝国主义、封建主义与官僚资本主义统治的产物"，"我们要实施的新教育和旧教育在性质上是完全相反的、势不两立的东西。"② 因此，中华人民共和国成立初期颁布的两个教学计划都明确规定：计划内所设科目均为必修。原因之一就是否定旧课程中学教学计划中的选修课制度。尽管中央政府也十分重视对以前教育思想和课程理论的批判总结，但这种批判多失之偏颇，往往采取政治运动的做法。如对杜威教育思想和课程理论的批判，先定性为"为美帝国主义服务"的反动政治本质，而后对其整个教育思想和课程理论予以全盘否定，避而不谈其对中国新教育和课程改革的正面影响。陶行知、胡适、陈鹤琴等人的教育思想与课程理论均被认为是改良主义，是杜威的实验主义思想在中国的翻版③，而遭到批判与否定。而晏阳初、梁漱溟等人的教育思想及其实践更是被认定为具有资产阶级属性而予以否定。

其次，基础教育课程选择的文化对外国文化与现实文化之间的关系处理不当。准确地说，这一时期的基础教育课程模仿苏联的痕迹明显，呈现脱离中国实际的教条化趋势。苏联是世界上最早的一个社会主义国家，在基础教育课程建设方面的确有一些比较成熟的经验。在中华人民共和国成立初期的特定时期，强调以苏联经验指导我国的课程编制工作无可非议，实践也证明，采取这样的方针的确让我们少走了弯路，加快了基础教育课程改革的步伐。但在学习苏联的过程中确实也存在着机械模仿、生搬硬套，不顾中国实际的现象。这种现象在某些学科中显得尤为明显。如在中学外语的开设中俄语优先的现象，1950年颁发的《中学暂行教学计划（草案）》的"主要说明"部分指出，"外国语，初高中都须设一种，有条件（如师资、教材等）的宜设俄语，但已授英语的班级，仍应继续教授英语，不可中途变更"。④ 在1952年教育部颁发的《中学教

---

① 毛礼锐、沈灌群：《中国教育通史》（第六卷），山东教育出版社1989年版，第72页。
② 《毛泽东同志论教育工作》，人民教育出版社1992年版，第4—5页。
③ 郭笙主编：《新中国教育四十年》，福建教育出版社1989年版，第569—585页。
④ 刘英杰主编：《中国教育大事典（1949—1990）》（上），浙江教育出版社1992年版，第368页。

学计划(草案)》的"说明"中有同样意思的表述。这造成了后来学习苏联热潮时中学大量只开俄语停开英语的严重后果。

在教材编写中,1951年,教育部提出教科书的编辑方针:"学习苏联的先进经验,并结合中国实际。"① 如中学历史课程是参照苏联十年制学校历史课的设置拟订而成的。存在以下问题:(1)苏联历史历来是重外国史轻本国史。我们也大大压缩了中国古代史,使中外历史各占一半,脱离了中国实际。(2)我国的世界历史教材以苏联教材为蓝本,以苏联教材的体系为体系,甚至高中世界现代史教材完全用苏联现代史教材代替。教材处理上为了强调中苏友好,对沙皇俄国侵略我国的事实,也采取回避的笔法。另外,像初中植物学等自然学科的教材中也存在着类似的问题。如初中植物学中的"野生植物和栽培植物"是完全依据苏联课本编译过来的,编译时还原封不动地照搬了许多我国并没有的植物,给教师的教和学生的学都带来了不少困难。

2. 基础教育课程主体文化上的不足

中华人民共和国成立初期基础教育课程主体文化上的不足主要表现为教学目的强调了学生对系统学科知识的掌握,缺乏对学生情感态度、价值观形成的关注,还忽视了学生良好的学习态度的养成。在课程实施中,以教师讲授为主,以教师、课堂、课本为中心的课堂教学模式,教学方法上的教条主义和公式化,学生被动接受的学习方式,均严重阻碍了教师和学生的主体性、创造性发展。

四 中华人民共和国成立初期基础教育课程文化的价值追求

中华人民共和国成立初期,也意味着中华人民共和国新政体形成之初。1949年9月29日,中国人民政治协商会议第一次会议通过的《共同纲领》,提出将新民主主义革命进行到底以及恢复遭受战争破坏的国民经济的任务。当时的基础教育课程服务于国家的政治建设和经济建设。中华人民共和国成立初期基础教育课程文化选择是社会取向的,侧重课程文化的社会价值追求。

---

① 刘英杰主编:《中国教育大事典(1949—1990)》(上),浙江教育出版社1992年版,第423页。

（一）服务于国家建设的社会价值追求

首先，从中华人民共和国成立初期基础教育"课程选择的文化"来看，其价值追求是社会价值追求，服务于国家建设。基础教育课程对文化的选择注重社会发展的需要，以促进国家建设为目的。一方面，基础教育的教学计划、教学大纲和教科书的全国统一性，既体现在都受为新民主主义社会培养积极成员的培养目标的引导，又体现在都是由国家教育部统一编制、审定和管理；另一方面，社会和政治因素在基础教育课程中的体现，如教学计划、教学大纲和教科书等方面全面贯彻思想政治教育（如表3-3）。

表3-3　　　　1950年小学语文教材大纲阅读方面的内容①

内容实质	(1) 祖国的标志和纪念节日。 (2) 我国伟大人民领袖的童年故事。 (3) 爱祖国和爱劳动。 (4) 抗日解放和抗美援朝中的战斗儿童。 (5) 家庭或学校中的儿童生活。 (6) 季节、气候、自然现象、动物生活、植物生长等。 (7) 清洁卫生等。 (8) 其他	(1) 继续前学年。 (2) 继续前学年。 (3) 继续前学年，加爱人民、爱护公共财物。 (4) 战斗儿童、战斗英雄、劳动儿童、劳动模范。 (5) 儿童组织和乡村或城市的儿童生活。 (6) 继续前学年，加著名风景等。 (7) 继续前学年。 (8) 其他	(1) 继续前学年，加文化物质等。 (2) 继续前学年，加世界和人民民主国家的领袖故事。 (3) 继续前学年，加爱科学。 (4) 继续前学年，加发明家和历史人物。 (5) 继续前学年，加儿童的集体生活和社会生活。 (6) 继续前学年，加自然地理。 (7) 继续前学年，加生理卫生。 (8) 其他	(1) 继续前学年，加历史遗产和新建设。 (2) 继续前学年。 (3) 继续前学年，加国际主义。 (4) 继续前学年。 (5) 继续前学年。 (6) 继续前学年，加工业原料等。 (7) 继续前学年，加医药常识。 (8) 其他	(1) 继续前学年。 (2) 继续前学年。 (3) 继续前学年。 (4) 继续前学年。 (5) 继续前学年。 (6) 继续前学年，加物理常识等。 (7) 继续前学年。 (8) 其他

---

① 林治金主编：《语文教学大纲汇编》，青岛出版社2001年版，第34页。

其次，从建国初期基础教育"课程主体文化"来看，体现在国家对课程实施的控制上。一方面，全国统一的教学计划、教学大纲和教科书，使教师和学生的自主发挥缺乏空间，如所有课程都只有必修课，没有选修课；另一方面，课程实施中教学规范的统一规定，包括对教师的教学原则、教学形式和教学方法的明确规定，甚至在各学科大纲中明确规定教师教学要求，教学要点等①，体现了对课程实施主体教师的控制，也制约了教师和学生积极性和主动性的发挥。因此，中华人民共和国成立初期的基础教育课程文化在选择之初具有鲜明的社会取向，体现了课程对社会文化的继承和传递，在课程实施过程中作为主体的教师和学生对所选择社会文化的被动授受，实现了课程对社会文化的继承和传递。整个基础教育课程文化凸显了课程文化的工具性，强化了课程文化服务于新民主主义国家建设和发展的社会价值追求。

(二) 培养新民主主义成员的内在价值追求

中华人民共和国成立初期的首要任务是巩固新政体的稳定以及恢复国民经济的发展，这也是整个国家基础教育的最终导向。首先，从基础教育的任务和培养目标看，小学的是"新民主主义社会热爱祖国和人民的、自觉的、积极的成员"。中学的是"新民主主义社会自觉的积极的成员"。其次，"课程选择的文化"强调学生思想政治素养。中华人民共和国成立初期的中小学课程重视思想品德教育，把思想教育的因素渗透于各个学科是其基本特点之一，如 1950 年的初中语文课本在《编辑大意》里指出："任何一门功课，都具有完成思想政治教育的任务。这个任务，在语文科显得更为重要。"② 过分地强调思想政治教育在各门课程的渗透，可能导致学科课程政治化倾向。再次，"课程主体文化"对教师和学生主体性的忽视。从课程结构来看，新中国成立初期的基础教育课程结构单一，所有课程只有必修课和分科形式，不设选修课，作为学校课程主体的教师和学生缺乏课程选择的权利，可能导致师生被动地授受。从课程实施中教师的教学行为来看，教学方式具有教条主义和公式化特点，主

---

① 刘英杰主编：《中国教育大事典 (1949—1990)》(上)，浙江教育出版社 1992 年版，第 464—465 页。

② 同上书，第 427 页。

要局限于课堂教学。教师和学生自主性和主体性被忽略。因此,基础教育培养什么样的人,主要是从当时的社会发展需要出发。中华人民共和国成立初期基础教育课程文化的内在价值追求是培养新民主主义国家建设者。

总之,中华人民共和国成立初期基础教育课程文化的终极价值追求是服务于国家建设的社会价值追求,课程文化的内在价值追求也是依附于社会价值追求的。从育人层面看,只把学生作为一个社会成员去培养,而没有从个人的角度去关注。从课程角度看,只把课程作为实现教育总目的和培养目标的手段和工具,并没有关注课程本身,更谈不上从文化的视角去理解课程。

第二节 第一个五年计划时期基础教育课程文化的价值追求(1953—1957年)

1953年,党中央提出的过渡时期的总路线是:"从中华人民共和国成立到社会主义改造的基本完成,是一个过渡时期。党在这个过渡时期的总路线和总任务,是要在相当长的一个时期内,基本上实现国家的工业化和对农业、手工业以及资本主义工商业的社会主义改造。这条总路线应该是照耀我们各项工作的灯塔,各项工作离开它,就要犯右倾或'左'倾的错误。"① 1953—1957年属于中华人民共和国成立到社会主义改造基本完成的过渡时期,也是中国的第一个国民经济五年计划时期(以下简称"一五"期间)。这一时期党和国家提出的过渡时期的总任务和国民经济建设的需要,对中国教育提出了新的要求和挑战,也促使基础教育进入第二轮的课程改革。

一 "一五"期间基础教育"课程选择的文化"

(一)"一五"期间基础教育"课程选择的文化"的选择依据

1. "一五"期间的社会背景

经过新民主主义的革命斗争和国民经济恢复的三年,新中国在政治、

---

① 《毛泽东选集》第五卷,人民出版社1977年版,第891页。

经济等各方面的建设都取得了一定的成绩。政治上,肃清了在大陆的国民党反动派残余武装力量与土匪,大陆的全部国土得以解放,基本完成全国范围内的土地改革。新生的国家政权得到初步巩固。经济上,党和国家开展了没收官僚资本企业和改造它们成为社会主义国有企业的工作,全国财政经济得到统一,物价被稳定,迅速恢复遭到严重破坏的国民经济,1952年底,全国工农业生产达到历史最高水平。各项事业的恢复与发展,奠定了社会主义改造和经济建设的坚实基础,中国革命的任务也开始由新民主主义革命进入建立社会主义的新阶段。1953年,党中央提出了过渡时期的总路线,并且制订了中国的第一个五年计划,提出集中力量发展重工业,发展交通运输业、轻工业、农业和商业,逐步促进农业和手工业的合作化,并继续完成对资本主义工商业的改造任务。党在过渡时期的总路线和国民经济第一个五年计划的提出,对我国基础教育提出新的挑战[1]。

　　经过三年的改造与建设,中国基础教育取得了一定的发展,但整体质量较低,不能适应当时国家经济建设与过渡时期党的总路线的任务和要求。中小学教育质量普遍低下,且中学不能为高一级学校输送合格的学生,如1953年报考全国高等学校的高中毕业生,每科成绩平均不足40分的占46%,20分以下的占23%[2]。这一切对基础教育课程和课程文化的选择提出新的挑战和要求。

　　2. "一五"期间基础教育的任务和培养目标

　　1953年11月26日,政务院做出《关于整顿和改进小学教育的指示》,并提出:"整个教育的基础是小学教育。教育新后代是它的任务,使他们成为新中国的健全的公民"。"在今后的很长时期内,小学生毕业生主要是参加劳动生产,升学的只能是一部分。"[3] 1954年3月12日,全国文教工作会议召开,文教委员会副主席习仲勋在《1954年文化教育工作的方针和任务》报告中指出:"中学教育的任务,一方面为高等学校培

---

[1] 彭泽平:《正规化的尝试与迷误——1953—1957年间我国基础教育课程改革的历史考察》,《西南大学学报》(人文社会科学版)2007年第1期。

[2] 何东昌:《中华人民共和国重要教育文献(1949—1975)》,海南出版社1981年版,第277页。

[3] 同上书,第263页。

养新生,另一方面为国家各项建设事业供应具有一定文化科学知识的劳动后备力量。"1954年4月8日,政务院发布的《关于改进和发展中学教育的指示》提出:"中学教育的目的,是用社会主义思想教育学生,把他们培养成为社会主义社会全面发展的成员。中学教育不仅要为高等学校供以足够合格的新生,并且还要为国家生产建设供应以具有一定的政治觉悟、文化教养与健康体质的新生力量。"① 明确中学教育的双重任务:一是根据国家需要升学;二是积极从事工农业生产劳动或其他建设工作。同时,国家在这一时期发布的一系列教育文件中多次强调,提高教学质量是这一时期中学教育的中心任务,而提高教学质量的关键又在于改进教学内容。

"一五"期间国家对中小学任务和培养目标的重新确定,强调学习苏联经验和以课程改革为教育改革重心,从总体上规定了基础教育发展的方向,也为基础教育课程文化选择提供了指导和依据。

(二)"一五"期间基础教育"课程选择的文化"的主要内容

1. "一五"期间基础教育"课程选择的文化"及其组织和安排

学校教学计划具体地规定着课程的门类、比重、顺序及教学时数,因此,探寻一定时期教学计划演变的轨迹,可以从中看出"课程选择的文化"及其组织和安排的主要变化及特点(见表3-4)。

表3-4 "一五"期间小学教育"课程选择的文化"及其组织和安排②

时间	主要内容
1953年9月22日颁布的《小学(四二制)教学计划(草案)》	(1)将"美工"课改成"图画"课,包括绘图、剪贴;(2)小学中、高年级各科教学的周时数分别由25(26)、29改成26、28课时;(3)增加了学生每周集体活动时间,初级由340分钟,改为一、二年级360分钟,三、四年级480分钟,高级由450—750分钟

① 刘英杰主编:《中国教育大事典(1949—1990)》(上),浙江教育出版社1992年版,第334、349页。
② 同上书,第356—358页。

续表

时间	主要内容
1954年2月15日颁发的《小学"四二制"教学计划（修订草案）》	基本没有改变1953年教学计划，只对其附注和说明部分做了一些修改。
1955年9月2日颁发的《小学教学计划》	（1）增设手工劳动课，课外活动中的"劳动活动"改成"生产劳动"，并增加了四年级以上学生的"社会公益劳动"。（2）增加了一、二年级体育课的授课时数，加强了课程活动中的体育锻炼。（3）年授课时数和周授课时数都有减少。（4）音乐课改成唱歌课
1957年7月11日颁发的《1957—1958学年度小学教学计划》	对1955年教学计划的主要变动体现在：农村小学（包括大、中城市的郊区与小城市的小学）五、六年级增设每周各1课时的农业常识。有条件的农村小学可以开设手工劳动课。各年级每周增设周会1课时，进行思想政治教育和作时事报告等

表3-5　"一五"期间中学教育"课程选择的文化"及其组织和安排

时间	主要内容
1953年颁布的《中学教学计划（修订草案）》	（1）在初中一年级新增设了一门卫生常识课；（2）取消了原计划中的时事政策课；（3）总时数减少170课时
1954年和1955年颁布的两个计划	（1）对政治课的科目做了一定的调整。1954年的教学计划取消了共同纲领课，新增设了政治常识课。1955年的计划又将中国革命常识改成政治常识，并新增设中华人民共和国宪法；（2）取消了初中的外语课，高中外语原则上一律要求讲授俄语；（3）教学时数有较大幅度的削减。
1956年颁布的中学教学计划	（1）第一次设置了劳动教育方面的两门新学科。一门是实习科，初、高中各年级都开设了这门课程。初中要求教学工厂和实验园地两种实习，高中要求进行农业实习、机器学实习和电工实习。另一门是工农业基础知识课，只在初中三年级开设这门课程，每周2小时，为初中毕业后不能升学的学生做就业准备；（2）将原语文科改成汉语、文学两门学科进行教学
1957年的教学计划	（1）恢复了初中外语科；（2）取消了汉语课，将取消汉语课后多余出来的1小时加到了文学课中，使文学课由4课时增为5课时

2. "一五"期间基础教育"课程选择的文化"在教材中的体现

国家于 1956 年正式发行了第二套全国统编通用十二年制教材。这套教材包括学生用书 41 种 97 册，教学参考书 23 种 69 册。从内容上看，这套教材"比以前更加明确为社会主义政治服务的思想。大部分教材能初步运用马列主义的立场、观点阐述自然现象和社会现象，注意最新的科学成就的吸收。各科教材都注意系统的基本知识的传授"。1961 年 10 月，教育部在报送中央文教小组的《编写中小学教材的概况和对今后工作的意见》中，反映"新编的课本比 1953 年之前的课本好，有进步。无论在科学性、系统性或思想性方面都加强了。同时编出了教学大纲和教学参考书，对教师教学有一定帮助"。但也存在缺点，如在使用中，反映教材"要求高，分量重，内容深"，"教与学都过分紧张。"为此。教育部发布了《关于精简小学语文、历史、地理教材的通知》和《关于中学历史、地理、物理、生物等科教科书的精简办法》，指示不打破整个学科系统，只精简过难的、次要的、头绪过多的教材。但却删减了反映科学新成就与联系当今实际的内容①。此外，某些学科教材的编写带有严重的"苏化"倾向，如高级中学课本《世界近代现代史》（下册），关于苏联及其相关的历史约 48 页，占到总篇幅的 37.8%（见图 3-2）。

二 "一五"期间基础教育的"课程主体文化"

1953 年 5 月，苏联专家普希金在北京女六中关于《红领巾》（选在初中语文课本第二册）观摩教学的评议会议上，对一般语文教学方法提出意见，主要指出"语言和文学的因素过分地少"，"把语文课上成政治课，妨碍了语文的发展"，"教师把课文逐字逐句地咀嚼得像粥一样烂，然后喂入学生嘴里。教师过高的积极性，使学生思维可能处于睡眠状态中。"② 并提出建议，这就是"红领巾"教学法，其实是苏联文学课通用的教学法，随后很快风靡全国。因为这种教学法必须具备作者的时代背景、段落大意、中心思想、写作特点等烦琐僵化的套路，具有公式化、

---

① 田慧生等：《中小学课程教材改革与实验》，四川教育出版社 1997 年版，第 172 页。
② 刘英杰主编：《中国教育大事典（1949—1990）》（上），浙江教育出版社 1992 年版，第 432 页。

形式主义的特点，这种模式在后来很长一段时间内束缚着中国的课堂教学。

目　录

第二编　“自由”資本主义轉变为帝国主义和社会主义革命开始的时期(續)

第三編　偉大十月社会主义革命的胜利和社会主义在苏联的建成·資本主义总危机的第一阶段

第四編　第二次世界大战·社会主义陣营的壮大和发展·資本主义总危机的第二阶段

图3-2　1955年版世界近代现代史（下册）目录

为了进一步了解当时的课程主体文化，对一位1945年出生的退休教师进行了访谈，访谈过程如下（2015年2月8日下午）。

问：您是哪一年出生的？您接受小学教育和中学教育分别是哪一年？

答：我是1945年出生的。1954年开始上小学，当时直接从二年级开始上，开始都跟不上，上到六年级。1959年上初中，不过只上到初二。

问：您还记得当时中小学校教师是如何教学的？学生是如何学习的？

答：当时的老师都是照课本讲的，学生就是听老师讲课，做老师布置的作业。就是当时有几个从北京、上海来的支宁青年，他们的知识面很广，人也积极上进，我感觉比现在好多老师都讲得好。

问：当时您所在的学校除了课堂教学外，还有没有其他的活动？

答：除了上课外，就记得劳动比较多。

可见，当时学校教师和学生的课程活动只有课堂教学，且教师主要通过讲授法进行教学，学生的学习方式也是被动接受性学习。尽管这一时期基础教育课程因为强调生产技术教育和劳动教育，在教学方法中也采用了一些直观教学、现场教学，且很多学校自办工厂为实习基地，加强教学与生产实习的紧密联系，但也主要是为了更好地服务于国家经济建设的需要，并非对课程主体的重视。总的来看，"一五"期间课程主体文化缺乏课程主体的主动性、积极性和创造性，忽视主体的意义和价值。

三 "一五"期间基础教育课程文化的特点

（一）"一五"期间基础教育课程文化取得的成就

1. "课程选择的文化"强调生产技术教育和劳动教育

"课程选择的文化"强调生产技术教育和劳动教育。一方面，体现在中小学教学计划的课程设置中，如1956年颁布的教学计划首次设置了基本生产技术教育科目，这些科目的时数多达442课时，占总时数的6.8%；另一方面，在基础教育各科教学大纲中也明确规定基本生产技术教育的任务，如 1956 年颁布的《初级中学世界历史教学大纲（草案）》中规定的初中历史教学的基本任务为："把爱国主义、国际主义和劳动教育必须贯彻在世界历史的教学过程中，培养学生的共产主义世界观，加强他们的共产主义胜利信心，实现鼓舞青年一代自觉地、积极地参加社会主义建设事业的目的。"① 在基础教育课程中加强生产技术教育和劳动教育的要求，在一定程度上改变了中华人民共和国成立以来的学术性课程为中心的单一课程结构，使基础教育课程文化更好地适应了国家建设的需要，而且使各科教学成为实施基本生产技术教育的必要途径，对于学生的全面发展以及中学"双重"任务的顺利完成无疑具有重要作用。

此外，"一五"期间基础教育"课程选择的文化"还落实了减轻学生学习负担的精神。50 年代中期，我们的基础教育课程编制工作正处在探索阶段，可资借鉴的成功的教材编写经验少之又少，当时一些新编教材普遍存在着分量重、难度大的问题。为此，国家注重将课程改革与减轻学生学习负担、促进学生身体健康结合起来，采取了精简课程的具体措施，这反映了党和国家对青少年的关怀，同时也成为这一时期课程改革的一个重要特点。

2. 从"课程选择的文化"的组织和安排来看，形成了比较全面的基础教育课程体系

"一五"期间的课程改革，系统地总结和吸取了建国初期基础教育课程改革的成功经验，全国编制了一整套中小学教学大纲与教材，这套大纲基本上涉及了除政治学科以外的中学文理各科，其中，音乐、图画、体育教学大纲是国家在五六十年代的几次课程改革中唯一颁布过的音、体、美方面的大纲。这套教材的完成是我国全面的基础教育课程体系逐渐开始形成的标志。如果说，中华人民共和国初期的课程改革立足于对旧课程的改造，为中华人民共和国基础教育课程的发展奠定了基础。那么，第一个五年计划时期的课程改革则更多地着眼于营建和构造比较系统的基础教育课程体系，这一体系的初步形成，起着承前启后的重要作用。这一课程体系，虽然在今天来看，有很多不足，也有不少人提出了

---

① 刘英杰主编：《中国教育大事典（1949—1990）》（上），浙江教育出版社 1992 年版，第 468、478 页。

很多批评的意见，但是在当时的历史条件下同时也为随后所进行社会主义建设的历史所证明，它的成绩是主要的，对中华人民共和国社会主义政治、经济、文化建设合格人才的培养，以及促进新中国社会主义政治、经济、文化的进步起到了积极的作用。

（二）"一五"期间基础教育课程文化存在的问题

1. 从基础教育课程的文化选择来看，是以服务于过渡时期总任务和国民经济建设的需要为价值取向的

"一五"期间基础教育课程文化重视政治、经济对教育的制约作用。尽管在课程结构上打破了学术性课程的单一形态，增设了生产技术教育类科目，也是为了使基础教育课程更好地适应国家建设的需要。但是，个别学科的教学大纲过分强调教学同生产实际的结合，影响了知识的系统性和完整性，如化学大纲许多章节中都规定要介绍有关的化学生产过程和化学生产的典型设备，致使据此编订的教科书中化工生产讲得过多过细，有些地方完全流于生产细节，破坏了化学知识的系统性。

2. 从课程对社会文化的选择内容来看，"以俄为师"的倾向严重

如果说中华人民共和国初期基础教育课程改革学习苏联的痕迹明显，"一五"期间则更为凸显。在中小学工作方针中就明确提出，中小学教学工作，要学习和吸收苏联和先进教育理论和教育经验，而后这一指导思想就贯穿于基础教育课程的各个方面。客观地说，学习和借鉴苏联的先进经验，如重视教师、教材、注重"双基"的掌握，注重直观教学和加强实践环节等，对于当时我国建立教育、教学的正常秩序，提高教育教学质量起到了一定的积极作用。这一措施也使得基础教育为高一级学校培养了大量合格的政治觉悟较高、基础文化知识扎实的学生和有着一定文化知识的新社会的建设者。可是在具体的课程改革实践中，却偏离了"文化借鉴"的意义，变成了严重脱离中国自身实际的不加批判和选择的照抄照搬，忽视了文化背景的制约作用，致使课程改革所形成的课程模式存在着诸多的问题。集中体现在学习苏联高度统一的课程模式，统一的教学计划、统一的教学大纲、统一的教科书，不顾地域生产力发展水平和文化背景，不考虑地域背景和民族差异，造成与社会实际和学生的生活实际的严重脱离。还体现在教材编写上的严重"苏化"倾向，如高中世界近代现代史中苏联历史占到37.8%，且以"东风压倒西风"为章

节标题，失去了历史学科的客观性。而且，1954年颁布的教学计划取消初中外语科是不科学的。

3. 基础教育课程主体文化存在不足

一方面，不适应我国复杂多样的国情的集中统一的课程管理模式，使得地方教育行政部门的作用无法发挥，阻碍了学校、教师、学生的主动性和积极性的发展；另一方面，过于频繁的课程变动，不利于教师经验的积累和教学质量的提高。在1953—1957年短短的五年间，国家正式颁布的小学教学计划和中学教学计划就多达5个，基本上是一年颁布一个。除此之外，还发布了十多个有关补充通知，对学科设置、课时安排做了许多变更。致使教材经常跟不上需要，教学工作也很难按计划完成，如，1953年设置的《卫生常识》，因无教材不能开设。1954年教学计划中规定的初中二年级的《中国革命常识》也因无适当教材而不能开设，高中一年级的《中国经济地理》因教材的关系而改授《外国经济地理》。这种情况打乱了教学秩序，使教学受到了一定的影响。此外，基于凯洛夫教育学的课程教学模式为中小学教师普遍采用，影响学生主动性和积极性的发挥和学生个性的健康发展。

四 "一五"期间基础教育课程文化的价值追求

"一五"期间基础教育课程要满足国家总路线和国民经济建设的需要，基础教育的任务和培养目标要以这一方针为导向，"以俄为师"、重视生产技术教育和劳动教育、强调思想政治教育、减轻学生负担等是这一时期基础教育课程文化的主要特征，因此，"一五"期间的基础教育课程文化的价值追求依然以社会价值追求为主导，其内在价值追求是服务于课程文化的社会价值追求的。

（一）服务于过渡时期总任务和国民经济建设的社会价值追求

"一五"期间的基础教育承担着国家总路线和国民经济建设的新使命。首先，基础教育的培养目标主要是服务于社会劳动生产。"一五"时期的主要任务是重点发展重工业和社会主义改造的完成。这就使得基础教育具有双重任务：一是部分学生升入高一级学校；二是大部分要参加劳动生产。这一点在政务院关于中小学教育的任务中都有明确指示。其次，强调生产技术教育和劳动教育思想在基础教育课程中的全面渗透。

这不仅表现在基础教育的教学计划中增设了生产技术教育科目。而且在基础教育阶段各门课程的教学大纲和教科书的编制和具体的教学方法中都渗透了生产技术教育和劳动教育思想，如 1955—1956 年，强调劳动教育和基本生产技术教育，不少学校自办实习工厂，物理教学中开展了生产参观、现场教学，加强了教学与生产实习的联系①。再次，强调各科课程教学中的思想政治教育，如 1956 年《小学语文教学大纲》在"说明"部分提出："小学语文科是以社会主义思想教育儿童的强有力的工具。"《小学地理教学大纲》规定："小学地理教学的任务是：……让儿童认识祖国的自然界，认识祖国的丰富资源，认识祖国人民的劳动情况和社会主义的建设成就，并认识当前国际的形势，培养儿童的爱国主义精神和国际主义精神。"② 最后，学习苏联的指导思想。"一五"期间基础教育课程改革从教学计划制定、课程设置，到各科教学大纲、教科书的编制，甚至课堂教学模式、教学方法的基本照搬苏联经验。这与当时向苏联"一边倒"的战略思想直接相关。因此，"一五"期间基础教育课程文化的价值追求以社会价值追求为其终极目标，且社会价值追求是服务于过渡时期的总任务和国民经济的需要。

（二）培养社会主义劳动生产者的内在价值追求

"一五"期间基础教育的育人目标具有双重性，无论是小学还是中学，一部分继续升入高一级学校，大部分是进入社会，参加劳动生产。可见，这一时期基础教育的培养目标更侧重于社会主义劳动生产者的培养，即这一时期基础教育课程文化的育人价值追求是社会主义劳动生产者。这与当时国家的总任务及国民经济建设需要相吻合。这一价值追求反映在基础教育课程文化的两个层面，首先，从基础教育"课程选择的文化"来看，在中小学的教学计划中增设生产技术教育科目，在各门学科教学大纲和教材中增加生产技术教育和劳动的内容。其次，从课程主体文化来看，主要反映在课程实施的教学过程中，在教学方法中也多采用直观教学、现场教学，且很多学校自办工厂为其实习基地，加强

---

① 刘英杰主编：《中国教育大事典（1949—1990）》（上），浙江教育出版社 1992 年版，第 524 页。

② 同上书，第 406、473 页。

教学与生产实习的紧密联系。特别是当时中小学普遍的教学模式是建立在凯洛夫教育学体系基础上的"组织教学—复习提问—讲解新课—巩固新课—布置作业"的课堂教学模式。在这种课程教学模式中,过于强调学科基础知识、基本技能、教师、教材的重要性,整个教学以"教师、教室、教材"为中心,对学生的主动性、积极性重视不够,学生掌握的知识和技能也是或升入高一级学校所需要的,更重要的是为参加社会生产劳动而做准备。因此,"一五"期间基础教育课程文化的育人价值追求是培养服务于过渡时期总任务和国民经济建设需要的社会主义生产劳动者。

第三节 20世纪50年代末至60年代中期基础教育课程文化的价值追求(1958—1965年)

20世纪50年代末至60年代中期,是中国开始全面建设社会主义的重要历史时期。在经济上,国家执行了第二个国民经济五年计划并对国民经济进行调整改革;在教育上,贯彻"两条腿走路"方针,推行"两种教育制度",进行了旨在适应中国社会主义建设需要的教育改革实践,比较系统地总结了中华人民共和国成立以来教育的经验,中学教育得到了一定的发展。然而,因为党在指导方针上有过严重的失误,各种"左"的错误对教育事业带来很大干扰,基础教育的发展也因此经历了一个曲折的过程,这一时期的基础教育课程就是在这样一个错综复杂的历史背景下发展和变化的。探索适合中国自身实际的"本土化"的基础教育课程体系。其间还经历了"大跃进""社会主义教育运动"等革命运动。中国基础教育课程体系的探索,也就在当时的政治运动的强力作用下,经过了两次大的调整,形成了"教育革命"浪潮和"调整期"两个特点不同的阶段。

一 "教育革命"浪潮期基础教育"课程选择的文化"(1958—1960年)
(一)"教育革命"浪潮期基础教育"课程选择的文化"的选择依据
到20世纪50年代中后期,学习苏联极端化已经在政治、经济和文化教育等领域产生了大量严重的问题,且中苏两党两国政府的矛盾摩擦越来越激烈，逐渐走向公开决裂。各个领域开始了学习苏联的偏差的纠正工作。但是在当时"赶英超美"，"跑步进入共产主义"，全党、全军和全国人民"大炼钢铁""大办农业"、遍地是高炉、四处放"卫星"的社会背景下。1957年2月，毛泽东同志在最高国务扩大会议上的"关于正确处理人民内部矛盾的问题"的报告中指出："我们的教育方针，应该让受教育者在德育、智育、体育各个方面都得到发展，成为有社会主义觉悟的有文化的劳动者。"1958年3月召开的第四次教育行政会议正式决定，在所有学校中，都必须把生产劳动列为正式课程。

（二）"教育革命"的浪潮期基础教育"课程选择的文化"的主要内容

教育部于1957年7月发布了"1957—1958学年小学教学计划"，1958年3月颁发了"1958—1959学年度中学教学计划"，都贯彻了这一教育方针，也都加强了劳动教育。中学教学计划的基本原则是：第一，初中各年级每周教学总时数最高不得超过30学时，各年级教学时数最高不得超过31学时；第二，保证语文和数学的充分的教学时数；第三，不减少物理和化学两科的教学时数；第四，适当减少历史和地理两科的教学时数；第五，注意各科之间的联系和互相配合。小学的教学计划变动不大，但允许各地在具体执行时，可因地制宜，做适当变更。根据以上这些原则，新的教学计划对中小学课程做了如下调整和变动（见表3-6）。

总之，1957—1959年的中小学教学计划，比较符合当时学校的实际情况，在纠正学习苏联过程中的偏差，提高中小学教学质量，加强知识教学与劳动教育相结合及完成普通基础教育肩负的"双重"任务方面，都起了重要作用。1958年5月，中国共产党八大二次会议制定"鼓足干劲，力争上游，多快好省地建设社会主义"的总路线，随后全国城乡迅速掀起了工、农业生产"大跃进"的高潮，并很快波及教育领域。同年9月19日，中共中央和国务院颁布了《关于教育工作的指示》，提出："党的教育方针，是教育服务于无产阶级政治，教育与生产劳动相结合。"[①]

[①] 《中共中央、国务院关于教育工作的指示》，《北京师范大学学报》1958年第2期。

表3-6　　"教育革命"的浪潮期基础教育"课程选择的文化"①

时间	主要内容
"1957—1958 学年小学教学计划"和"1958—1959 学年度中学教学计划"	(1) 加强劳动教育，规定参加劳动的时间，并开设生产劳动科。中学教学计划中占总课时数的 18.29%—26.35%。"大跃进"高潮时期，大部分中小学都停课参加大炼钢铁或农业生产大"会战"；(2) 改进外国语教学。高中一年级外国语每周增加1学时。(3) 调整了部分学科设置和时数安排。语文科：增加小学语文科的课时，每周增加2课时，由原来每周66学时增加到68学时。在中学，汉语、文学不再分科，仍统称为"语文"科。教学时数，初中一年级每周7学时，二、三年级每周各为6学时，比原教学计划减少1学时，高中各年级每周各为5学时。历史科：小学没有变动。中学适当减少了教学时数，初中二、三年级和高中各年级由每周3学时改为2学时。地理科：小学没有变动。初中一年级由每周3学时减至2学时，二、三年级均减为每周2学时；高中合并外国经济地理与中国经济地理，改成经济地理，在高中二年级以每周3学时。生物科：初中一年级植物，初中二年级动物，都为每周3学时，初中三年级生理卫生，每周2学时，高中一年级生物学，每周3学时。取消原高中人体解剖生理学与达尔文主义基础两科。物理、化学两科：初中二年级物理和三年级化学的教学时数增加到每周3学时。高中一年级物理教学时数每周3学时减少为2学时。数学科：在初中一年级的算术中增加珠算和簿记。(4) 增加某些学科的乡土教材。增加初、高中语文、中国历史、初中中国地理、高中经济地理的中国经济地理部分的乡土教材。另外，原教学计划中的"政治"改为"社会主义教育"，教学时数，高中各年级每周均为2小时
1958—1960 年的中学课程变化	(1) 学制改革。小学三年一贯制、中学五年一贯制、中小学三四二制、中小学九二制、中小学九年一贯制、七年一贯制、十年一贯制、初中二年制、中学四年制、中学四二制、三二制、二二制等。同时各地还举办了一批半日制、半工半读学校、红专学校，在农村还大量举办了农业中学。(2) 结合学制改革的实验，编写了一套十年制的中小学实验教材。"左"的错误对这套教材的干扰和影响很大。(3) 随着教育管理权限的下放，各地开始自编教材。(4) 劳动时间大量增加，正常的教学秩序受到冲击。(5) 强调政治课在中等教育中的地位。(6) 设置甲、乙两类中学，在甲类中学的初中开设外语

---

① 吕达：《课程史论》，人民教育出版社1999年版，第476—481页。

随后，教育大革命迅速进入了高潮。中学课程受到"大跃进"和"教育革命"的冲击，课程编制工作也受到一定的影响。1958—1960 年，在"教育大革命"的号召下，这一阶段全国统一的课程标准受到严重冲击，教材编写工作处于混乱状态，正常教学时间被过多的劳动所挤占，这一切都使得这一阶段的中学教学质量有一定下降。为改变这种状况，国家于 60 年代初期开始了对教育事业的调整和改革。

二 "调整"期基础教育"课程选择的文化"（1960—1965 年）

（一）"调整"期基础教育"课程选择的文化"的选择依据

1860 年，中苏关系公开破裂，1958 年的"教育大革命"给教育事业带来的危害逐渐被认识。1961 年 9 月 7 日，教育部部长杨秀峰在中共中央工作会议的发言中指出：三年来，教育大革命、大发展、大跃进，取得了成绩，但发展过快，超越了经济条件和学校主观力量的可能，不可避免地影响了教学质量。教育工作中也存在浮夸风、瞎指挥、不切实际的错误。表现在确立学校规章制度、处理师生关系及课程教材等各个方面。为改变这一局面，1962 年 2 月，中共中央批转了中央文教小组《关于 1961 年和今后一个时期文化教育工作安排的报告》。《报告》规定当前文化教育工作必须贯彻执行"调整、巩固、充实、提高"的方针，要总结经验教训，提高教育质量。

（二）"调整"期基础教育"课程选择的文化"的主要内容

1. "调整"期基础教育"课程选择的文化"及其组织和安排

1963 年 3 月 23 日，中共中央发出《关于讨论试行全日制中小学工作条例草案和对当前中小学教育工作几个问题的指示》，批转下发了《全日制小学暂行工作条例（草案）》共 40 条（简称《小学 40 条》），《全日制中学暂行工作条例（草案）》，共 50 条（简称《中学 50 条》）。条例系统总结了新中国成立 13 年来，尤其是 1958—1960 年的教育经验与教训，全面、具体地规定了中小学教育的任务、培养目标、课程、教学工作、思想政治教育、生产劳动、教师等方面的工作。1963 年 7 月，教育部发布了《关于实行全日制中小学新教学计划（草案）的通知》，通知指出，新的教学计划是根据中央《关于讨论全日制中小学工作条例草案和对当前中小学教育工作几个问题的指示》，并吸取中华人民共和国成立以来教学工作的经验重新拟定的。它适用于全年有 9 个月以上教学时间的全日制中小学。这一时期基础教育"课程选择的文化"及其组织和安排（见表 3-7）。

表 3-7　"调整"期基础教育"课程选择的文化"及其组织和安排

时间	主要内容
1963 年颁布的中小学新的教学计划（草案）	（1）以"苏化"时期建立的课程体系为基础。1963 年颁发实施的《全日制中小学教学计划（草案）》，与"1955 年小学教学计划"和"1953 年中学教学计划（修订草案）"在课程设置、课程门类、课程分配和进程安排等方面都基本一致。（2）保留了"教育革命"浪潮期强化的劳动课程。中小学都开设"生产常识"课程，小学四年级以上每年劳动半个月，中学每年劳动一个月。（3）设置了综合性的政治、语文、数学、历史、生物、地理等课程。（4）中学设置了选修课程。高中可根据学校的师资设备等条件，在三年级酌设农业科学技术知识、立体解析几何、制图、历史文选、逻辑等选修课。（5）小学增加了外国语课程。（6）增加了课时。相比 1957 年小学教学计划和 1958 年中学教学计划，增加了语文、数学、物理、化学、音乐等课程的课时。每学年授课总课时，小学从 5336 课时增加到 6620 课时，中学从 6094 课时增加到 6708 课时
1964 年 7 月发布了《关于调整和精简中小学课程的通知》，调整了 1963 年拟订的《全日制中小学新教学计划（草案）》的课程设置。这次调整主要针对小学和初中	小学阶段：（1）高小历史、地理、自然、生产常识四门课程都可以按一年学完来安排，即五年级设自然每周三课时，地理每周二课时；（2）六年级设历史每周三课时，生产常识每周二课时。（3）高小的课程除体育、音乐、图画以外，由每学年六门减为五门，三至六年级算术每周上课时数各减少一课时，每周上课总时数，三、四年级减为 29 节，五、六年级减为 30 节①。 初中阶段，数学、生物、历史等课程的教学顺序有些变化。历史课的变化最为显著，1963 年的新教学计划对历史教学时数已做了较大幅度的削减，由过去的每周 9 学时减为 6 学时，这次调整又进一步将历史课的教学时数减为每周 4 学时，并将原来分设在初二、初三两个年级学习的中国历史集中在初二一年开设

---

① 刘英杰主编：《中国教育大事典（1949—1990）》（上），浙江教育出版社 1993 年版，第 359 页。

2. "调整"期基础教育"课程选择的文化"在教材中的体现

1961年,基于过去编写教材的经验,中共中央文教小组指示重新编写一套质量较好的全日制十二年制中小学教材。编写本套教材的指导思想是:第一,力求根据党的教育方针,结合中国教育的优良传统和当前社会主义建设的实际;第二,合理地吸取外因(包括社会主义国家和资本主义国家)的对中国有用的东西。本套教材于1961年夏初开始编写,初小的语文、算术,初中的语文、外语、代数、地理、历史、物理、化学、植物等课本第一册,1963年秋季起在全国正式供应。这套教材只包括教学大纲14种14册,课本和教学指导书各19种46册。这套教材"注意了语文、外语、数学几门主要课程的加强,适当提高了程度;注意用马克思列宁主义的立场、观点、方法阐述社会现象和自然现象;力求避免片面强调联系实际而削弱基本知识的缺点;注意加强基础知识的充实和基本训练;适当反映了科学技术的新成就;注意与当前教学实际相切合"。然而,受到"教育革命"浪潮和"大跃进"的影响,这一时期的课程选择的文化带有严重的"左"的政治色彩(见图3-3)。

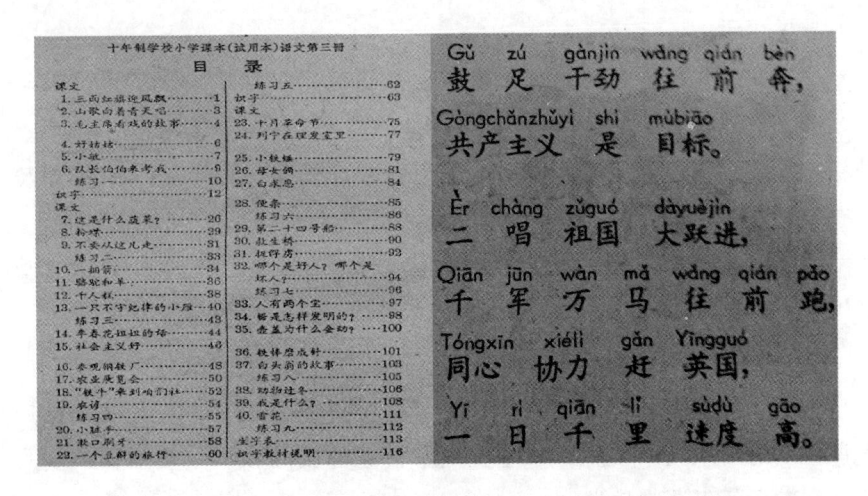

图3-3 语文(十年制学校小学课本第三册)目录和部分内容[①]

---

① 《语文》(十年制学校小学课本第三册),人民教育出版社1961年版,第2页。

三 20世纪50年代末至60年代中期基础教育的"课程主体文化"

在"教育革命"浪潮时期，基础教育课程大力加强劳动教育，不仅组织学生参加社会劳动，而且缩短学制，减少学科课程的教学时数，并且注意劳动教育在有关学科的教学中的贯彻，尤其加强物理、化学、地理、生物和数学等学科的实验、实习、参观和课外小组活动。教师和学生的主要活动除了课堂教学外，还经常参加劳动。"调整"期在高中课程计划中设有选修课，赋予了学生一定的自主选择课程的权利。此外，这一时期还重视乡土教材的编写，体现了基础教育课程的地方特点，作为课程主体的教师也贡献了自己的力量。前面提到的那位老教师，他接受初中教育的时间是1959—1962年，并于1963年成为民办教师。

> 问：您是哪一年工作的？任教的是中学还是小学？任教的科目是什么？
>
> 答：我1963年当了小学民办教师，1980年考试转正，2005年退休。教过很多门课，数学、语文、政治，"文化大革命"期间还教农业常识课。
>
> 问：您任教期间是如何教学的？当时所在的学校除了课堂教学外，有没有其他活动？
>
> 答：那就是照课本讲嘛！除了上课，"文化大革命"期间劳动很多。
>
> 问：您怎么理解课程？
>
> 答：（沉默了几十秒钟）还真不知道怎么说，应该就是课本吧！

因此，50年代末至60年代中期，教师认为课程就是课本，教学就是把课本上的知识教给学生，学生就是学会老师教的知识。教师和学生的主要活动局限于课堂教学。

四 20世纪50年代末至60年代中期基础教育课程文化的特点

20世纪50年代末到60年代中期，一方面中苏关系逐渐恶化以至破裂，另一方面，由于国内形势的变化，从"教育革命"浪潮到"调整"

期，基础教育课程通过一系列调整和改革，取得了一定的成绩，积累了一定的经验，当然也有一些需要吸取的教训。

（一）从课程文化选择的价值取向看，依然以社会取向为主导

重视系统的基础知识和基本技能的教学，力求为学生进一步学习打下基础。并将"必须反映系统的基础学科知识"作为各科教材编写的基本原则。发行的各科教学大纲都反复强调，要搞好基础知识的教学和基本技能的训练。1963年发布的《全日制中学暂行工作条例（草案）》指出："全日制中学的基础知识的教学和基本技能的训练必须切实加强。"同年发布的中小学新教学计划适当提高了中学语文、数学、外语三门课程的教学要求，认为这些课程是学生学习和将来从事工作的工具。总之，采取这一系列措施的根本目的就在于让学生掌握一些基础知识和基本技能，以便他们能够更好地适应将来的学习和工作。

（二）合理地吸收传统文化和外来文化

1. 系统地总结中华人民共和国成立后课程编制的历史经验

1960年编写的十年制中小学实验教材是在对中华人民共和国成立后发行的几套十二年制教材的反复研究的基础上进行编写的。六十年代初开始执行"调整、巩固、充实、提高"的方针后，又进一步强调了总结历史经验的问题。1963年中共中央在《关于讨论试行全日制中小学工作条例草案和对当前中小学教育工作几个问题的指示》中强调："教育部应该根据全日制中小学工作条例草案的相关规定，在认真总结新中国成立以来的经验的基础上，修订全日制学校的教学计划与教学大纲。"据此，中小学新教学计划（草案）和十二年制中小学教材的编制工作都是依据以往的经验和教训而进行的。如新教学计划总结了1954年停开初中外语的损失和教训，重新恢复了初中外语课程设置。因此，尽管这一时期的基础教育课程受到"左"的思潮严重影响，但在调整阶段课程编制工作从历史中吸取经验教训，还是取得了一定成绩，编出了像1963年发行的十二年制教材那样的质量较高的中学教材。

2. 借鉴外来文化

具体表现为顺应当时世界课程改革的基本潮流，重视提高教学内容的科学理论水平，强调实现教学内容的现代化。从50年代后期开始，一些发达国家纷纷进行基础教育课程改革，摒弃课程内容中陈旧过时的东

西，实现课程内容现代化已成为当时全球课程改革的基本趋势。在此背景下，中国也将提高教学内容的科学理论水平，实现教学内容的现代化作为这一时期课程改革基本宗旨之一。并从以下几个方面去实现这一基本宗旨：一是删掉教材中不符合现代科学观点的内容；二是逐级下放教材内容，适当提高课程理论水平。如，这一时期将初中算术下放到了小学。将高中平面几何和二次方程下放到了初中，高中增加了解析几何，在代数中新增加了关于函数的一般性质、行列式、概率的初步知识、数学归纳法、有关方程理论方面的一些知识、对数计算尺待定系数法、部分分式和近似计算等内容。三是增加了一些反映当代科技新成就的内容，如新编的十二年制学校中学化学教材中增加高分子化合物的结构和特点。

（三）从基础教育课程主体文化来看，赋予了课程主体一定的自主性

1. 打破了 20 世纪 50 年代以来一直沿用的单一的课程结构模式，在新中国课程发展史上首次设置选修课。在高中三年级设置选修课这一措施，赋予学生一定程度的课程自主权利。

2. 重视乡土教材的编写

重视乡土教材的编写工作，是这一时期中小学课程改革的一个重要特点。1958 年 1 月，教育部发出《关于编写中小学、师范学校乡土教材的通知》，要求各地在中小学地理、历史、文学等学科教学中讲授乡土教材，使教学内容密切地结合地方实际情况，从而更加丰富充实、具体生动。通知对乡土教材的编写提出了如下原则：（1）编写乡土教材必须符合党的教育方针，必须符合各科教学的目的、要求；（2）编选乡土教材必须适合学生的年龄特征和接受能力；（3）编选乡土教材着重以初中的农业基础知识、历史、地理、音乐和语文等科为主；（4）乡土教材的选材范围中学以省、市为重点。根据这些原则，当时全国各地纷纷编写了乡土教材。乡土教材的编写为中小学教育更好地适应我国辽阔的地域，情况复杂的特点，以补充全国统一教材的不足发挥了重要作用。更重要的是在乡土教材的编写中发挥了教师的重要作用，而且考虑到学生的主体需要。

（四）20 世纪 50 年代末至 60 年代中期基础教育课程文化存在的不足

1. "'教育革命'时期过多的生产劳动和浅薄地强调教育与实际的结合，不仅冲击了正常的教学秩序，影响了学生的身心健康，还导致了教

育质量的下降。从国际背景来看,几乎在"教育革命"的同时,在大洋彼岸的美国则掀起了以加强自然科学、数学、现代外语为中心内容的基础教育课程改革运动。我国1958年开始的'教育革命'大潮中课程改革,与西方发达国家重视科学知识的改革旨趣正好相反。"①

2. 对知识分子的基本估计过低乃至错误打击,影响了教育事业的发展。在1956年1月中央召开的知识分子问题的会议上,周恩来指出,知识分子"他们中间的绝大部分已经成为国家的工作人员,已经为社会主义服务,已经是工人阶级的一部分。……其中已经有相当数量的劳动阶级出身的知识分子"②。对包括中小学教师在内的知识分子做了正确的估计。1957年3月,毛泽东一改党中央和他本人曾有的正确估计,指出:"我们现在的大多数知识分子,是从旧社会过来的,是从非劳动人民家庭出身的。有些人即使是出身于工人农民的家庭,但是在解放以前受的是资产阶级教育,世界观基本上是资产阶级的,他们还是属于资产阶级的知识分子。"③ 在7月9日的上海干部会议上,毛泽东又提出了"知识分子是最无知识的"的论断。1958年,毛泽东在党的八大会议上又把知识分子的大多数划入剥削阶级的范围④。1959年1月27日,毛泽东在接见德意志民主共和国政府代表团时说,对知识分子"又要用他们,又要同他们斗争,……不然过了一个时期,他们又会出来反党"。"不搞这一套,是危险的"⑤。"这种对知识分子属性的错误划分以及对知识分子的极端贬视、不信任,使得不少教师被作为资产阶级知识分子在政治上进行批判,经常处于被改造的对象,极大地影响了教师在学校教育工作中的积极性。"⑥

---

① 彭泽平:《1958—1965年我国基础教育课程改革的重新考察与评价》,《东北师大学报》(哲学社会科学版) 2005年第2期。

② 《周恩来选集》(下册),人民出版社1984年版,第159—160页。

③ 陈雪薇:《历史的启示——十年(1957—1966)建设史研究》,求实出版社1989年版,第172页。

④ 中共中央文献研究室:《关于建国以来党的若干历史问题的决议(注释本)》,人民出版社1983年版,第260页。

⑤ 周全华:《"文化大革命"中的"教育革命"》,广东教育出版社1999年版,第44页。

⑥ 彭泽平:《1958—1965年我国基础教育课程改革的重新考察与评价》,《东北师大学报》(哲学社会科学版) 2005年第2期。

3. 以"长官意志"代替科学规律,使课程决策非民主化和非科学化。如,"1958年2月,康生在一次会上无端指责大学文史教学'详古略今'。3月,陈伯达又在一次会上攻击新中国成立以来哲学社会科学研究'言必称三代',存在着脱离革命实践的烦琐主义。他们的讲话立刻掀起了一股'打倒帝王将相,打倒王朝体系'的浪潮。"① 在这股浪潮的冲击下,中学历史教材在1959年初开始了修订,去掉了一些具体历史知识,历史课由每周3学时减为2学时。

特别要指出的是,"除了三年调整期之外,作为最高领导人的毛泽东的片面的个人言论、指示与所推崇的群众运动竟成了这一时期教育改革的指导方针和实施方式。"② 在1964年2月13日的春节座谈会上,毛泽东对经调整后学制、课程、考试、教学方法进行了否定,他指出:"学制可以缩短","现在课程多,害死人","现在的考试,用对付敌人的办法……我很不赞成,要完全改变","旧教学制度摧残人才,摧残青年,我很不赞成。"③ 1964年3月10日,毛泽东在北京一中学校长的来信上批示:"现在学校课程太多,对学生压力太大,讲授又不甚得法。考试方法以学生为敌人,举行突然袭击。这三项都是不利于培养青年们在德智体诸方面生动活泼地主动地得到发展的。"④ 1965年7月,毛泽东又指出:"学生负担太重,影响健康,学了也无用,建议从一切活动总量中,砍掉三分之一。请邀学校师生代表,讨论几次,决定实行。"⑤ 1965年底,毛泽东更是把对教育的抨击扩大到整个教育制度:"现在这种教育制度,我很怀疑。从小学到大学,一共十六七年,20多年看不见稻、粱、菽、麦、黍、稷,看不见工人这样做工,看不见农民这样种田,看不见商品是这样交换的,身体也搞坏了,真是害死人。"⑥ 应当说,毛泽东的这些话确实反映了当时课程存在的一些问题,但同时存在过于武断地否定知识、

---

① 吕达:《课程史论》,人民教育出版社1999年版,第490页。
② 彭泽平:《1958—1965年我国基础教育课程改革的重新考察与评价》,《东北师大学报》(哲学社会科学版)2005年第2期。
③ 《毛泽东论教育革命》,人民出版社1968年版,第19页。
④ 《毛泽东同志论教育工作》,人民教育出版社1992年版,第286页。
⑤ 同上书,第288页。
⑥ 《毛泽东论教育革命》,人民出版社1968年版,第24页。

轻视知识和失之轻率地对过去成绩进行全盘否定的倾向。

五 20 世纪 50 年代末至 60 年代中期基础教育课程文化的价值追求

1958—1965 年往往被看作是全面建设社会主义时期，这一时期的基础教育课程改革也是完成社会主义建设的重要组成部分，在此期间形成的教育体制和模式被认为是中国教育史上的巨大成就，甚至于"文化大革命"后一段时间都被视为范本。但是由于"教育革命"和"左"的思潮的干扰，这一时期基础教育课程受到强烈的政治文化的主导和制约，对中小学课程造成了很大的危害，也直接影响到当时中小学生的健康成长。

（一）服务于阶级斗争的社会价值追求

1957 年 2 月，毛泽东在《关于正确处理人民内部矛盾的问题》中指出，在基本结束了大规模的阶级斗争的情况下，人民内部矛盾又突出起来，国家政治生活的主题已成为正确处理人民内部矛盾。对此，1957 年全党进行了整风运动。然而，9 月 10 日在中共八届二中全会上，毛泽东提出：无产阶级和资产阶级、社会主义道路和资本主义道路的矛盾仍然是当前我国社会的主要矛盾。同时还宣布，我国社会存在两个剥削阶级和两个劳动阶级。两个剥削阶级，一个是右派和被打倒的地主买办阶级以及其他反动阶级；另一个是正在逐步接受社会主义改造的民族资产阶级和它的知识分子。知识分子就这样被列入第二个剥削阶级的范围。后来在 1958 年 5 月召开的中共八大二次会议正式宣布："整风运动和反右派斗争的经验再一次表明，在整个过渡时期，中国内部的主要矛盾始终是无产阶级同资产阶级的斗争，社会主义道路同资本主义道路的斗争，在某些范围内还表现为激烈的、你死我活的敌我矛盾。"在这次会上，通过了"鼓足干劲，力争上游，多快好省地建设社会主义"的总路线。会后，"大跃进"和人民公社化运动很快在全国范围内展开。正是在全国上下被"大跃进""总路线""人民公社"这"三面红旗"冲昏头脑的时候，1958 年 9 月 19 日，中共中央、国务院发布了《关于教育工作的指示》，《指示》提出了"教育为无产阶级政治服务，教育与生产劳动相结合"的教育方针，要开展教育大跃进与教育大革命。《指示》把政治作为衡量教育的最为重要的尺度。然而，当时人们对政治的理解主要是阶级斗争。教育为无产阶级政治服务，实际就是教育为阶级斗争服务。连续几年的"大跃进"，到1959年的下半年，终于酿成了20世纪一场最大的饥荒。在这场饥荒中，全国城市学校师生中不少人患上了水肿、肝炎等疾病，女学生和女教师中普遍患上了妇科疾病，据统计，在1959—1961年期间，中国"非正常"死亡的人数达到2000余万[①]。严酷的经济困难和现实的经济规律以及日益增长的不满情绪和抵制使"大跃进"在进行了两年之后不得不停止下来，多、快、好、省地建设社会主义的"总路线"被"调整、巩固、充实、提高"的国民经济建设方针所取代。虽然，各条战线包括教育领域在"调整、巩固、充实、提高"方针的指引下，取得了引人注目的成就，但阶级斗争这个主旋律并未改变，而且由于在这一时期教育调整的有些方面，特别是在教育的正规化方面，与毛泽东个人的社会理想和教育理想的不一致，党内一场更大的冲突已势所难免。1962年，在党的八届十中全会上，毛泽东批判了赫鲁晓夫的观点，再次强调了国内的阶级斗争，并提出要"年年讲、月月讲，天天讲"阶级斗争，使政治上阶级斗争扩大化的"左"倾错误进一步发展。1963年以后，由于错误判断了阶级斗争的形势，党中央在城市和乡村发动了一次大规模的社会主义教育运动，在乡村主要是"四清"（即清理账目、清理仓库、清理财物、清理工分），在城市主要是"五反"（即反对贪污盗窃、反对投机倒把、反对铺张浪费、反对分散主义、反对官僚主义）。同时在意识形态领域也展开了这种疯狂的、错误的批判和斗争。

综上所述，这一时期的基础教育课程强调"以阶级斗争为纲"，课程的内容和教学方法都带有深厚的阶级斗争色彩。学生学习不到应有的专业知识，课程的经济功能得不到应有的发挥，文化功能也受到严重遮蔽。在基础教育课程改革的大部分时间里，受到"教育革命"和"左"的思潮的冲击，中国的传统文化、西方文化，苏联文化被斥为"封、资、修的黑货"被排斥于基础教育课程文化之外。因此，1958—1965年基础教育课程文化没有体现出为整个社会主义建设服务的社会价值追求，而是一步步走向为阶级斗争服务的狭隘方面。

---

① 费正清主编：《剑桥中华人民共和国史（1949—1965）》，王建朗等译，上海人民出版社1991年版，第346页。

(二)培养"又红又专"的无产阶级革命战士的内在价值追求

1958—1965年基础教育课程虽然在调整期前期也取得了一定的成绩,如打破了长期以来的单一的课程结构,在高中开始设置选修课,实行国定制与审定制相结合的教科书制度,对乡土教材的编写的重视,这一系列措施给了地方、学校、教师和学生一定的自主性,也为学生的全面发展创造了条件。但这一时期基础教育课程受到了"教育革命"和"左"的思潮的严重冲击,一步步走向为阶级斗争服务。阶级斗争为主的课程,使得课程的政治功能空前强化。从中小学的培养目标来看,1958年,毛泽东提出"又红又专"的构想,并对其做出解释:"政治和经济的统一,政治和技术的统一,这是毫无疑义的,年年如此,永远如此。这就是又红又专。"同年9月,在中共中央、国务院颁布的《关于教育工作的指示》中提出教育的目标是培养"共产主义社会的全面发展的新人,就是既有政治觉悟,又有文化的、既能从事脑力劳动又能从事体力劳动的人,而不是旧社会的只专不红、脱离生产劳动的资产阶级知识分子"。强调的同样是"又红又专"[①]。在中小学的培养目标上,越来越强调阶级斗争觉悟和意识,而个人兴趣、个人专长、人格的发展则被认为是"资产阶级的个人主义"而加以批判[②]。这一阶段特别是后期中小学的培养目标,准确地说就是要"把学生培养成身体健康、政治坚定、思想进步、业务较好、富有创造精神、能文能武的无产阶级的革命战士"[③]。因此,培养"又红又专"的无产阶级革命战士是这一时期基础教育课程文化的内在价值追求,附属于为阶级斗争服务的社会价值追求。

第四节 "文化大革命"期间基础教育课程文化的价值追求(1966—1976年)

"文化大革命"最初是从教育领域爆发的。1966年5月15日,中共

[①] 何东昌:《中华人民共和国重要教育文献(1949—1975)》,海南出版社1998年版,第859页。
[②] 《搞臭资产阶级的个人主义》,《人民日报》1958年4月3日第2版。
[③] 《教学工作要贯彻少而精的原则》,《人民日报》1965年9月5日第3版。

中央向各地转发了《五·七指示》，5月16日，中共中央政治局扩大会议通过《中国共产党中央委员会通知》（《五·一六通知》），提出："高举无产阶级文化革命的大旗，彻底揭露那批反党反社会主义的所谓'学术权威'的资产阶级反动立场，彻底批判学术界、教育界、新闻界、文艺界、出版界的资产阶级反动思想，夺取在这些文化领域中的领导权。"[①] 1966年5月25日，北京大学贴出了"第一张大字报"，题为"宋硕、陆平、彭珮云在文化革命中究竟干些什么？"6月1日，中央人民广播电台广播了这张大字报，6月2日《人民日报》将这张大字报全文发表，同时还发表《横扫一切牛鬼蛇神》的社论。指出："无产阶级文化革命，是要把几千年来所有剥削阶级造成的毒害人民的旧思想、旧文化、旧风俗、旧习惯等彻底破除，创造和形成全新的无产阶级新思想、新文化、新风俗、新习惯。"[②] 从此，"文化大革命"运动迅速席卷全国。

一 "文化大革命"期间基础教育"课程选择的文化"

（一）"文化大革命"期间基础教育"课程选择的文化"的选择依据

1. "文化大革命"期间基础教育课程文化选择的社会背景

1966年8月1至12日，北京举行党的八届十一中全会，通过了《关于无产阶级文化大革命的决定》（简称《十六条》）。它的第十条"教学改革"提出："这场无产阶级文化大革命的一个极其重要的任务，就是改革旧的教育制度、教学方针和方法。"在毛泽东对"破四旧"的鼓舞下，轰轰烈烈的夺权运动、"砸烂旧学校"和"批判修正主义教育路线"的斗争在教育领域随即展开了，全国各地中小学纷纷停课"闹革命"，整个教育事业陷入大瘫痪状态。为了有序进行"教育革命"，1967年2月4日，中共中央《关于小学无产阶级文化大革命的通知（草案）》规定："春节后各地小学一律复学。"2月19日，中共中央《关于中学无产阶级文化大革命的通知（草案）》规定：3月1日起，中学教师停止串联，全部返校，边上课边闹革命，军政训练也分期分批地进行。3月7日《人民日

---

① 刘英杰主编：《中国教育大事典（1949—1990）》（上），浙江教育出版社1993年版，第270页。

② 同上书，第271页。

报》发表社论《中小学复课闹革命》。提出:"复课闹革命,复毛泽东思想的课,上无产阶级文化大革命的课。"1967年10月14日,中共中央、国务院、中央军委、中央文革小组又一次发出《关于大、中、小学校复课闹革命的通知》,要求"全国各地大学、中学、小学全部立即开学,边教学边改革,并提出关于教学制度和教学内容的革命方案"①。至此,各地中小学逐渐复课。

2. "文化大革命"期间基础教育的任务和培养目标

1966年8月8日,《十六条》,第十条"教学改革"提出:"在各类学校中,必须贯彻执行毛泽东同志提出的教育为无产阶级政治服务、教育与生产劳动相结合的方针,让受教育者在德育、智育、体育各个方面都得到发展,把他们培养成有社会主义觉悟的有文化的劳动者。"② 1967年12月15日,中共中央、国务院、中央文革批转吉林省军区《报请中央批示的几个教改中的实际问题》,并指出:"目前中小学的根本任务,是根据《毛主席论教育革命》中所阐明的教育革命思想,复课闹革命,搞好革命的大批判、大联合和三结合,搞好各单位的斗、批、改。"③

(二)"文化大革命"期间基础教育"课程选择的文化"的主要内容

1. "文化大革命"期间基础教育"课程选择的文化"及其组织和安排

"文化大革命"期间,各地中小学都自订教学计划和教学大纲。"四人帮"把中华人民共和国成立以来的学校教育都批判为"修正主义路线",完全否定了过去的教学计划。在各地中小学逐渐复课后,由各个学校或师生自订方案和课程,自己选择教学内容,自己编写教材,中学一般改为四年制或五年制。1969年5月12日,《人民日报》发表了吉林省梨树县《农村中小学教育大纲(草案)》并加编者按语。按语中提出:"《大纲》指出了今后农村教育的革命方向。小学设政治语文、算术、革命文艺、军事体育、劳动五门课,中学设毛泽东思想教育、农业基础、

---

① 刘英杰主编:《中国教育大事典(1949—1990)》(上),浙江教育出版社1993年版,第276—277页。
② 同上书,第277—278页。
③ 刘英杰主编:《中国教育大事典(1949—1990)》(上),浙江教育出版社1993年版,第277页。

革命文艺、军事体育、劳动五门课。这个《大纲》得到一些地区和学校的支持。此后,各地区先后制订了各自的教学计划,有些城市中学把物理、化学改为工业基础知识。"[1]

2. "文化大革命"期间基础教育"课程选择的文化"在教材中的体现

基于"破旧立新"的指导思想,原有的中小学教材被全盘否定。1966年6月13日,党中央、国务院批转了教育部党组《关于1966—1967年度中学政治、语文、历史教材处理意见的报告》,强调中学不能再用现行教材,要求教育部对中学各科教材重新编辑。同时指出,小学语文、历史教材有很多问题,应该重新审查和编写,暂停历史课的开设,应该审查一次语文教材,把坏的内容删去后暂时采用。1968年,中小学教材编写小组在各地相继成立,逐渐开始自编教材。"文化大革命"期间全国各地编写的教材具有"红专化"的内容体系和编排体例。"红"是指为无产阶级政治(阶级斗争)服务,"专"是使学生做与生产劳动相结合的"实际家"。

(1)"红专化"的内容体系

"文化大革命"期间教材的"红色"特点表现在知识的革命化和"人"的革命化,教材内容主要由颂扬革命英雄和斗争知识组成。对革命英雄的颂扬主要体现在各科课本中对英雄人物的讴歌和赞扬(见表3-8)。

表3-8   各地《语文》课本中选用的革命英雄事迹(仅列举)[2]

课本	课文
辽宁中学课本《语文》第七册(1969)	在活学活用毛泽东思想大道上奋勇前进(节选)——记在两条路线斗争中成长的"学习毛主席著作的模范红九连" 一场气壮山河的战斗——记钢都和辽阳县革命群众、当地驻军抢救红卫兵小将和亲人解放军的光辉事迹

---

[1] 刘英杰主编:《中国教育大事典(1949—1990)》(上),浙江教育出版社1993年版,第359、375—376页。

[2] 段发明:《课本革命与革命课本——文革时期中小学教科书研究》,博士学位论文,湖南师范大学,2011年,第75页。

第三章　中华人民共和国成立至20世纪末……课程文化的价值追求　/　105

续表

课本	课文
内蒙古自治区九拼一贯制《语文》课本第十三册（1969）	一不怕苦、二不怕死的英雄边防战士——访珍宝岛人民解放军某边防站
山西省二年制初中语文课本第三册（1968）	无限忠于毛主席革命路线的好干部——门合，彻底地亮　狠狠地斗　坚决地改——李文忠同志生前思想汇报提纲
黑龙江中学语文第七册（1976）	权力；房东大娘；向农民不断地灌输社会主义思想——夏施堡大队的调查

　　斗争知识主要体现在服务于阶级斗争的文科课本和侧重服务于生产斗争的理科课本。如广西高中《语文》课本第一册（1970年）的课本"说明"中清楚地说明课本"以政治思想内容为单元"和"增加语文基础知识"的两个编写特征。

　　语文课，以毛主席的文艺思想为指导思想，它担负着为埋葬帝、修、反，解放全人类，培养和造就无产阶级革命事业接班人的光荣使命。语文教材，以政治思想内容为单元，在文章体裁方面，诗歌、记叙文、议论文等都做了一定安排，在原有基础上，增编了一些语文基础知识，如：应用文、写作基础知识、语法、修辞和逻辑知识。

　　黑龙江省中、小学教材编写组第三连得出《数学》课本的编选经验：

　　要从三大革命运动的实际需要出发，选择有关的内容编入教材，使学生能够得到比较系统的最基本的数学知识，同时对某些数学知识在生产中的应用有一般的了解，为参加三大革命运动打好基础[①]。

　　"文化大革命"期间教材编写的话语主要是颂扬语和批斗语。主要颂扬无产阶级的事物、政治路线和无产阶级的革命英雄。对无产阶级的革命英雄，以讴歌毛主席最多。如上海市小学英语第一册（1969）仅从课文题目上看，就有12篇是以颂扬为主的课文，其中又以颂扬毛主席的课

---

① 段发明：《课本革命与革命课本——文革时期中小学教科书研究》，博士学位论文，湖南师范大学，2011年，第80页。

文为主：

(1) 毛主席万岁！ (2) 毛主席万万岁！ (3) 毛泽东思想万岁！(4) 中国共产党万岁！(5) 中华人民共和国万岁！(6) 中国工人阶级万岁！(7) 敬祝毛主席万寿无疆！(8) 我们是毛主席的红小兵；(9) 毛主席是我们的红司令；(10) 毛主席，我们心中的红太阳；(11) 毛主席是我们伟大的领袖；(12) 我们伟大的党；(13) 一本《毛主席语录》；(14) 一枚毛主席像章；(15) 工人阶级是领导阶级；(16) 我们要当工农兵；(17) 千万不要忘记阶级斗争。

在教材中常见的批斗语有：专政、斗批改、狠斗、揪斗、文攻、武卫、斗、斗倒、斗臭、斗垮、批、狠批、批倒、批臭、斩黑手、炮轰、砸烂、绞死、打倒、大批判、清理阶级队伍、上纲上线等。

(2) "红专化"的编写体例

"文化大革命"期间的教材编写，从封面和插图等形式上都突出了毛主席和革命符号（见图3-4），以及"高大全"的工农兵形象（见图3-5）。

图3-4 各学科教材封面和插图（1967—1971年）

从"文化大革命"期间教材内容上看，把毛泽东著作或语录作为课本单元结构的核心部分，起统帅作用（见表3-9）。

同时，教材的编写一方面要求尽量删去那些旧课本中不能从三大革命实践出发，或不能联系实践的繁而杂的知识，做到"少而精"，另一方面又要求"学以致用"，学用结合，即与生产劳动相结合，与三大革命实践相结合。如云南小学《算术》第十册（1973年）中"正比例和反比例

图 3-5　上海小学课本·科学常识（1973 年）

的应用题"：

"抓着了世界的规律性的认识，必须把它再回到改造世界的实践中去"应用正、反比例的意义和性质，可以解决三大革命实践中的一些计算问题。

表 3-9　贵州中学《毛泽东思想教育课》初中第二册（1970）第三讲结构

讲	节	基本教材	辅助教材
第三讲　走与工农兵相结合的道路	第一节　知识青年必须与工农兵相结合	毛主席语录；青年运动的方向；林副主席指示	坚定地走上同工农兵相结合的道路；与贫下中农相结合，在农村干一辈子革命
	第二节　到三大革命运动中去，接受工农兵的再教育	毛主席语录；在中国共产党全国宣传工作会议上的讲话；林副主席指示	活着就要拼命干　一生献给毛主席
	第三节　农村是一个广阔的天地	毛主席语录；林副主席指示	广阔天地　大有作为；他们战斗在广阔的天地里；评"读书无用论"

例1. 北京铁路局"毛泽东号"机车组,在超额完成运输任务的同时,大搞节约运动,仅机车用煤5年就节约1520吨,照这样计算,25年(1946年到1971年)共节约煤多少吨?①

二 "文化大革命"期间基础教育的"课程主体文化"

"文化大革命"期间基础教育"课程主体文化"主要体现在课程实施中的教法改革上。"文化大革命"期间的课程和教材的"政治化"和"革命化"特征,要求教学方法全面改革。教学方法的改革,主要是贯彻毛泽东提倡的"实践、认识、再实践、再认识"的求知方式,师生要用2/3的时间向工农兵学习,到工厂、农村、军队或学校自办的工厂、农场参加工农业生产劳动、军事训练和社会斗争等三大革命运动。师生在向工农兵学习、共同劳动、共同生活的过程中,了解工农群众,培养阶级感情,树立正确的无产阶级革命世界观和人生观。从当时各地对教学方法的改革来看,主要有以下几种形式:

(1)北京草场地中学的"小将上讲台"。北京草场地中学的教学改革的方法是:把学生分成10人一小班,每小班分别包教2门课程,在教师的帮助下,集体备课,学生轮流上台讲课。

(2)工农兵讲师上课。1968年11月,北京市香厂路小学成立了由工人、贫下中农和解放军战士各2名组成的工农兵讲师团②。江苏省如皋县机修厂派3名老工人到城南中学任教③。辽宁省丹东市红旗公社老贫农还押着一个恶霸地主来到学校上算术课④。上海中国五·七中学也于1968年建立了42名工人讲师队伍⑤。

(3)上海宝山县刘行中学"边实践,边教学,大小课堂相结合"的教学方法。其具体做法是:第一,边实践,边教学,大小课堂相结合。

---

① 段发明:《课本革命与革命课本——文革时期中小学教科书研究》,博士学位论文,湖南师范大学,2011年,第85页。
② 《改造学校教育阵地的一支重要革命力量》,《光明日报》1970年9月22日第2版。
③ 《昂首阔步上讲台》,《人民日报》1969年10月11日第3版。
④ 《老贫农上算术课》,《人民日报》1969年1月14日第2版。
⑤ 《工人师傅上讲台》,上海人民出版社1975年版,第18—25页,转引自程晋宽《"教育革命"的历史考察》,福建教育出版社2001年版,第383页。

如农基课在讲到作物育种时，先让学生动手进行新品种培育的实践，进行水稻、棉花的选育和杂交育种，并在实践基础上提出问题，然后再学习新品种培育的原理和遗传、变异的知识，把感性认识上升到理性认识。第二，抓住带有典型的重点内容讲深讲透，使学生举一反三。第三，结合教学，开展各种科学实验，使学生分析问题和解决问题的能力得到提高。他们成立了各种学科小组，要求学生把学到的理论知识运用到实际斗争中去。如农基学科就成立了生物防治、气象、菌肥、良种培育8个科研小组，开展稻麦有性杂交、长绒棉的引种、育蜂治虫、水稻单培体育种、地下水位测定等几十项科学实验活动。

为了进一步了解"文化大革命"时期的课程主体文化，笔者对一位现任高校老教师进行了访谈，访谈过程如下（2014年10月8日下午）：

问：您是哪一年出生的？您接受小学教育和中学教育分别是哪一年？

答：我是1959年生的，我是71—73年上的初中，73—75年上的高中，初中和高中各两年，小学就往前推，刚好上学的时间在"文化大革命"期间。

问：您还记得当时中小学校教师是如何教学的？学生是如何学习的？

答：当时比较自由（呵呵！），全村只有二十几个人上学，小学一到三年级就用一个教室，一个年级上完，就去外面待着，另一个年级再上。学生没有教材，借了几本，政治味儿很浓，老师们每节课上课前都要说毛主席万岁！或者念一段毛主席语录。有时候数学课或物理课去教室外面上，测量树的高低呀什么的。

问：当时您所在的学校除了课堂教学外，还有没有其他的活动？

答：除了上课，大部分时间就是劳动，但因为在农村，一直没有停过课。

因此，"文化大革命"期间基础教育的"课程主体文化"，教师和学生的课程观念、主要活动和行为方式等各个方面，都体现了浓厚的"革命化"和"政治化"特点。

三 "文化大革命"期间基础教育课程文化的特点

1966年至1976年的十年,中华民族遭受了空前劫难,基础教育也遭到了严重破坏。"文化大革命"的极"左"革命浪潮,打乱了基础教育的教学计划和课程设置,扰乱了学校的正常教学秩序和中小学的教师队伍建设,学校的校舍遭受严重破坏,基础教育事业完全陷入停滞状态。

(一)"课程选择的文化"对传统文化、外来文化的全盘否定

"破旧立新"是"文化大革命"期间的一条重要理论。在这一理论指导下过去的教育制度统统是"旧"的东西,必须被无情地、彻底地砸烂。一切涉及传统文化的课程如历史等学科都被指责为宣扬封建主义、帝王将相而停开;西方文化被批为"资本主义文化",苏俄文化是"修正主义文化",都应该被彻底砸烂。具体表现为对新中国成立17年来课程体系的批判和废除。首先,缩短学制。"文化大革命"开始后,原来的中小学学制受到激烈的批判,认为小学6年,中学6年的中小学学制过长,占去人生12年的宝贵时间,认为"读书害人"。因此,"文化大革命"期间,各地普遍缩短了学制。有4个省、市、自治区实行了五二二分段的九年制学校教育;7个省、市、自治区实行了五三二分段或四六分段的十年制学校教育;9个省、市、自治区在农村学校实行九年制,在城市学校试行十年制;西藏自治区实行小学五年制或六年制,初中三年制[①]。其次,各地中小学自编教学计划、教学大纲和教科书。从课程设置来看,"文化大革命"期间的中小学课程只设政治、数学、语文、农业生产知识和军体课5门。从课程内容来看,一是突出课程的政治性,毛泽东著作和语录在各科教材中起统帅作用。二是强调课程的实用性,如把物理、生物、化学、地理改为工农业基础知识课,只讲三机一泵(拖拉机、柴油机、电动机、水泵)和四大作物(三麦、水稻、棉花、油菜)等。删去了各门学科的基础知识和基本技能的内容,打乱了学科知识的系统性。

(二)课程主体文化的"政治化"和"实践化"

中小学的课程实施强调与无产阶级政治、工农、生产实践相结合的原则。如吉林梨树县的《农村中小学教育大纲(草案)》规定:"教学方

---

① 何东昌主编:《当代中国教育》(上),当代中国出版社1996年版,第94页。

法应当理论联系实际。……充分调动学生的学习积极性。实行官兵互教，师生评教评学，把课堂教学与现场教学相结合，专、兼职教师相结合等方法，密切地结合'学'和'用'。"① 在具体的课程实施过程中，各地采用了一些"新做法"，如前所述的"小将上讲台""工农兵当讲师"，还有"边实践，边教学，大小课堂相结合"，其主要特征是强调学生在教学活动中的积极性和主动性，让学生参与教学活动，重视工农兵教师在教学中的作用，边实践，边教学，旨在解决实际问题。"但要强调的是这些教学改革不是秉持从学习知识出发的主观目的，而是从'以实践经验贬书本理论'，服务于与新中国成立17年来修正主义教育路线对着干的政治目的。因此，其结果是只突出了阶级斗争、生产劳动，突出了实践，削弱了文化教育，导致教学效果少、慢、差、费，其实质是否定了教学为主的原则，降低了教师的地位和作用。"② 凸显了"政治化"和"实践化"特征。

四 "文化大革命"期间基础教育课程文化的价值追求

基础教育课程文化作为文化的重要组成部分，在课程的文化选择中要处理好传统文化、外来文化和现实文化的关系，这也是探索具有时代精神，符合我国国情的基础教育课程文化的必然要求。然而，"文化大革命"期间基础教育课程文化既无文化传统的根基，又无现实的基础，也没有对外国经验的借鉴，而是对现实课程改革成果、文化遗产及外国经验的全盘否定，背离了文化发展的规律，也蕴含着扭曲的价值追求。

（一）服务于无产阶级政治斗争的社会价值追求

1966年5月16日，5月15日，在中共中央转发的《五·七指示》下，中共中央政治局扩大会议通过《中共中央通知》（五·一六通知），提出彻底批判整个文化领域的资产阶级反动思想，开展无产阶级文化革命，夺取文化领域的领导权。"文化大革命"涉及全国的各个领域，全国各地中小学校成为"教育革命"的主阵地，在"文化大革命"一开始就

---

① 郑谦：《被"革命"的教育》，中国青年出版社1999年版，第185页。
② 彭泽平：《知识厄运与制度悲剧——文革时期我国基础教育课程"革命"的历史省察》，《西北师大学报》（社会科学版）2005年第4期。

纷纷停课"闹革命",后来为了保证教育革命的有序进行,又复课"闹革命",因此,基础教育课程"革命"是基础教育"教育革命"的一个重要组成部分。且"革命"思想贯穿于基础教育课程的方方面面。

1. 中华人民共和国成立以来的课程体系和制度被当作修正主义教育路线全面否定和废除

从课程设置看,根据当时的政治需要任意删减已经较为稳定和完整的课程,大大削弱了科学文化基础知识和基本技能的教学。从教材的编订看,秉持实用主义的思想,大量删砍、合并中小学教材,选入教材的主要是毛泽东语录、毛泽东著作和其他适合当时政治斗争需要的材料,彻底破坏了原有各学科的知识体系。从课程实施和教学改革看,各地实行的"小将上讲台"、"工农兵当讲师"、学生进入生产和劳动实践等,虽说打破了课堂教学僵化的教学模式,学生参与了教学,在一定程度上调动了学生的主动性和积极性。但需要注意的是这些教学改革不是以学生的全面发展为出发点,而是为了实现改造教师和"以实践经验贬书本理论"的政治目的,实践也是为了突出阶级斗争和生产劳动。因此,这些基础教育课程教学改革的"新做法"只是削弱了文化教育,是对课堂教学和教师在教学中的主导作用的否定。从课程评价看,强调"开卷考试""开门考试"也不是以克服以往课程评价过分注重书本知识忽视实践的弊端为目的,而是基于对旧的课程制度和课程体系的否定,丧失了课程评价诊断、反馈师生教与学状况的功能。

2. "文化大革命"期间对学生的实践经验、实用知识、生产劳动和实地教学的极端夸大

以往的基础教育课程有较为系统和稳定的课程体系和课程设置,重视学科基础知识和基本技能,形成了以"课堂、教师、教材"为中心的教学模式。"文化大革命"期间把旧课程体系作为修正主义教育系统给予否定,即对教师作用、课堂教学、书本知识和"双基"知识极端贬损。将"学校工作以教学为主"的基本规律看作脱离无产阶级政治、生产劳动和工农。用"开门实践"代替"学校以教学为主",让学生过多参与政治活动和生产劳动,看似让学生参与教学,理论联系实际,实际上是将实践经验的作用绝对化。甚至把这种方式和课堂教学直接对立起来。教劳结合也完全变为以劳代教,过分强调阶级斗争的内容和意义,造成了

基础教育质量的严重下滑。同时，教师被作为"资产阶级"批斗，被排除在课程改革和学校教学之外。1968年秋冬，学校普遍成立了"革委会"。造反派对学校中所谓的"走资本主义道路的当权派"和"反动学术权威"进行了一系列的斗争，制造了一大批冤假错案，使不少教职工备受迫害和打击，或被非法关押，或被打成"反革命分子"，或被判刑劳改，或被游街示众，甚至迫害致死。接着在1959年在各地学校又开展了整党建党工作，学校里的大小批斗会接连不断，大批判专栏铺天盖地，迫使每个党员进行"斗私批修"。1970年1—2月，又开展了"一打三反"运动，提出了"刮一场12级红色台风"，在大检举、大批判、大清理的高潮中，又一批教职工遭到审讯和批斗。作为基础教育课程的主要实施者，中小学教师被批斗，教师队伍被冲散，对整个基础教育造成的危害不言而喻。

总之，"文化大革命"期间基础教育课程从教学计划、教学大纲和教科书的编制，再到课程实施，教学方式的改革，应该是服务于改革当时课程脱离学生生活实际、脱离社会生产实际以及课程内容偏深、偏重、偏难等弊端的社会需要。而且毛泽东对课程的许多批评意见，应当说都是切中了时弊、要害，也是当时课程改革的方向。只是由于课程存在的这些问题，后来被毛泽东错误地夸大了，认为是整个教育制度的问题加以全盘否决，并且采取极端的革命性的手段，对基础教育课程进行了"革命化"改造，并建立了一套新型的"革命化"课程体系。使完全服务于无产阶级政治斗争成为"文化大革命"期间基础教育课程文化的社会价值追求。

（二）培养"政治斗争工具"的内在价值追求

"文化大革命"是毛泽东发起和领导的，是他晚年的社会理想和教育理想的具体实践。"他的社会理想是建立一个以阶级斗争为纲的、限制和逐步消灭分工的、限制和逐步消灭商品的、在分配上大体平均的理想社会。他的教育理想是通过学工、学农、学军与教学并存，通过批判资产阶级，在教育领域打破'资产阶级知识分子统治'，建立'无产阶级全面专政'，用军事共产主义模式的'大学校'，消灭三大差别，实现人人参加劳动和接受教育的共产主义理想境界。"[1] 因此，不管是"教育革命"还是基础教育课程"革命"，从本质上来说不是为了改革教育，服务于教育，而是政治斗争的工具。教育和课程本身都成了"政治工具"，教育的对象也被极大的扭曲和"异化"。从"文化大革命"初期各地中小学校停课"闹革命"到后期逐渐复课"闹革命"，学校的主要任务都是"闹革命"，把以往形成的较为系统的课程体系和教学模式全部破除，把教师作为"资产阶级知识分子"进行批斗，甚至迫害致残、致死。从把基础教育学制缩短，课程精简，毛泽东著作和语录及其符合当时社会情况的相关政治性内容充斥着整个基础教育课程。再到课程实施方面的"小将上讲台""工农兵进学校"，学生进入生产和劳动场所等的教学方法的改革。在这种基础教育背景下，培养的中小学生成为对所谓的"阶级敌人"无限的恨，对毛泽东以及后来的"四人帮"无限的热爱、忠诚、崇拜和盲从的"红卫兵"。尤其是"文化大革命"后期，"四人帮"的"宁要一个没文化的劳动者，不要一个有文化的剥削者、精神贵族"的政治口号，进一步用被歪曲和篡改的所谓"文化"来毒害学生，对中小学生的身心造成严重的伤害。对国家和社会文化的发展造成了难以弥补的损失。

第五节 恢复和重建期基础教育课程文化的价值追求(1977—1985 年)

一 恢复和重建期基础教育"课程选择的文化"

（一）恢复和重建期基础教育"课程选择的文化"的选择依据

1. 恢复和重建期基础教育"课程选择的文化"的社会背景

1976 年"四人帮"集团垮台，"文化大革命"随之结束。党和国家也开始了"拨乱反正"工作，1977—1985 年，是中国政治、经济、文化等领域进入整治和恢复阶段。特别是党的十一届三中全会以后，中华大

---

[1] 郑家福：《新中国基础教育课程改革的文化检讨》，博士学位论文，西南师范大学，2003 年，第 70 页。

地上更是发生了前所未有的深刻的历史性巨变，经济体制、科技体制、教育体制和政治体制改革的相继深入展开，整个社会也逐渐从"以阶级斗争为纲"转向"以经济建设为中心"。在文化教育领域，1977年恢复高考制度，大中小学教育逐步走向正常，课程进入全面恢复时期，并发生了一系列广泛而深刻的变革。基础教育"课程选择的文化"也随之发生根本变革。

2. 恢复和重建期基础教育的任务和培养目标

1978年9月教育部下达《全日制小学暂行工作条例（试行草案）》和《全日制小学暂行工作条例（试行草案）》，基本恢复了1963年基础教育的教育方针、任务和培养目标的相关规定，并强调了为社会主义现代化建设培养人才打好基础，为实现新时期的总任务服务。1984年8月教育部发出的《关于全日制六年制小学教学计划的安排意见》，强调"为了适应新时期总任务的需要、迎接新的技术革命的挑战"，提出："小学教育要全面贯彻教育方针，促进少年儿童在德、智、体、美诸方面，更加生动活泼地主动地发展。"1981年4月17日，教育部发布《全日制六年制重点中学教学计划试行草案》《全日制五年制中学教学计划试行草案的修订意见》，重申了"中学教育是基础教育。重点中学应模范地贯彻德、智、体全面发展的方针，培养有社会主义觉悟的有文化的劳动者，为高一级学校输送合格的新生，为社会培养优良的劳动后备力量"的任务和要求。并根据社会主义现代化建设的需要，提出："要使学生具有爱国主义精神，培养共产主义道德品质，逐步树立无产阶级世界观和人生观、立志为人民服务，为实现祖国的社会主义现代化服务。要使学生学好文化科学基础知识和基本技能，培养能力，发展智力。要使学生的身心得到正常的发展，具有健康的体质。同时，要使学生具有一定的审美能力和初步掌握一些劳动技能。"[①] 这一切都为基础教育"课程选择的文化"指明了方向。

（二）恢复和重建期基础教育"课程选择的文化"的主要内容

1. 恢复和重建期基础教育"课程选择的文化"及其组织和安排

---

① 刘英杰主编：《中国教育大事典（1949—1990）》（上），浙江教育出版社1993年版，第348—350页。

1978年1月18日,教育部发布《全日制十年制中小学教学计划试行草案》,并发出通知指出,这个教学计划应从小学和初中一年级起试行,其余年级采取适当步骤,逐步过渡。1981年3月13日,教育部发布《全日制五年制小学教学计划(修正草案)》。4月17日,教育部发布《全日制六年制重点中学教学计划试行草案》《全日制五年制中学教学计划试行草案的修订意见》,规定中学学制为6年。1984年,教育部发布《全日制六年制城市小学教学计划(草案)》和《全日制六年制农村小学教学计划(草案)》。体现了这一时期基础教育"课程选择的文化"及其组织和安排(见表3-10)。

恢复和重建期基础教育"课程选择的文化"的组织和安排突出了中小学的基础教育性质。但是,由于这些计划仍是过渡性的,还有一些有待改进的地方。如学制过短,各科授课时效比五六十年代都有较大幅度的减少;只设农业基础知识课,没有工业基础知识课;缺乏灵活性,所有课程均为必修,没有选修课等。

2. 恢复和重建期基础教育"课程选择的文化"在教材中的体现

(1) 中华人民共和国成立以来全国第五套中小学教材的特点

"文化大革命"之后,基础教育课程的恢复和重建工作中,最引人注目的就是全国通用教材的重新编写和使用。"文化大革命"期间,中小学通用教材被全盘否定。"文化大革命"结束后,恢复和重新编写全国通用中小学教材,就成为当时中小学教育面临的一个极为紧迫的任务。教育部决定以十年制为中小学的基本学制,从1977年9月至1980年编写国家第五套中小学教材。这套教材包括教学大纲15种15册(初、高中政治课4种教学大纲试行草案,以及初中音乐教学大纲试行草案,是1982年颁发的,未计入),课本32种106册,教学参考书27种90册。1978年秋季,各科教学大纲15册,各科课本的第一册和相应的教学参考书41册,同时在全国发行和使用。从编写和使用的情况来看,这套新的通用教材有以下几个特点:

表 3-10　恢复和重建期基础教育"课程选择的文化"及其组织和安排①

学段	教学计划	主要内容
小学教育	1978年1月18日，教育部发布《全日制十年制中小学教学计划试行草案》	(1) 开设外语课，三至五年级每周各4课时，不设地理、历史课。(2) "兼学"，即学工、学农，四、五年级每年4周（包括动员、总结），每天劳动不超过4小时，一、二、年级根据学生的年龄特点，适当参加一些"兼学"活动。(3) 时间安排，全年52周，政治课和文化课的时间（包括复习、考试），一至三年级为42周，四、五年级为38周；"兼学"，四、五年级4周；寒暑假8周，机动时间2周。每周上课26课时，自学4课时，文体、科技活动4课时，形势教育和班队活动2课时。每周学校统一安排的在校活动36课时
	1981年3月13日，教育部发布《全日制五年制小学教学计划（修正草案）》	(1) 全年教学时间由42周（一至三年级）、38周（四、五年级）改为上课36周，复习考试4周。(2) 改革课程设置。政治课改为思想品德课，由四、五年级各2课时改为一至五年级各1课时；恢复地理、历史课；外国语课在四、五年级开设，每周各3课时；设劳动课，四、五年级每周各1课时；语文、算术、自然、音乐、美术等课时也做了调整
	1984年，教育部发布《全日制六年制城市小学教学计划（草案）》和《全日制六年制农村小学教学计划（草案）》	(1) 城市小学增设唱游课，一、二年级每周各1课时。(2) 经济特区和开放城市的小学，积极创造条件开设外语课。(3) 自然常识课，一般在三年级开设。条件较好的学校可以每周各1课时在一、二年级开设。(4) 有条件的地方和学校，把地理常识和历史常识合并成社会常识课。上课周数由36周减为34周，寒暑假由10周延长为12周

---

① 刘英杰主编：《中国教育大事典（1949—1990）》（上），浙江教育出版社1993年版，第359—362、376—378页。

续表

学段	教学计划	主要内容
中学教育	1978年1月18日，教育部发布《全日制十年制中小学教学计划试行草案》	(1) 政治课和文化课的时间（包括复习、考试），初中36周，高中34周。"兼学"时间，初中6周，高中8周（包括动员、总结）。(2) 全年1周左右时间学军。(3) 学工、学农。中学生每天劳动不要超过6小时。(4) 活动总量，初中每周上28课时，高中每周上课29课时；自习6课时；文体、科技活动5课时；形势教育和班级、团队活动3课时。每周学校统一安排在校活动42至43课时
	1981年4月17日，教育部发布《全日制六年制重点中学教学计划试行草案》、《全日制五年制中学教学计划试行草案的修订意见》	两个教学计划都规定设十四门课，新教学计划有以下几个特点：(1) 重视文化知识科目的教学，适当增加了历史、地理、生物等学科的课时，提高了教学要求。(2) 加强了美育。增加了音乐、美术二科的课时。(3) 在高中开设了选修课。分单科性选修和分科性选修两种。单科性选修每周各4课时在高中二、三年级开设，占高中总课时的9%。(4) 开设了劳动技术课，取消原计划中的农业基础知识课。(5) 在高中三年级上学期开设关于人口教育的讲座，并在生理卫生、生物、地理等课内结合进行

1) 清除了"左"的错误在教材中的影响，剔除了"文化大革命"教材过分联系阶级斗争和生产斗争实际的内容。但某些学科的教材还是具有鲜明的政治性。如1980年版的小学语文的十本教材，完成了对党的革命史和战斗史的完整叙述：建国初期的有《南湖》；井冈山时期的有《八角楼上》和《朱德的扁担》；长征的《长征》、《飞夺泸定桥》等；延安时期的有《杨家岭的早上》；抗日战争的有《小英雄雨来》《狼牙山五壮士》；解放战争的有《刘胡兰》《董存瑞》等；抗美援朝的有《黄继光》《邱少云》等。清除了"文化大革命"时期的内容。讲述优秀学人童第周的《一定要争气》、劳模赵大叔的《饲养员赵大叔》、农民陈秉正的《手》，可以看作是对建设史的构建。领袖和牺牲的英雄随处可见，有名字的多达二三十位。

2) 在教材编排方面做了一些新的尝试。这套教材把精选出的代数、几何、三角等内容和新增加的微积分等内容综合成一门数学课；

在化学教材中编入了少量学生课外阅读材料，包括较深的一些基础理论，如氢键的本质、杂化轨道理论等，以及某些有关生产知识如金属防腐蚀等新的科技成就和科研方面模拟生物固氮等，使教学内容有了一定的灵活性。

3）更新了某些陈旧概念，适当吸收了一些现代科学技术发展的新成就。例如，化学教材中用量子力学的原子结构初步知识更新了波尔原子模型，以摩尔代替了克分子、克原子和克离子，使学生进一步加深对物质的量的认识。物理教材适当介绍了人造地球卫星、半导体、激光、原子能等现代科学技术的重要成果。教材还反映了质能联系、统计概念、波粒二象性等近代物理学的一些重要观点。生物教材增加了一些新的材料，首次从分子生物学的角度阐明了一些生命活动的本质。生理卫生教材也适当反映了免疫、内分泌等一些现代的科研成果。

4）理科教学加强了实验。如，化学全套教材共编入学生实验43个，课堂实验118个。另外，还增加了一些有定量要求的实验，增加了一些新实验。物理教材编入学生实验49个，课堂演示242个，还安排了一定的课外参观活动。

总的看来，这套通用中学教材的编写和使用，迅速扭转了"文化大革命"造成的中学教育的混乱局面，也有利于正常的教学秩序的恢复和教学质量的提高。

（2）中华人民共和国成立以来全国第六套中小学教材的特点

进入80年代后，基础教育事业得到了迅速发展。在这一阶段，形势的发展和变化给中学教育提出了许多新的要求。邓小平同志关于"三个面向"的指示指明了新时期中学教育的发展方向；原有的五年制中学教材已不能满足六年制的中学学制的需要；随着科学技术的迅猛发展和新技术革命的兴起，中小学教育内容面临新的更高的要求。为了适应新形势的需要，中小学课程必然要在原有的基础上做进一步的改革。

1981年4月，根据新教学计划的要求，人民教育出版社着手新教材的编写工作。一方面是按照《全日制五年制中学教学计划试行草案的修订意见》的要求，较大幅度地修订或改编1978年的中学教材试用本，同时还新编了新设课程的教材；另一方面是依据《全日制六年制重点中学教学计划试行草案》的要求，编写了六年制的重点中学的课本（初中的课程设置、教学时效和五年制中学的初中相同）。1983年，教育部决定对高中数、理、化、生、外语的教学内容进行适当调整，实行较高的和基本的两种教学要求。根据这一要求，高中数、理、化教材分编了甲种本和乙种本。另外，为改变语文教学多年来收效不大的状况，计划在六年制中学试用"阅读"和"写作"分编的语文教材。两种教材的第一册，于1982年秋季开始在少数六年制中学的初中一年级试教。这是中华人民共和国成立以来我国第二次在中学语文教学中使用"分科型"教材，与长期使用的"综合型"教材相比，其效果究竟如何，还需试用一个阶段才能肯定，这套教材从1981年开始编写，1985年基本编写完毕。这是中华人民共和国成立以来编写的全国第六套教材。根据使用情况来看，这套教材编写得比较成功，它集中体现这样几个特点：一是加强思想性与科学性的有机结合；二是加强基础知识，并强调学生能力的培养；三是妥当处理了传统内容与现代科学知识的关系；四是注意了通过教材的学习指导学生掌握科学的学习方法。

二　恢复和重建期基础教育的"课程主体文化"

（一）教师和学生的主要活动，除了正常的课程教学外，开始了非正规活动课的探索

"1979年在北京举办的全国青少年科技展览的展品中，就有中小学生的小发明、小创造、小论文，这是第二课堂、课外活动开展的结果。"[①] "80年代中期，在《关于教育体制改革的决定》的精神鼓舞下，各中小学逐步形成'课堂教学、课外活动相结合'的模式。一大批学校，如江苏省苏州中学、南京市琅琊路小学，吉林省东北师大附中，四川省成都市实验小学，上海市的大同中学、尚文中学等都对课外活动如何更好地开展进行了一系列的探索活动。以广州为例，1984年全市参加课外活动的中学生估计有10万多人，建立了经常性的、各种各样的课外活动小组。有的学校参加课外活动小组的学生占全校学生的94%。"[②] 这些课外

[①] 董纯才：《课外活动的意义和原则》，《人民教育》1984年第12期。
[②] 陈兆集：《能力的襁褓智力的摇篮——记广州市中学的课外活动》，《人民教育》1984年第10期。

活动有的难免流于形式,但却具有校本课程开发的合理因素。"这一时期的理论探讨主要是围绕教学和课外活动的关系、如何开展课外活动等方面进行。一般认为课外活动包括校内课外活动和校外课外活动,大体包括各种兴趣小组、科技活动类、文艺类、社会调查类等。"①"尽管这一时期的分类相互重合,不尽科学,且没有从'课程'的角度对整个活动课程进行规划,但理论的倡导确实提高了课外活动的地位,将其从课堂教学的补充提升为和课堂教学并重的为学生的特长服务的课程。"②

(二)对非正规活动课程的加强改变了部分地区、学校教师和学生的行为方式

恢复和重建期部分地区和学校第二课堂、课外活动的开展等,打破了僵化的、单一的课堂教学模式,教师的教学方式和学生的学习方式也发生改变,在一定程度上调动了教师和学生的主动性和积极性。教师和学生的主体意义和价值得到一定程度的关注和重视。

但是,在全国的绝大多数地区和学校,这一时期的教师和学生的课程观念和课程活动形态依然和之前没有什么大的变化。如对一位现任教师的访谈如下(2014年10月9日上午):

> 问:请问您是哪一年出生的?您接受小学教育和中学教育分别是哪一年?
>
> 答:我是1969年出生的。75—80年上的小学,80—86年上的中学。
>
> 问:您还记得当时中小学校教师是如何教学的?学生是如何学习的?
>
> 答:那完全就是照本宣科,就是记得小学那会儿,老师上课前都要说毛主席万岁!学生就是老师讲什么,学生听什么。
>
> 问:当时您所在的学校除了课堂教学外,还有没有其他的活动?
>
> 答:除了上课外,没有什么活动。

---

① 刘舒生:《课堂教学与课外活动我见——兼评"两个课堂"与"两个渠道"》,《课程·教材·教法》1986年第4期。

② 崔允漷、夏雪梅:《校本课程开发在中国》,《北京大学教育评论》2004年第3期。

三 恢复和重建期基础教育课程文化的特点

恢复和重建期基础教育课程改革部分恢复了"文化大革命"前的课程模式，但不是对这一模式的简单照搬。首先，基础教育课程文化主要是在经历了十年"异化"的文化之后对自身文化建设与发展的反思。其次，两者的文化背景不同，前者强调"以阶级斗争为纲"，后者是"以经济建设为中心"，它既继承了"文化大革命"前基础教育的课程文化，又致力于新中国基础教育课程现代化的建设。因此，本期课程改革更多地体现出了社会文化发展的新特征。

（一）从基础教育课程的文化选择看，是社会取向的，但体现了在文化传承基础上的文化反思和重建

一方面，是围绕"拨乱反正"的任务展开的，主要是对"文化大革命"前基础教育课程体系的恢复。在1978年9月教育部下达的《全日制小学暂行工作条例（试行草案）》和《全日制小学暂行工作条例（试行草案）》两个文件中，提出的基础教育的教育方针、任务和培养目标都基本上是对1963年相关规定的恢复。具体到教学计划的课程设置、教学大纲和教科书的编制和修订都是以"文化大革命"前为参照的。另一方面，这一时期的基础教育课程文化并不仅仅是对"文化大革命"前基础教育课程体系的简单重复，体现了基础教育课程文化的反思和重建。

1. 课程设置打破全国大一统的局面，兼顾地方与学校的差异性

在高中阶段，对部分学科实行了两种教学要求。1983年，教育部决定对高中的数学、物理、化学、生物、外语等学科，实行基本的和较高的两种教学要求。这一措施对于有效地提高教学质量具有重要意义。

2. 强调课程目标的具体化

根据美国课程论学者R.泰勒关于课程编制的"目标模式"，在课程编制过程中，目标是起点，也是归宿，学校课程所选择的文化都是根据具体的目标选择和组织起来的。我们要培养全面发展的人，要掌握哪些知识、技能，发展哪些能力，具备什么样的个性品质，都要具体化为明确的学校课程目标，并以此为依据编制出相应的教科书来。另外，从教与学的角度来看，明确的课程目标是教师正确处理教材，把握教材重点、难点的依据；对于学生来说，明确的课程目标能够使他们更加明确学习

目标。因此，重视课程目标及其具体化的研究，是课程编制的需要也是教学的需要。在我国的教育实践中，教学大纲是编制教科书和进行教学的主要依据。过去，我们对教学大纲的目标不够重视，大纲中关于教学目的和教学要求的规定一般都写得比较笼统、抽象、概括。这给教科书的编写工作和教学工作都造成了一定困难。可以说，不重视课程目标及其具体化工作是我们以往课程编制工作中存在的一大缺陷①。此外，加强了美育教育和劳动技术教育，重视学生的人文素养的培养。

（二）从基础教育课程主体文化看，关注教师和学生作为主体的意义

恢复和重建期加强了初中阶段的非正规活动课。很多地区的不同学校根据本地实际情况和学校特色开展了多种多样的课外活动，教师被赋予一定的课程开发自主权力。这一措施可能促使课程结构更为合理和科学化，调动课程主体的教师和学生的主动性和积极性，也会促进基础教育课程文化的生成和创新。同时，加强美育教育，注重培养学生的人文素养。且在高中阶段开设选修课，让学生有了一定的课程选择权，为学生主动性和自觉性的培养提供了条件。

（三）基础教育课程文化存在的不足

恢复和重建期的基础教育课程文化，主导思想是"拨乱反正"，是在充分肯定"文化大革命"前基础教育课程文化的基础上，恢复学校正常的教学秩序和正常的课程设置。因此，以前课程存在的诸多问题，都未真正得到解决。

1. 中学教育"课程选择的文化"缺乏必要的职业技术教育内容

普通教育与职业教育相互结合是当时世界教育改革的一个基本趋势，许多国家都积极地在普通中学设置各种类型的职业课程，对学生进行职业训练和指导。我国普通中学肩负着升学与就业双重任务，在中学课程中有必要设置职业技术教育课程，为学生的就业做好必要的准备，实现中学教育的基本任务和培养目标。但是，从这一时期基础教育课程文化选择来看，职业技术教育课程的设置问题没有受到应有的重视。尽管设置了一定的选修课，但这些选修课大多是针对普通教育课程而设的。劳动技术课的主要目的是学生的劳动态度和劳动习惯的培养，它只是兼有

---

① 吕达：《课程史论》，人民教育出版社1999年版，第508页。

职业教育的功能，却不能完全替代职业技术教育课程。因此，选择什么样的职业技术教育内容进入普通中学的课程文化，是一个有待于进一步研究和解决的问题。

2. 课程主体文化没有根本性的转变

尽管这一时期高中设置了选修课，部分地区的学校根据本地实际情况和学校特色开展了多种多样的课外活动，教师被赋予一定的课程开发自主权力，教师和学生的主体意义和价值得到一定程度的关注。然而，在全国大部分地区的中小学校教师和学生的课程观念和主要活动，教师的教学方式和学生的学习方式并没有根本性的变化，依然是传统的、陈旧的。

四 恢复和重建期基础教育课程文化的价值追求

十年"文化大革命"给整个社会造成了非常大的损失，基础教育也在"革命"中惨遭破坏，无论是校舍，还是教师，抑或是课程和学生。因此，"文化大革命"后的"拨乱反正"工作是当时和随后一段时间的中心任务。基础教育和基础教育课程更是如此。这一时期的基础教育课程文化在经过一定的恢复和重建之后，取得了一定的成绩，但也存在着不足和缺陷。从基础教育课程文化的选择来看，其价值取向还是以社会取向为主导的，培养的人才也主要是满足社会的需要，但值得肯定的是在课程主体文化的形成过程中，开始关注作为课程主体的教师和学生的主体意义。

（一）服务于科学技术现代化建设的社会价值追求

恢复与重建期的课程改革深受邓小平理论的影响。邓小平强调教育在发展科学技术和建设现代化强国中的伟大的战略意义。邓小平在1977年5月24日尚未恢复工作时，在同中央两位同志的谈话中就指出："我们要实现现代化，关键是科学技术要能上去。发展科学技术，不抓教育不行"。"抓科技必须同时抓教育。从小学抓起，一直到中学、大学。我希望从现在开始做起，五年小见成效，十年中见成效，十五年二十年大见成效。办教育要两条腿走路，既注重普及，又注重提高。要办重点小学、重点中学、重点大学。要经过严格考试，把最优秀的人才集中在重点中学和重点大学"。"一定要在党内造成一种空气，尊重知识，尊重人才。要反对不尊重知识分子的错误思想。"① 8月8日，在全国科学和教育工作座谈会上，邓小平又针对中小学的教学问题指出："关键是教材。教材要反映出现代科学文化的先进水平，同时要符合我国的实际情况。"② 在1978年4月召开的全国教育工作会议上进一步指出："要极大地提高科学文化水平……我们要在科学技术上赶超世界先进水平，不但要提高高等教育的质量，而且要首先提高中小学教育的质量，按照中小学生所能接受的程度，用先进的科学知识来充实中小学的教学内容。"要完善考试的作用，但考试不是检查学习效果唯一方法，且要减轻学生负担③。1978年3月18日，在全国科学大会上，邓小平提出"科学技术是生产力"的思想。他认为，我国要实现农业、工业、国防和科学技术的"四个现代化，关键是科学技术的现代化"。同时，他认为人作为生产力中最活跃的因素，"只有具备较高的科学文化水平，丰富的生产经验，先进的劳动技能，才能在现代化的生产中发挥更大的作用。"④ 1983年国庆，邓小平又根据党的十二大提出的要在我国"逐步实现工业、农业、国防和科学技术现代化，把中国建成为高度文明、高度民主的社会主义国家"的发展战略和国际上"新技术革命"的挑战。在为北京景山学校的题词中提出"教育要面向现代化，面向世界，面向未来"，进一步指明了教育改革的任务和方向。

"文化大革命"结束之后，教育领域中率先开展了拨乱反正，肃清极"左"路线的影响和落实知识分子政策的工作。并在这个基础上，重新确立了全面发展的教育方针，修订了全日制中小学暂行工作条例（草案），制定了《1978—1985年全国教育事业规划纲要（草案）》，整顿了学校领导管理体制，加强了教师队伍的建设，恢复和树立了良好的教学秩序和学习风气，并且从实际出发，建立了重点中学，狠抓了学校思想政治工作和基础知识的教学工作。因此，恢复和重建期基础教育课程文化的价值追求就是以服务于科学技术现代化建设的社会价值追求为主导和核心的。

---

① 《邓小平文选》第2卷，人民出版社1994年版，第40—41页。
② 同上书，第50页。
③ 同上书，第104—105页。
④ 同上书，第86—88页。

（二）为科学技术人才打好基础的内在价值追求

恢复和重建期基础教育课程文化主要是对"文化大革命"前基础教育课程体系的恢复，但因为新时期的社会需要和任务不同，在基础教育课程的育人目标上尽管和"文化大革命"前有相似的地方，但体现了新时期的特点。一方面，在基础教育的任务和培养目标中明确强调为科学技术人才打好基础。1978年，教育部发布《中小学暂行工作条例（草案）》，尽管是对1963年教学方针、任务和培养目标相关规定的恢复，但强调为培养社会主义现代化的建设人才打好基础。1984年又强调迎接新的技术革命的挑战，以邓小平的"科学技术是生产力"和"三个面向"为指导思想。他认为我国要实现"四个现代化，关键在科学技术的现代化"，就需要培养具有科学文化知识的人才，而"教育是科学技术人才培养的基础"[1]。另一方面，强调中小学校的"双基"教育。如在1979的《中小学暂行工作条例（执行草案）》，强调了必须加强全日制中小学基础知识的教学和基本技能的训练。明确突出中小学各科教学的基础知识和基本技能，例如数学强调"加强数学基础知识和基本技能的训练"；物理强调"加强现代科学技术所需要的物理学基础知识的教学""加强物理实验技能的训练"；体育要"加强体育基本知识的讲授和基本技能的训练"[2]。在后来的教学计划中也对各科明确提出加强"双基"的任务，为实现科学技术人才打好知识基础。因此，恢复和重建期基础教育课程的育人目标为科学技术人才打好基础，这也是这一时期基础教育课程文化的内在价值追求。这一育人目标不是指向个体自身的发展需要，而是从当时的社会发展需要出发的，重在强调作为社会化的个体的培养，缺乏对"人"本身的关注，这也是我国长期以来重视基础教育课程文化的社会价值，忽视个人价值的体现。当然，这一时期的基础教育课程文化相较"文化大革命"前进步的地方还在于加强美育和劳动技术教育，注重学生人文素养的培养，也符合中等教育升学和合格的社会成员的双重任务。同时，在课程实施过程中，有些中小学校开始了课外活动的实践探

---

[1] 《邓小平文选》第2卷，人民出版社1994年版，第41页。
[2] 瞿葆奎：《教育学文集（第11卷）：课程与教材（上册）》，人民教育出版社1988年版，第654页。

索。虽然实践中的课外活动难免流于简单,但课外活动的开展对学生的兴趣的激发,对教师和学生主动性和积极性的调动都具有积极的意义。在一定程度上,体现了恢复和重建期基础教育课程文化开始关注课程主体的意义和探寻课程文化的"文化品性"。

第六节 20世纪80年代中期至20世纪末基础教育课程文化的价值追求(1986—1999年)

1986年4月,第六届全国人民代表大会第四次会议通过颁布了《中华人民共和国义务教育法》。《义务教育法》的颁布和实施,为义务教育的实施提供保障,对培养各级各类人才和提高全民族科学文化素质,甚至对社会主义物质文明、精神文明建设都将起到积极的促进作用。中国基础教育课程文化也进入一个新的发展阶段。1986—1999年,中国基础教育经历了第六次(1986—1991年)和第七次(1992—1999年)两次课程改革,而这一时期是中国全面实施义务教育,开始构建中国特色的社会主义课程体系时期。两次基础教育课程改革具有共同的时代背景,基础教育课程文化也具有很多共性和紧密联系性。因此,本书把1986—1999年的两次基础教育课程改革合在一起,分析当时基础教育的课程文化及其价值追求。

一 20世纪80年代中期至20世纪末基础教育"课程选择的文化"

(一)20世纪80年代中期至20世纪末基础教育"课程选择的文化"的选择依据

1. 20世纪80年代中期至20世纪末基础教育"课程选择的文化"的社会背景

20世纪80年代中期以后,中国的经济体制已开始由计划经济向市场经济转型,政治体制改革也已提出并启动了民主化进程,文化开始突破"一统化"而走向多元化,并面临着多元文化价值的冲突。

(1)多元文化的形成与冲突

一是经济体制改革导致普通民众文化心态的变革。市场经济所提倡的独立个体意识、公平竞争的观念和法律法制意识,以及文化开放视野等新文化精神,极大地冲击了传统的道德观、生活观和价值观。二是适应城市与农村、工业与农业发展的巨大差距的主导性文化与非主导性文化的冲突。三是改革开放后多元文化并存导致的文化价值冲突。世界各国当时面临的一个重大问题是：具有开放性、民族化、多样性特征的现代文化，所引发的文化的冲突、融合与价值选择。中国的改革开放政策，一方面，为中国的社会文化发展和价值取向的选择提供了机遇和挑战；另一方面，又使各类文化资源之间的矛盾冲突全面而充分地显示出来。

(2) 人类文化价值观念的重大变化

伴随着多元文化的形成与冲突，人类文化价值观念发生了重大的变化，主要体现在可持续发展观的提出，地球时代新价值论的彰显和人学观的革命中。

可持续发展观作为人类社会一种新的发展观，已得到世界各国的广泛认同和国际社会的大力推动。可持续发展观是指既要满足当代人的需要，也不损害后代人满足他们需要的能力的发展。可持续发展观的提出，是解决人类所面对的全球问题的一种必然选择，它注重发展的持续性、整体性和协调性。它意味着人类文化价值观念的转变，使关注的焦点从物转向人，从社会政治和经济生活转向人的精神世界。其本质在于人的精神理念的重建，人性的提升，从而建立一种人与人、人与自然、人与社会和谐发展的新秩序。地球时代的新价值论体现了一种超越人类现行基本价值观的价值取向，试图建构一种扬弃了价值相对主义和价值绝对主义，通过对人类的最基本价值和最低规范价值的确立，来追求生态和平、生态正义和生态幸福，形成促进地球时代的人格发展的新价值观体系。人学研究的核心问题是对人主体性的生长、发育、发展的关注和阐释。当代西方的现代化，受益于个人的主体性的充分发展，也受到个人主体性的无限膨胀的阻碍，导致人类发展陷入困境和人类生存状况的恶化。在我国因为封建专制制度和传统文化中的负面因素，个人的主体性缺乏充分发展。今天我们要在肯定人的类本质、类存在的基础上，用类主体性来培育和规范个人的主体性发展，以造就具有类特性的独立个体[①]。可持续发展观和地球

---

① 郑家福：《新中国基础教育课程改革的文化检讨》，博士学位论文，西南师范大学，2003年，第117—119页。

时代的新价值论及人学观，尽管侧重点有所不同，但实质上都是对人的生存与发展的关注，是人对自身的反思。

无论是多元文化的形成和冲突，还是伴随其产生重大变化的人类价值观念，都会影响和制约基础教育"课程选择的文化"。

2. 20世纪80年代中期至20世纪末基础教育的任务和培养目标

1986年4月，中国颁布《中华人民共和国义务教育法》。《中华人民共和国义务教育法》规定，"义务教育必须贯彻国家的教育方针、努力提高教育质量，使儿童、少年在品德、智力、体质等方面全面发展，为提高全民族素质，培养有理想、有道德、有文化、有纪律的社会主义建设人才奠定基础。"1988年9月20日，国家教委制定的《义务教育全日制小学初级中学教学计划（试行草案）》提出："遵循教育必须为社会主义建设服务，社会主义建设必须依靠教育的指导思想，按照国家对九年制义务教育的要求，在全日制小学和初小教育中，必须贯彻德、智、体、美全面发展的方针，实行教育与生产劳动相结合，使儿童、少年受到比较全面的基础教育，提高全民族的素质，为培养有理想、有道德、有文化、有纪律的社会主义公民，培养各级各类的社会主义建设人才奠定初步基础。"并对小学阶段的培养目标提出："要培养学生爱祖国、爱人民、爱劳动、爱科学、爱社会主义等思想品德，良好的行为习惯和初步分辨是非的能力。要使学生具有阅读、表达、计算的基本能力，学到一些自然常识和社会常识，培养学生的学习兴趣，养成良好的学习习惯，培养观察、思考和动手操作的能力。要培养学生的坚强意志和活泼开朗的性格。要使学生具有健康的身体、爱美的情趣、良好的卫生习惯、劳动习惯和初步的生活自理能力。"[①] 1992年，党的十四大召开。为了实现党的十四大所确定的战略任务，使教育更好地为社会主义现代化建设服务，1993年2月，中共中央、国务院印发了《中国教育改革和发展纲要》，提出了到20世纪末期我国教育改革与发展的方针任务、战略目标、总体思路和政策举措，为20世纪90年代我国教育改革指明了方向。在基础教育方面，《纲要》明确强调"基础教育是提高民族素质的奠基工程"，要求

---

① 刘英杰主编：《中国教育大事典（1949—1990）》（上），浙江教育出版社1993年版，第349—350页。

"进一步转变教育思想,改革教学内容和教学方法,克服学校教育不同程度存在的脱离经济建设和社会发展需要的现象。要按照现代科学技术文化发展的新成果和社会主义现代化建设的实际需要,更新教学内容,调整课程结构。"① 1995年5月6日,中共中央、国务院颁布了加速科学技术进步的决定,做出了实施"科教兴国"的重大战略决策。1997年9月,党的十五大把科教兴国战略的实施正式写入大会报告,并且全面部署落实科教兴国战略。

(二) 20世纪80年代中期至20世纪末基础教育"课程选择的文化"的主要内容

1. "课程选择的文化"及其组织和安排

(1) 教学大纲的变化

1986年8月,国家教委确定了编写教学大纲的原则、指导思想和工作计划。确定其指导思想是:遵循邓小平"面向现代化、面向世界、面向未来"的精神,基于儿童、少年的身心发展规律,贯彻德、智、体、美、劳全面发展的方针,使儿童、少年都能生动活泼地主动学习,健康、全面地成长。1986年12月教育部教材审定委员会审定通过中小学教材,正式颁布实行。相比1978年的大纲,修订后的大纲适当降低了难度,改进和加强了历史教学。它所具有的主要特点见表3-11。

表3-11　　　　　1986年各科教学大纲的主要特点②

科目	教学大纲的主要特点
语文	教材把原有的360篇课文减少为190篇,初中为110篇,高中为80篇。除基本篇目外,各地相关部门还可以依据实际情况,抽换通用教材中的其他篇目或者自编补充教材。对语文基础知识中的高中阶段的逻辑知识不做要求,强调语文知识的应用性

---

① 何东昌:《中华人民共和国重要教育文献(1976—1997)》,海南出版社1998年版,第3471页。

② 吕达:《课程史论》,人民教育出版社1999年版,第500页。

续表

科目	教学大纲的主要特点
数学	把微积分初步、行列式和线性方程组都改成选学内容。降低对方程、不等式同解原理等知识的理论要求，对判别两个方程或不等式是否同解不做要求。另外，还规定了习题的难度
物理	把初中物理原来要求学生学会使用物理天平的部分，改成会使用托盘天平。"研究滑动摩擦""研究液体的压强和深度的关系""用电磁继电器控制电路"等实验都改成选作。高中物理教学纲要，把原有36项内容的三分之二"必讲不考"的内容改为选学。"爱因斯坦光电效应方程""用玻尔模型解释氢光谱""能极的概念"等也改成选学
化学	初中化学降低了单质、氧化物、碱、酸、盐之间的相互关系等内容的难度，降低化学计算的要求；把实验方法鉴别氧化物和硫酸盐内容删去了，有4项内容（如木树干馏）改成选学。高中化学降低了核外电子运动状态和由氢到氮的电子层排布等物质结构理论的难度
生物学和生理卫生	删去了植物学中的髓射线、原核生物界和真菌界的概念，生理卫生中的肾炎的病理变化。减少了如绿色开花植物等结合实际选讲的内容
地理	把原来初中中国地理的区域地理部分，教学大约要35个课时的全国八个区，减少为只讲授黄河中下游区（约7课时）和学校所在地的区域，其他作为选学或自学的内容
外语	从原来要求学生掌握2200个单词减少为要求学生学会1800—2000个单词。俄语由2000个左右单词减少到1800个左右
历史	增加了初中历史的世界史部分。中国现代史和世界现代史都延伸至80年代初，中国现代史增加了中华人民共和国的历史概况，世界现代史增加了第二次世界大战以后的历史概况。初中中国历史的教学时数由150课时减少为120课时，教材由4册减为3册，世界历史在初中二年级下学期讲授；高中世界近现代史的教学计划和教材也作相应的调整。历史大纲中以阅读课文的形式增加了中外文化史，目的是扩大学生的知识面

（2）"课程选择的文化"的组织和安排

《义务教育法》颁布后不久，国家教委就组织人力开始了义务教育教学计划的制订工作，并于1986年年底公布了《义务教育全日制小学初级中学教学计划（初稿）》。1988年9月20日，国家教委发布《义务教育全日制小学、初级中学教学计划（试行草案）》并发出通知。九年制义务教育有"五四""六三"两种学制。1990年3月8日,国家教委发出《现行普通高中教学计划的调整意见》。1994年、1995年,国家教委对义务教育和普通高中阶段课程计划进行了调整。1996年3月,国家教委颁布了《全日制普通高级中学课程计划(试验)》。基础教育"课程选择的文化"发生了较大的变化(见表3-12)。

表3-12 20世纪80年代中期至20世纪末基础教育"课程选择的文化"

学段	时间	主要内容
义务教育	1988年9月20日,国家教委发布《义务教育全日制小学教学计划(试行草案)》	(1)制定五年制和六年制两个小学教学计划。(2)取消历史课、地理课,开设社会课。(3)取消唱游课
	1988年9月20日,国家教委发布《义务教育初级中学教学计划(试行草案)》	(1)制定四年制和三年制两个初中教学计划。(2)四年制初中的三、四年级设选修课,根据条件和需要,开设职业选修课或文化选修课。(3)劳动技术课,由集中安排两周改成各年级每周2课时,按教学大纲授课。(4)政治课改为思想政治课。(5)取消生理卫生课,有关知识在生物课内进行
	1994年、1995年,国家教委对义务教育课程计划进行了调整	(1)突出了德、智、体、美、劳全面发展的方针,体现了义务教育的性质、任务和义务教育各阶段的培养目标。(2)改革了课程结构,调整了各学科比例,设置了比较齐全的学科,小学阶段共设有思想品德、语文、数学、社会、自然、体育、音乐、美术、劳动等9门课程,初中阶段共设有思想政治、语文、数学、外语、历史、地理、物理、化学、生物、体育、音乐、美术、劳动技术等13门课程。(3)取消了历史、地理课,开设社会课。(4)中华人民共和国成立以来首次在初中开设了选修课,占初中总时数的4.1%,高中化学(3.3%)、音乐(3.4%)、美术(3.4%)等课程所占的比例,与地理(4.3%)、物理(4.2%)课所占的比例大致相当。(5)将课外活动作为一门正式的课程列入了课程计划

续表

学段	时间	主要内容
高中教育	1990年3月8日，发布《现行普通高中教学计划的调整意见》	(1) 单课性选修的开设，由二、三年级改为一、二年级；分科性选修的开设，由二、三年级改为三年级，内容由文科、理科两类课程增加为文科、理科、外语、艺术、体育、职业技术等六类课程，周课时由8课时增加为16课时。(2) 国防教育、环保教育，一律安排在选修课和课外活动中进行，或渗透到有关学科中结合进行。(3) 计算机课的开设，要根据各地的条件决定。(4) 增设社会实践活动、内容主要包括社会活动和社会生产劳动两方面。(5) 课外活动，包括体育活动，知识讲座，科技活动，各种兴趣小组活动，校班会，时事教育等
	1996年，国家教委发布《全日制普通高级中学课程计划（试验）》	(1) 普通高中课程结构由学科类课程和活动类课程组成。学科类课程分为必修、限定选修和任意选修三种方式。(2) 学科类课程占90.1%，其中必修学科共计12门，占高中总课时的62.4%；限定选修是侧重接受升学预备教育或接受就业预备教育所必须学习的课程，占总课时的12.2%—18.7%；任意选修学科是为发展学生兴趣爱好，拓宽和加深知识，培养特长和某方面能力而设置的，占总课时的9%—15.5%。(3) 活动类课程包括校会、班会、社会实践、体育锻炼、科技、艺术等活动

可见，新的教学计划体现了义务教育的基本精神和性质，既注重学生的基础知识和基本技能的掌握，也为学生的兴趣爱好和特长的发展创造了有利条件。并将小学和初中的课程统一设计，注意同高中的课程相衔接，这在课程纵向结构上实现了小学、初级中学与高级中学的一体化，还增强了课程的弹性和可选择性。这是基础教育课程文化发展的突破性进展。

2."课程选择的文化"在教材中的体现

1989年、1990年秋季，人民教育出版社、北京师范大学、广东、四川编写的教材开始在全国少数学校的小学、初中两个1年级试用。各套教材经过试验、送审后，1993年在全国发行，供学校选用。

新的义务教育教材基于中华人民共和国成立以来全国各套通用教材的经验和教训，广泛吸收了现代心理学、教育学、教育技术学及各学科领域的最新理论成果，并引入了各地学科教学法改革探索的成熟经验，在多方面都有改进和突破。具体表现在：第一，体现了义务教育的性质，面向全体学生，降低了教材的难度与分量；第二，在教材内容的选择上，在保证学生基础知识和基本技能掌握的同时，也引入了各学科的新成果和新动向，同时紧密联系社会和学生生活；第三，为了适应不同程度学生的需要，教材内容分为必学和选学，具有一定的弹性。同时还为适应不同地区学生的需要而为职业技术教育和地方乡土教育留有10%—25%的课时；第四，充分关注学生的学习心理和认知规律，通过设计各种小栏目，增加精美的插图等方式体现教材的教学法功能，同时考虑师生双方的需要；第五，强调教材的整体化设计。一方面注意各学科教材纵向与横向联系，另一方面开发与教科书配套的教师教学用书、学生自读课本、教学挂图、音像制品等系列化教材。

1994年人民教育出版社对中小学教材进行了修订，而1995年开始编写的与九年义务教育相衔接、面向21世纪的普通高中教材，基于科学研究和21世纪对人才素质的需求，体现出了革新的精神和鲜明的时代特色。这套教材的特点是：重视整体性，重视整体育人功能的综合发挥；重视教材内容的基础性，使教材结构体系合理化；重视学生的主体性，引导学生主动积极地学习；重视教材的实践性和应用性；重视因材施教，教材有着明显的层次性。

二 20世纪80年代中期至20世纪末基础教育的"课程主体文化"

（一）20世纪80年代中期至20世纪末部分地区和学校课程主体的活动形式丰富

20世纪80年代中期至20世纪末中小学校的教师和学生，除了课堂教学外，开展和参与了丰富多样的活动。

1. 综合课程的开发和实验研究

在综合课程的研究和开发方面，在部分地区有了起步，并获得了突破性的进展。"上海市于1988年为高中阶段设计了模块式综合课程。它以充分发展学习者的创造性、自主性和批判性为目的。模块涉及的领域包括人类和自然系统、发明和创造、技术和过程、社会和变化等方面。浙江省综合课程教材于1991年在全省全面推广。综合课教材采用学科板块式设计，社会教材分三学年设计，第一年学习'人类生存的地理环境',第二年学习'人类社会的历史发展',采用中国史与世界史合编的方式,第三年学习'当代人类社会的状况''观察社会的正确立场、观点和方法'。自然科学教材基本是按照生物、物理、化学、综合科学的顺序编排的。广东省也从1996年开始启动了普通高中综合课程的研究与实验,开发了综合文科和综合理科两种新课程,即在高一分科教学的基础上,侧重文科类和就业类的学生从高二起学习综合理科课程,侧重理科的学生从高二起学习综合文科的课程。以后逐步过渡到将综合课程放到整个高中阶段来构建,从高一起就开设综合课程,形成开放式的课程模式。构建多层次多形式的普通高中综合课程,为不同类型学校、学生提供更多的选择课程的机会,以适应现代社会多样化人才的需要。"①

2. 课外活动的深入开展

"20世纪80年代中期以后,一些地方和学校开始了课程改革。1986年,处在我国改革开放前沿的上海浦东建平中学开始了'第二课程'的探索。'第二课程'即选修课程、活动课程、微型课程。学校把'第二课程'作为开发学生潜能,发展学生特长的突破口,总体上是根据社会发展和经济建设以及学生发展的需要而开设。按照学生选择的原则,设置成各种门类:第一类是学科知识类,这是专门培养拔尖人才的;第二类是技能类,有计算机多媒体技术的运用、摄影、广播电视节目制作的高级技能,也有修车、缝纫、编织、插花、驾驶等其他技能;第三类是文化类,如影视欣赏、围棋、健美、绘画、雕塑、体育、书法、演奏、合唱等。到90年代,建平中学开设的'第二课程'已达到98门之多。"②

"四川省成都第七中学从1986年开始也开展了'适应学生个体差异发展的教学体系改革与研究'的课题研究,实验的重点是适应学生个体差异发展的课程结构、教学组织形式、教学方法和教学管理等几个方面。研究方式主要采用全面研究和专题研究相结合。专题研究有:课程的设置、内容和标准;与课程结构相适应的教学组织形式和管理方式;发挥学生主体作用的教学组织方式;数学特长生班教育实验研究;高中理科

---

① 郑家福:《新中国基础教育课程改革的文化检讨》,博士学位论文,西南师范大学,2003年,第127页。

② 叶澜主编:《课程改革与课程评价》,教育科学出版社2001年版,第64页。

班实验教育研究；特长生导师制和成才教育系列研究等。这些实验研究已经突破了国家单一的课程模式，朝校本课程迈出了重要的一步。"①

3. 大部分地区和学校的教师和学生的主体意义和价值没有得到关注

从以上综合课程的开发和实验研究、"第二课程"的探索和"适应学生个体差异发展的教学体系改革与研究"的课题研究中都体现出教师和学生行为方式的转变。这些活动的内容与社会和生活紧密联系，注重学生的兴趣，发挥教师和学生的主体作用。具体来说，教师不再只是被动讲授课程选择的文化，而是主动地开发课程，学生也不再只是被动学习课程选择的文化，而是在教师的引导下和提供的情境中主动参与、探究，创新并生成新的课程文化。

需要指出的是，这些活动的开展只是少数经济发达地区和学校。为了全面地了解这一时期的基础教育课程主体文化。笔者对两位现任高校教师进行了访谈（2014年10月8日下午）：

问：您是哪一年工作的？任教的是中学还是小学？任教的科目是什么？

W 老师答：我1982年大学毕业，1982—1992年在海原中学工作了10年，我大学上的是思想政治教育专业，所以教政治课。

M 老师答：我1994—1998年在乡村中学工作，1998—1999年在一个镇级小学当校长。中学教语文，小学教得比较杂。

问：您任教期间是如何教学的？当时所在的学校除了课堂教学外，有没有其他活动？

W 老师答：那都是按照课本和教学参考书讲的，除了上课之外，没有什么活动，就记得物理组好像组织过兴趣小组活动的，也都是临时的。

M 老师答：基本上都是讲授式，除了上课外，学校每年开运动会。在小学期间儿童节还有活动，其他就没什么啦！

问：您怎么理解课程？

---

① 郑家福：《新中国基础教育课程改革的文化检讨》，博士学位论文，西南师范大学，2003年，第129页。

W老师答:(思考了一会儿)我就感性地说一点儿吧,我觉得课程就是对学生教学活动的基本安排,不同时期有不同的课程内容。

M老师答:我认为课程是师生互动的学习过程(M老师2000年调入地方师范院校的教育学院工作,于2009年获得课程与教学论硕士学位)。

可见,这一时期的大部分地区和学校教师和学生的主要活动依然局限于课堂教学,被动授受已选择的文化,教师和学生的主动性和积极性没有充分调动,教师和学生的主体意义和价值在大多数学校并没有得到关注。

三 20世纪80年代中期至20世纪末基础教育课程文化的特点

在整个社会经过"拨乱反正"的一系列措施之后,中国真正地进入了社会主义现代化建设时期,"以经济建设为中心"是整个社会发展的重心,随着改革开放的推进,科学技术的在整个社会中起着举足轻重的作用,培养科学技术人才成为促进社会进步和发展的关键因素,教育得到了空前的重视和发展。基础教育课程作为提高国民素质的基础工程,也较以往有了较大的创新和突破。

(一)基础教育课程文化选择的初具多元性,但各类文化关系处理不当

1. 价值取向依然是以社会取向为主导,但开始关注个体的需要

第一,从基础教育的任务和培养目标来看,主要是为社会主义现代化服务,但也注重中小学生的全面发展。如在1992年颁布的义务教育课程计划提出的初中、小学的培养目标中,首次提出了培养个性心理品质和科学态度、科学方法的目标。在1996年颁布的普通高中课程计划所提出的培养目标中,也明确提出了创新精神、良好的意志品质、健康的审美观念的培养以及初步具有正确的世界观、人生观、价值观的要求。第二,从课程文化选择的社会取向看,体现现代化的特点。如1992年义务教育教学大纲颁布后,原国家教委对教学大纲的教学内容进行了精简与增加,删去了一些陈旧的内容,增加了一些反映现代科技发展的内容,并体现在教材的编写、修订中。在1996年中学教学计划中开设国防教育、环保教育的选修课,并开设计算机课程。这都是改革开放以来,降低课

程内容的难度,对课程内容进行了删旧增新以适应现代化建设需要的具体体现。第三,从课程文化选择的个人取向看,一方面,加强"双基",注重学生能力的培养。1986年《中华人民共和国义务教育法》颁布,按照国家对义务教育的要求,必须贯彻全面发展的教育方针,培养"四有"新人,具体地要求中小学生掌握文化科学基础知识和基本技能,同时培养他们的基本能力。在这一时期基础教育课程的教材编制中,多次强调基础知识的教学和基本技能的训练。"20世纪90年代以后,将'教学计划'改为'课程计划',突出了德育为首,德智体美劳全面发展的教育方针。并在新编教材中增加了新的科学知识,注意结合生活和社会的需要,加强了对学生能力的培养,在形式和内容上都比原来的教材生动、活泼。"① 另一方面,注重学生间接经验的同时,关注学生直接经验的掌握。1990年的高级中学教学计划中,首次把课外活动列入教学计划,增设社会实践课程(主要包括社会活动和社会生产劳动)。为中小学开展课外活动实践提供制度保障。第四,人文知识的涉入。这一时期的课程改革中,不同学科课时严重失衡现象得到改善,语文、数学等学科课时有所降低,人文社会科学类、自然科学类及艺体劳技类学科课时比例有所增加。

2. 基础教育课程文化选择的灵活性

第一,丰富基础教育课程结构。在1981年高中开设选修课的基础上,在"五四"制初中开设选修课,加强高中的选修课,分为单科性选修课和分科性选修课,增加了选修课的学科门类。1988年,中国义务教育教学计划在小学开始设综合课——社会。1992年8月,九年义务教育新课程计划把课程分为学科和活动两大类,改变了中国基础教育课程长期以来只有必修课和分科课程的单一局面,形成了学科类与活动类课程相结合、必修课与选修课相结合、分科课程与综合课程相结合的课程结构体系。在学科课程的内部结构方面,改变了学科课时比例严重失衡的情况,语文、数学等课程的课时有所降低,人文社会科学类、自然科学类及艺体劳技类学科课时比例增加。中国基础教育课程结构的优化有利于减轻学生过重的学习负担,也有利于学生个性、素质的全面发展。第二,基

---

① 李涛:《新中国历次课程改革中的"双基"理论与实践探索》,《课程·教材·教法》2009年第12期。

础教育课程教材实行"一纲多本""多纲多本"。如义务教育教材编制要求：在4—5年的时间逐步完成4种不同类型的教材编写工作。这4种类型分别是：教材内容的要求和程度达到教学大纲的规定，面向全国大多数地区，适合一般水平的学校使用的"六·三"制教材；与上述要求相同的"五·四"制教材；教材内容的要求和程度适当高于教学大纲的规定，主要面向经济文化比较发达的地区和办学条件较好的小学、初中选用的教材；教材内容的要求和程度基本上达到教学大纲的规定，面向经济文化基础比较薄弱的边远地区、农牧地区和山区，以及教学设备较差学校使用的小学和初中教材。第三，上海、浙江根据各自课程改革方案和地区特点，制定教学大纲，编写教材；河北省编写了小学复式班用的教材。这就是人们通常说的义务教育"八套半"教材。这些改革改变了"千校一面""万人一书"的一统局面，适应了不同地区不同学校的发展特色，有利于学生的发展。

3. 基础教育课程文化选择的各类文化关系处理不当

（1）这一时期基础教育课程文化选择依然是以间接经验为主，注重学生知识的掌握，忽视能力的培养

一方面，表现在课程门类过多，课时量过大，造成学生学业负担过重，影响了学生的身心健康与发展。从课程开设来看，中国基础教育课程除了1988年以来在小学开设综合课——"社会"，其余学科课程全为分科课程，课程门类过多。小学阶段，1981年发布的五年制小学教学计划中加上外语共有11门课程，1984年颁布的教学计划六年制城市小学开设课程竟达12门，农村小学也有11门。90年代中后期的教学（课程）计划要求小学一些年级开的课程门数也达到9门之多。初中阶段，1988年以来不管是"五·四"学制还是"六·二"制教学（课程）计划，初中开设课程达13门，90年代中后期的教学（课程）计划中，一些年级被要求开设的课程门数也达12门之多。从课时量上看，1978年以来我国中小学各年级的课时总量居高不下。基础教育课程门类过多、课时量过大，加重了学生学习的负担，也影响了学生个性、创造力等的发展。另一方面，这一时期基础教育课程体系缺乏弹性，影响了学生的个性化发展。尽管从形式上看，改革开放以来，打破了基础教育单一的课程体系结构，但总的来看，依然刚性十足、缺乏弹性。主要表现为地方课程、学校课

程、活动课程以及选修课程的开设过少。如1988年中国开始在"五·四"制初中开设选修课程，在1992年义务教育课程计划中，初中选修课程又被取消。在地方课程设置上，直到1992年我国才开始设置地方课程，根据当时课程计划的规定，实行"六·二"学制和"五·四"学制的学校，九年中地方安排课程分别占总课时量的6.92%和9.32%，1994年实行新工时制调整了课程计划后，"六·二"制和"五·四"制学校地方课程所占比例竟然减少为6.14%和7.41%。在活动课程方面，1992年的"五·四"制和"六·二"制学校，活动课程分别占总课时的11.73%和13.97%。1994年义务教育课程计划调整后，"五·四"制和"六·二"制学校的活动课程反而减少到总课时的10.76%和11.70%。[①]

可见，这一时期基础教育课程文化依然以统一的、预设的间接经验为主，侧重于学生的知识掌握，不利于学生能力的培养和全面发展。同时，选修课程、地方课程和活动课程本身开设较少，受到学科课程的不断挤压和不断减少，致使基础教育课程体系缺乏足够的弹性，既不能适应不同地区经济、社会发展的需求，更重要的是不利于学生的个性化发展。

（2）这一时期的基础教育课程文化依然以科学知识为主，人文知识涉及甚少

主要表现为学科课时分配上的不平衡。尽管这一时期的课程设置中社会科学知识、艺体知识有所增加，学科课程比例有所改善，但学科课程的整体比例依然严重失衡。"如1992年我国义务教育'五·四'制课程计划中，语文、数学、外语三门课程共计4428课时，占全部学科课程课时总数的54.11%，思想品德（政治）、社会、历史、地理等人文社会科学类课程课时占13.25%，自然、物理、化学、生物等自然科学类课程课时占9.43%，音乐、美术等艺术类课程仅占12.41%；在'六·二'学制课程计划中，语文、数学、外语课程、人文社会科学类课程、自然科学类课程、艺术类课程分别占全部课时的52.1%、12.90%、8.73%和13.49%。1994年实行新工时制对课程计划进行调整后，在

---

① 彭泽平：《真实成就与客观困境——改革开放至20世纪90年代末我国基础教育课程改革评析》，《教育理论与实践》2005年第7期。

'五·四'制的学校,以上四类课程所占课时比例为55.24%、13.18%、9.57%和12.3%。实行'六·二'制的学校,比例分别为53.34%、12.64%、9.01%与13.37%。"① 总体来看,语文、数学和外语三门课程所占比重过大,人文社会学科课程过少,不利于学生人文素养的培养,也不利于学生的全面发展和人格完善。

(3) 课程文化选择中时代文化和现实文化涉入不足

主要表现在课程内容一定程度的陈旧以及与现代社会发展和学生生活缺乏联系。以语文教材为例,从20世纪90年代的中小学语文教材内容取材来看,还包括很多关于旧中国农村、革命战争、社会主义革命时期的具有"斗争"思想的内容,反映现代社会的新题材较少。对外国文学作品的选取,主要是揭露资本主义腐朽黑暗的文学作品,浪漫主义作品较少,反映国外科技文明、精神文明新成果的作品更少。此外,在语文教材中还存在大量的语法知识,包括一些专用名词,甚至高深的科学术语。与学生的知识、生活经验实际相脱离。难以调动学生的主动性和积极性,也不利于学生的健康发展。

(二)从基础教育课程主体文化来看,开始了对"人"的关注,但存在对"人"促动不力的现实困境

改革开放后,1981年高中开始设选修课,有些地方的中小学校进行了课外活动的实践探索,对教师和学生的主动性和积极性的调动有一定的促进作用。1986年义务教育法颁布,在义务教育全面实施期,基础教育课程改革进一步深入和发展。一方面,课外活动作为正式的课程被列入教学计划,另一方面,学校加大了选修课的加重。此外,综合课程的开设也是这一时期的一个显著特点。具体到课程实施过程中,多地中小学开展了多种改革实验。如上海市的教材多样化改革,东北育才中学的课程体系改革,上海市、浙江省、广东省等地的综合课程开发与实验研究,以及上海市浦东建平中学"第二课程"的开展和四川省成都第七中学"适应学生个体差异发展的教学体系改革与研究"的课题研究等,虽说是一些经济发达地区中小学课程改革的实验,只是中国基础教育的一

---

① 彭泽平:《真实成就与客观困境——改革开放至20世纪90年代末我国基础教育课程改革评析》,《教育理论与实践》2005年第7期。

小部分，但这些改革实验中，无论是对学生兴趣和特长的重视，对学生主动性和积极性的培养，还是对学生个体差异的兼顾，以及对学生的人格个性的完善，都一定程度地体现了对"人"的关注。

但如前所述，这一时期中国基础教育课程体系弹性不足。地方课程、活动课程和选修课程所占比例甚少，尽管有一些地区的学校开展了不同程度、不同层次的课程实验，体现了对地区差异、学校差异和学生差异的关注，但总的来看，在全国的大部分地区和学校依然实行统一的课程方案、教学（课程）计划、教学大纲和教材。具体表现在课程实施方式的单一化与课程评价的发展性不足，影响了学生获得生动活泼的、个性化的发展。在这一时期基础教育课程实施途径依然以课堂教学为主，且在课堂教学过程中，也是以师生对预设知识的被动授受为主要的教学方式和学习方式，强调统一的目标要求、教学方法和程序，忽视了作为课程主体的教师和学生的主动性和创造性，导致学生"整齐划一"地发展，忽视学生的个性。尤其受到片面追求升学率的影响，教师的教和学生的学都是为了考试，学生的学习完全成了对应试知识的机械训练。基础教育课程文化沦落为片面追求升学率的"工具"，对"人"的关注也遮蔽在其日益被强化的工具理性之下。

四　20世纪80年代中期至20世纪末基础教育课程文化的价值追求

从课程文化选择来看，依然是以社会取向为主导的，开始关注个人价值，但更多的还是选择培养学生知识、技能的间接知识，忽视直接经验；注重学生科学素养的培养，忽视人文知识；对时代文化和现实文化关注不够。从课程主体文化看，在课程实施中，有部分经济发达地区中小学校开展了课程教材、综合课程和活动课程的实践探究，开始了对"人"的关注，但在大部分地区中小学校从课程设置、课程实施的主要途径、课程教学的方式还是统一的，对"人"的全面发展和人格完善的促进还远远不够。

（一）为社会主义现代化建设服务的社会价值追求

改革开放后，党和国家的工作重心从"为阶级斗争服务"转向"经济建设为中心"，基础教育课程改革也开始转移到为社会主义现代化建设服务的轨道上来。随着义务教育的实施，进一步明确了这一目标。如

1992年颁布的《义务教育全日制小学、初级中学课程计划（试行）》明确提出"坚持教育必须为社会主义建设服务"，强调义务教育阶段要为提高全民族素质，培养社会主义现代化建设的各级各类人才奠定基础。① 因此，这一时期基础教育阶段的主要任务是普及义务教育，提高全民素质，为社会主义现代化建设服务。这一目标和指导思想贯穿于基础教育课程的各个方面，从课程设置来看，加强"双基"，注重学生基础知识的掌握和基本技能的训练；从课程内容来看，增加一些现代科技知识，为现代化建设服务；从课程实施来看，全国大部分地区中小学校在统一的课程目标的指导下，采用课堂教学这一传统途径，教师讲授这一传统方法，向学生传递已选择的为社会主义现代化建设服务的社会文化。尽管这一时期的基础教育课程文化相对于之前各个阶段的课程文化有些突破和创新，但其价值追求依然是以社会价值追求为主导，只是具体目标有所变化而已。

（二）为培养社会主义现代化建设人才奠定基础的内在价值追求

这一时期基础教育课程改革重视课程实验，这些课程实验包括基础教育课程教材实验、综合课程开发和研究以及活动课程的广泛开展，在开展这些课程实验的中小学校，教师参与了某些课程教材的编制、综合课程的开发和探究、活动课程的研发和指导等。学生在综合课程和活动课程的开展中，主动探究、发现学习。激发了教师和学生的主动性和创造性，在一定程度上体现了基础教育课程文化对"人"的关注。

然而，由于这一时期的基础教育课程文化处在社会文化转型的背景下，带有旧的基础教育课程传统的烙印。首先，课程文化形式依然是学科课程，注重学科基础知识的掌握和基本技能的训练，忽视学生学习习惯、人生态度和完善人格的培养。其次，课程观念陈旧。在课程价值观念上，仍以社会本位为主导；在课程本质观念中，仍以传统的"计划说"占据主导地位；在课程过程观念中，仍重预设，轻过程；在课程构成观念上，一方面，把课程载体构成狭隘化为"教材"，缺乏课程包或多媒体课件的现代观念；另一方面，把课程实质构成狭隘化为教学内容，将内

---

① 课程教材研究所：《20世纪中国中小学课程标准教学大纲汇编·课程（教学）计划卷》，人民教育出版社2001年版，第351页。

容与目标、手段、方法和评价等割裂开来。再次，教学方法单一、僵化。在课程实施中，课堂教学是学校教学的主要途径，传统教学"三中心"依然盛行，教师和学生的主要活动、行为方式没有根本改变。最后，课程评价异化。过分追求升学率把考试这一课程评价的手段变为了目的。因此，从基础教育课程的各个环节来看，侧重学生的学科知识的掌握，忽视了学生情感、态度价值观的培养，忽视作为"人"的人格的完善。所以说，这一时期的基础教育课程文化的内在价值追求依然是附属于其社会价值追求的，是为社会主义现代建设的各级各类人才的培养奠定基础。

第四章

21世纪以来基础教育课程文化的价值追求(2000年至今)

改革开放以来,特别是义务教育推行以来,中国基础教育取得了显著的成绩,建立了比较系统的基础教育课程体系。然而,课程理念的陈旧、课程文化形式单一、课程结构的不合理、课程实施的忠实执行、课程评价的异化等都致使当前的基础教育存在两个根本问题:一是"精英主义",二是"生产模式"。"'精英主义'教育以少数所谓'优等生'为核心,大多数学生退居边缘成为教育的牺牲品。'生产模式'则追求整齐划一,追求所谓'规模效益',从而培养出机械、保守、缺乏个性的'标准件'。"[①] 这样的基础教育既不利于大多数学生的发展,也不能适应世纪之交知识经济的挑战。为贯彻《中共中央国务院关于深化教育改革全面推进素质教育的决定》(中发〔1999〕9号)和《国务院关于基础教育改革与发展的决定》(国发〔2001〕21号),教育部决定,大力推进基础教育课程改革,调整和改革基础教育的课程体系、结构、内容,构建符合素质教育要求的新的基础教育课程体系。基础教育课程文化也发生根本变革。

---

① 钟启泉、张华主编:《世界课程改革趋势研究》(上卷),北京师范大学出版社2001年版,"前言"。

第一节 21世纪以来基础教育"课程选择的文化"

一 "课程选择的文化"的选择依据

(一)"课程选择的文化"的国际背景

21世纪是知识经济时代,以知识的创新和应用为主要特征,科学技术飞速发展,国家之间归根到底是人才的竞争。社会信息化和经济全球化对人才的创新精神和实践能力的要求更为凸显。同时,世界范围内中等教育的普及和终身教育思潮的兴起,作为社会发展和个人成长基础的基础教育面临前所未有的挑战。这一切都促使世界范围内的以基础教育课程改革为核心的教育改革的开展。21世纪所需要的基础教育课程体系不再是统一的、僵化的、结构单一的,而应该是开放的、综合的、多元的。课程不再是预设的、静态的,而应是动态生成的。

为了适应社会发展的需要,许多国家针对基础教育课程理念、课程目标和课程设置等方面开始了重大改革。呈现出以下基本理念:(1)注重基础学力的提高。为了让学生更好地适应学习化社会的需要,各国课程改革首要的关注点就是提高儿童的基础学力。包括读、写、算能力和信息素养。(2)信息素养的养成。为迎接信息时代的挑战,儿童信息素养能力的养成成为各国课程改革的一大热点。(3)创造性与开放性思维的培养。全球化社会的发展需要具有开阔的胸襟、全球化的视野和创造性思维的世界性公民,创造性与开放性思维的培养成为各国课程改革都强调的又一目标。(4)强调价值观教育和道德教育。文明的进步要求世界公民素质的普遍提升,但现代化科技的发展在给人类带来巨大进步和利益的同时,也带来了人的精神的失落与道德沦丧。因此,儿童价值观的培养和道德教育受到各国课程改革的普遍关注。(5)尊重学生经验、发展学生个性。儿童是教育和课程的出发点和落脚点,关注儿童的生活,尊重儿童的经验,发展儿童的个性,成为各国课程改革的根本原则[①]。这一切都为我国基础教育课程文化的选择提供了借鉴和视角。

---

① 钟启泉、崔永漷、张华主编:《为了中华民族的复兴为了每位学生的发展(基础教育课程改革纲要解读)》,华东师范大学出版社2001年版,第29—36页。

(二)"课程选择的文化"的国内背景

中华人民共和国成立 50 年来,中国基础教育取得了巨大的成就,基础教育课程文化也在不断变革中发展和完善。主要进展体现在以下几个方面:一是打破了国家统一的管理方式,实行国家、地方和学校三级课程;二是打破了单一的课程结构,增加了"选修课"和"活动课";三是打破"万人一书"的局面,初步推行"一纲多本""多纲多本";四是打破了课程实施中全国统一的课堂教学模式,在教育教学实践中开展了重视学生主体性,调动学生主动性和积极性,关注学生经验和个性的一系列课程实验。创新了教育理念,丰富了教育教学实践。为新世纪基础教育课程文化变革奠定良好基础[①]。

然而,现行基础教育课程体系中也存在一些不容忽视的问题,直接影响着学生的健康发展和教育的整体质量。"1997 年 5 月,教育部基础教育司针对我国现行义务教育阶段课程方案的实施状况进行了大规模的抽样调查。调查范围包括全国 9 省市 72 个地区的 16000 多名学生,2500 多名教师、校长和社会知名人士。调查结果表明:

74% 的校长、62% 的教师认为教材中体现得较好的目标是基础知识和技能;只有 3% 的校长、4% 的教师认为教材中体现得较好的目标是自主创造,2% 的校长、4% 的教师认为教材中体现得较好的目标是搜集利用信息的能力,1% 的校长、3% 的教师认为教材中体现得较好的目标是健康。这意味着,广大校长和教师认为基础知识和技能是教材的核心构成,而自主创造、收集利用信息的能力、健康则被漠视,或处于教材的边缘。

60% 的教师与同事谈论最多的话题是基础知识与技能,近 50% 的教师与同事谈论最多的话题是解题技巧;只有 10% 左右的教师与同事谈论个性发展、情感态度。也就是说,广大教师和校长对课程目标的关注焦点是基础知识与技能。

50% 的校长和 35% 的教师认为在学生身上体现最好的目标是基础知识与技能;而在学生身上表现最差的目标依次是劳动态度与技能、动手

[①] 钟启泉、崔永漷、张华主编:《为了中华民族的复兴为了每位学生的发展(基础教育课程改革纲要解读)》,华东师范大学出版社 2001 年版,第 4 页。

能力、自主创造能力、收集利用信息的能力。"①

可见，现行的基础教育课程体系在教师的教育教学理念、课程目标、教材编制和课程实施等方面，都重视和加强了"基础知识和基本技能"，这固然无可非议，但对"双基"的过分强调，只会进一步强化知识本位和学科本位，忽视学生作为主体的情感、态度价值观和个性发展。尽管素质教育在20世纪80年代就已经提出，但因为评价制度没有从根本上得到改变，"学而优则仕"在广大家长思想中根深蒂固，素质教育很难真正落实。甚至在部分地区应试教育呈愈演愈烈之势，素质教育要么停留在口号上，要么只是出现在学校的制度文件上，并没有真正进入课堂。题海战术使得中小学生每天用于作业的时间越来越长，严重影响了他们的身体健康，对分数和考试排名的高度关注严重威胁到了他们的心理健康。整个现行基础教育课程体系问题和弊端日益突出。

"课程目标：知识技能取向；

课程内容：繁、难、偏、旧，且过于注重书本知识；

课程结构：严重的"分科主义"倾向；

课程实施：过于强调接受学习、死记硬背、机械训练；

课程评价：选拔取向；

课程管理：中央集权；

……"②

消除现行基础教育课程体系的弊端，选择符合时代精神的社会文化进入基础教育课程，是21世纪社会发展和人的发展的需要。

（三）"课程选择的文化"的基本理念

"为了每位学生的发展"是新时期基础教育课程改革的根本理念。具体含义包括三个层面：一是为了全体学生的发展。基础教育是每个人成长发展的基础，基础教育课程改革要适应不同地区、不同学校、不同学生的需要，使全体学生都能得到充分的发展。二是为了学生的全面发展。未来社会需要的是知识、能力、道德、个性都全面发展的人。本次课程改革以"知识与技能、过程与方法、情感态度价值观"作为各学科的课

---

① 张华：《我国基础教育新课程的价值转型与目标重建》，《语文建设》2002年第1期。
② 同上。

程目标，力求体现学生的全面发展。三是为了学生的个性发展。学生的发展具有个体性和差异性，长期以来，中国的基础教育注重学生的共性和社会集体意识的培养，对学生的个性发展关注不够。新世纪基础教育课程关注学生的个性发展，追求学生的个性发展，尊重学生的独特性和具体性①。

（四）基础教育的任务和培养目标

教育部在2001的《义务教育课程设置实验方案》中提出义务教育阶段的培养目标为："要使学生具有爱国主义、集体主义精神，热爱社会主义，继承和发扬中华民族的优秀传统和革命传统；具有社会主义民主法制意识，遵守国家法律和社会公德；逐步形成正确的世界观、人生观、价值观；具有社会责任感，努力为人民服务；具有初步的创新精神、实践能力、科学和人文素养以及环境意识；具有适应终身学习的基础知识、基本技能和方法；具有健壮的体魄和良好的心理素质，养成健康的审美情趣和生活方式，成为有理想、有道德、有文化、有纪律的一代新人。"②在2003年的普通高中课程方案（实验）中强调普通高中的培养目标："初步形成正确的世界观、人生观、价值观；热爱社会主义祖国，热爱中国共产党，自觉维护国家尊严和利益，继承中华民族的优秀传统，弘扬民族精神，有为民族振兴和社会进步做贡献的志向与愿望；具有民主与法制意识，遵守国家法律和社会公德，具有维护社会正义，自觉行使公民的权利，履行公民的义务，对自己的行为负责，具有社会责任感；具有终身学习的愿望和能力，掌握适应时代发展需要的基础知识和基本技能，学会收集、判断和处理信息，具有初步的科学与人文素养、环境意识、创新精神与实践能力；具有强健的体魄、顽强的意志，形成积极健康的生活方式和审美情趣，初步具有独立生活的能力、职业意识、创业精神和人生规划能力；正确认识自己，尊重他人，学会交流与合作，具有团队精神，理解文化的多样性，初步具有面向世界的开放意识。"③

（五）基础教育课程改革的具体目标

"改变课程过于注重知识传授的倾向，强调形成积极主动的学习态

---

① 陈旭远：《新一轮基础教育课程改革的基本理念》，《中小学教育》2001年第7期。
② 教育部关于印发《义务教育课程设置实验方案》的通知，教基〔2001〕28号。
③ 教育部关于印发《普通高中课程方案（实验）》的通知，教基〔2001〕6号。

度，使获得基础知识与基本技能的过程同时成为学会学习和形成正确价值观的过程；改变课程结构过于强调学科本位、科目过多和缺乏整合的现状，整体设置九年一贯的课程门类和课时比例，并设置综合课程，以适应不同地区和学生发展的需求，体现课程结构的均衡性、综合性和选择性；改变课程内容'难、繁、偏、旧'和过于注重书本知识的现状，加强课程内容与学生生活以及现代社会和科技发展的联系，关注学生的学习兴趣和经验，精选终身学习必备的基础知识和技能；改变课程实施过于强调接受学习、死记硬背、机械训练的现状，倡导学生主动参与、乐于探究、勤于动手，培养学生搜集和处理信息的能力、获取新知识的能力、分析和解决问题的能力以及交流与合作的能力；改变课程评价过分强调甄别与选拔的功能，发挥评价促进学生发展、教师提高和改进教学实践的功能；改变课程管理过于集中的状况，实行国家、地方、学校三级课程管理，增强课程对地方、学校及学生的适应性。"[①]

二 "课程选择的文化"的主要内容

（一）"课程选择的文化"的主要变化

1. 完善和优化课程内容

长期以来，中国基础教育课程内容具有"繁、难、多、旧"的特点，21世纪的课程改革完善和优化了原有的课程内容。首先，原有课程内容中艰深、晦涩、陈旧的部分被删除，使课程内容简洁、明了、新颖、有条理。其次，注重课程内容与学生和社会现实生活的紧密联系，使课程内容具体而富有生活气息。再次，打破了以往对课程内容界定的全国统一性，实行层次化的课程内容标准。新课程标准的编制根据学生的不同兴趣和不同的学习水平，设置了课程内容的多种标准和实施与评价标准，如数学课程标准就设定了高、中和易三种标准。

2. "课程选择的文化"在课程标准中的体现

课程标准是确定一定学段的课程水平及课程结构的纲领性文件。初见于1912年1月，中国政府教育部公布的《普通教育暂行课程标准》，

[①] 钟启泉、崔允漷主编《为了中华民族的复兴 为了每位学生的发展（基础教育课程改革纲要解读）》，华东师范大学出版社2001年版，第6页。

随后沿用了约40年。中华人民共和国成立初期发布过小学各科和中学个别科目的课程标准（草案）。课程标准一般包括总纲和分科课程标准两部分。前者是对一定学段的课程进行总体设计的纲领性文件，规定课程目标、学科设置、教学时数、课外活动的要求和时数以及团体活动的时数等；后者具体规定各科教学目标、教材纲要、教学要点、教学时数和编订教材的基本要求等。1952年后，前者被称为"教学计划"，后者为"教学大纲"，一直沿用至20世纪末。21世纪的基础教育课程改革又提出"课程标准"，这期间，国家颁布了两次"课程标准"：2001年版基础教育课程标准和2011年版义务教育学科课程标准。

2001年，教育部颁发了《基础教育课程改革纲要（试行）》，同年7月，经过教育部300多个课程专家和一线教师的努力，17个学科，38种课程标准（实验稿）正式颁布。这也是中华人民共和国成立以来第一个国家课程标准。经过十年的实践探索，各学科课程标准得到中小学教师的广泛认同。同时，在课程标准执行过程中，也发现一些标准的内容、要求有待调整和完善。为贯彻落实《国家中长期教育改革和发展规划纲要（2010—2020年）》，适应新时期全面实施素质教育的要求，深化基础教育课程改革，提高教育质量，教育部组织专家对义务教育各学科课程标准进行了修订完善。经研究，决定正式印发义务教育语文等学科的19种课程标准（2011年版），并于2012年秋季开始执行。新修订的课程标准涵盖小学一年级到初中三年级的所有学科，包括语文、数学、物理、外语等主科和品德与社会、音乐、美术、体育等副科。其中，外语科目的课标还细化到英语、日语和俄语三种。21世纪基础教育"课程选择的文化"也体现在两个课程标准的主要特点和变化上（见表4-1）。

3. "课程选择的文化"在教材中的体现

在小学阶段，10个学科课程标准是统一的。从课程教材来看，10个学科对应着有115套教材（不含五四学制及上海市）。在初中阶段，15个学科课程标准是统一的。从课程教材来看，18个学科对应着有109套教材（不含五四学制、信息技术及上海市）。在高中阶段，目前中国新课程

表4-1　　21世纪基础教育课程标准的主要特点①②

	主要特点	主要特点在学科课程标准中的体现
2001年版基础教育课程标准	素质教育理念的落实。强调学生正确的价值观、人生观和世界观的培养	历史课程标准：收集过去的一些购物票证，如布票、粮票、油票、副食本等，感受市场经济给人们生活带来的巨大变化。 地理课程标准：认识世界气候的地区差异，初步学会分析影响气候的主要因素，认识气候与人类生产、生活的相互关系，形成保护大气环境的意识，养成收听、收看天气预报的习惯。 数学课程标准：通过统计家庭每天丢弃垃圾袋的数量，学生经历数据收集、处理、呈现的过程，体会塑料垃圾对人类生活可能产生的危害。 科学课程标准：知道科学技术既给人类与社会发展带来好处，也可能产生负面影响，乐于用学到的科学知识改善生活。 艺术课程标准：在唱歌、绘画制作的过程中，共同分享创作的乐趣和喜悦，体会怎样表达对祖国、对亲人的爱
	突破学科中心，精选终身发展必备的基础知识和基本技能	语文课程标准：加大语文阅读量和口语交际环节，重视培养语感，降低对语法、修辞、逻辑的要求。 数学课程标准：增加对日常生活和社会生活中图形与空间、统计与概率等现实问题的探究，降低对运算速度、证明技巧的训练。 地理课程标准：加强地理基础知识与人口、资源、环境的密切联系。 化学课程标准：加强化学与社会技术生活相联系的内容，降低化学计算（化学方程式配平、浓度计算等）的要求
	改变学习方式，强调学习的过程与方法	历史与社会课程标准：组织学生拟定调查提纲，对经历过"大跃进""文化大革命"的长辈进行访谈，并在课堂上交流、讨论，认识这段历史的原因及危害。 生物课程标准：组织学生收集生物园的相关资料，模拟召开"国际生物园"研讨会，结合本地实际讨论如何保护生物园。 艺术课程标准：分组调查一个民族不同地区的艺术，并将艺术形式与该地区的建筑、服饰、方言等联系起来，全班分享调查结果

---

① 朱慕菊主编：《走进新课程：与课程实施者对话》，北京师范大学出版社2002年版，第2页。
② 《义务教育学科课程标准（2011年版）解读》（http://www.eol.cn/zt/201202/xinkebiao/.2014.11.20）。

续表

	主要特点	主要特点在学科课程标准中的体现
2011年版义务教育课程标准	强化"德育为先"	(1) 各学科把落实科学发展观、社会主义核心价值体系作为修订的指导思想，结合学科内容进行了有机渗透。(2) 进一步突出了中华民族优秀文化传统教育。如语文课程专设了书法课；数学建议将《九章算术》列为教材内容；历史增加了传统戏剧等反映我国传统文化的内容。(3) 进一步增强了民族团结教育的针对性和时代性。根据我国多民族的基本国情，按照社会主义和谐社会的总体要求，在原有民族团结教育内容中更加突出了"民族交往、交流、交融"和"共同发展"的内涵。(4) 强化了法制教育的内容
	突出能力培养	(1) 进一步丰富了能力培养的基本内涵。如数学课程把传统的"双基"目标发展为"四基"，增加了"基本的数学思想和方法"和"基本的数学活动经验"的新要求，在强调发展学生分析和解决问题能力的基础上，增加了发现和提出问题能力的课程目标。(2) 进一步明确了能力培养的基本要求。如针对教师反映对"探究学习"指导有困难的问题，提炼了"探究学习"的基本步骤和一般方法，以加强对能力培养的指导。(3) 理科课程强化了实验要求。如物理明确列出了学生必做的 20 个实验，化学要求学生独立完成 8 个实验，以加强动手能力的培养
	体现时代特色，创新课程内容	(1) 充分反映了科技进步新成果。如物理增加了"了解我国载人航天事业或探月工程的新成就""知道核能等新能源的特点和可能带来的问题"等有关知识。(2) 把我国社会发展中出现的一些现实问题作为课程内容，引导学生进行科学判断。如化学把"食品中的乳化剂""婴儿奶粉中的蛋白质含量""硬水对日常生活的影响"等有关知识列入课程内容
	回归传统	对三到九年级的学生提出了毛笔书法的要求。其中规定，三到四年级的学生除了能用硬笔熟练书写正楷字，还要用毛笔临摹正楷字帖。五到六年级学生能用毛笔书写楷书，而七到九年级的学生，能够临摹名家书法，体会书法的审美价值

	主要特点	主要特点在学科课程标准中的体现
2011年版义务教育课程标准	培养创新：鼓励学生大胆质疑	地理课程标准：要求地理教学要重视培养学生的创新意识，激发学生的学习兴趣，培养学生独立思考的习惯，鼓励学生大胆质疑并提出自己的观点、看法，为学生自主学习营造宽松的学习环境。 数学课程标准：提出数学课程为了适应时代发展对人才培养的需要，要特别注重发展学生的应用意识和创新意识
	科学合理地安排课程容量和难度	(1) 大部分学科进一步精减了内容；(2) 有些学科降低了一些知识点的学习要求，如化学学科为例，把"了解结晶现象"改为"能举例说明结晶现象"等；(3) 有些学科对难度较大又不宜删除的内容，以"选学"的方式处理，既增加课程弹性，也控制了难度；(4) 还有些学科按照学生的认知特点，适当调整了不同学段的课程难度，如在数学学科标准中，就"统计"内容来看：第一学段最大的变化是鼓励学生运用自己的方式（包括文字、图画、表格等）呈现整理数据的结果，不要求学生学习"正规"的统计图（一格代表一个单位的条形统计图）以及平均数（这些内容放在了第二学段）。这种变化使梯度要求更加清晰，更好地体现循序渐进的原则

实验区使用的有17个学科的67套教材（不含上海市）①。2001年，教育部在《基础教育课程改革纲要（试行）》的通知中提出："教材内容的选择应符合课程标准的要求，体现学生身心发展特点，反映社会、政治、经济、科技的发展需求；教材内容的组织应多样、生动，有利于学生探究，并提出观察、实验、操作、调查、讨论的建议。"② 从十多年的教材建设来看，的确是以这一思想为方向的。

(二)"课程选择的文化"的组织和安排

2001年，教育部颁发了《义务教育课程设置实验方案》，提出：小学

---

① 杨宝山：《我国基础教育教材的建设：历程与建议》，《课程·教材·教法》2010年第11期。

② 《教育部关于印发〈基础教育课程改革纲要（试行）〉的通知》，教基〔2001〕17号。

阶段课程：小学低年级（一般为1—2年级）拟设品德与生活、语文、数学、体育、艺术（或音乐、美术）；小学中高年级（一般为3—5年级或3—6年级）拟设思想品德与社会、语文、数学、外语、科学（或物理、化学、生物）、体育、综合实践活动、艺术（或音乐、美术）。初中阶段设置分科与综合相结合的课程："分科型"的课程计划拟设思想品德、语文、数学、外语、历史与社会、地理、物理、化学、生物、体育、综合实践活动、美术、音乐；"综合型"的课程计划拟设思想品德、语文、数学、外语、社会、科学、体育、综合实践活动、艺术。

2003年教育部发布《普通高中课程方案（实验）》，普通高中课程由学习领域、科目、模块三个层次构成。(1) 学习领域。高中课程设置了语言与文学、数学、人文与社会、科学、技术、艺术、体育与健康和综合实践活动八个学习领域。(2) 科目。每一领域由课程价值相近的若干科目组成。八个学习领域共包括语文、数学、外语（英语、日语、俄语等）、思想政治、历史、地理、物理、化学、生物、艺术（或音乐、美术）、体育与健康、技术等12—13个科目。其中技术、艺术是新增设的科目，艺术与音乐、美术并行设置，供学校选择。鼓励有条件的学校开设两种或多种外语。(3) 模块。每一科目由若干模块组成。模块之间既相互独立，又反映学科内容的逻辑联系。而这三个层次的课程又由必修和选修两部分构成。特别需要指出的是：研究性学习活动是每个学生的必修课程，三年共计15学分。此外，学生每学年必须参加1周的社会实践，获得2学分。三年中学生必须参加不少于10个工作日的社区服务，获得2学分。学生每学年在每个学习领域都必须获得一定学分，三年中获得116个必修学分（包括研究性学习活动15学分，社区服务2学分，社会实践6学分），在选修Ⅱ中至少获得6学分，总学分达到144方可毕业[①]。

从21世纪整个基础教育课程设置来看，既有对原有课程结构的问题的改革，又体现了新时期基础教育教育所承担的新任务，新的课程方案体现了课程结构的综合性、均衡性和选择性。

---

① 《教育部关于印发〈普通高中课程方案（实验）〉和语文等十五个学科课程标准（实验）的通知》，教基〔2003〕6号。

第二节 21世纪以来基础教育的"课程主体文化"

一 教师课程观念的转变

21世纪的基础教育课程改革无论是在课程理念上，还是在课程改革的目标上都较以往有了新的突破和创新，尽管基础教育课程是以全国统一的课程方案和课程标准为指导的，但课程标准不再像教学大纲一样对教学内容、教师的教学模式和教学方法做统一的限定，而是为课程实施提供了广阔的空间。教师的课程观念发生了很大的变化，大部分教师已经认识到课程不只是静态的教学计划或教科书，还包括学生的学习活动和体验过程。学生不再是被动接受知识的容器，而是学习的主体，同时也是具有无限潜能的发展中的人。教师不再只是知识的传授者和课堂的管理者，而应该是学生学习的促进者和合作者。教学不再只是以教师为课堂的中心和主宰者的单向传递知识的过程，而应该是师生积极交往、互动和共同成长发展的过程。

二 教师和学生的主要活动和行为方式的改变

（一）教师和学生课堂行为和生活方式的变化

21世纪基础教育课程改革以来中小学课堂教学出现了很多师生互动和为学生积极参与课堂的现象，学习方式逐步走向多样化，教师创设合适的情境让学生参与、动手、积极探究。在这种悄然变化中，部分教师开始惊喜地发现学生的闪光点。新课程在一定程度上打破了传统教育教学中教师的权威地位，学生的主体意识被唤醒，师生之间、生生之间、学生与社会、生活之间的距离被拉近。

1. 学生是课堂活动的"主体"

课堂：历史——成语知识竞赛

全班同学分为甲、乙两队，以学过的历史知识为依据分别收集成语故事。每队推选数名同学，分别担任主持人、评分员和记分员。两队将所收集到的成语写在纸条上或制成历史图片交给主持人。

必答部分。先由甲队同学从主持人处抽出一张成语纸条，由主持人向全班宣读，乙队派人讲述该成语的历史典故；然后再由乙队派人抽取纸条，由甲队同学讲述，如此循环往复。评分员可根据回答人的综合表现，如讲述内容是否完整、准确，语言表达是否生动等进行打分。

抢答部分。由主持人宣读纸条上的成语或出示历史图片，两队用抢答器进行抢答，抢到方派同学讲述历史典故。抢答正确加分，抢答错误则扣分。

根据双方得分多少，评出优胜队。最后，由主持人进行总结。

2. 新课堂，不是教师在表演，而是学生在交流与合作

课堂：地理——中国的北方地区和南方地区

学习"中国的北方地区和南方地区"。教师首先把教材中的"北方地区"和"南方地区"内容作为一个专题教学。全班分为"北方"和"南方"两大组。学生在阅读教材、查阅资料、采访之后，自由选择扮演"北方人"或"南方人"。

教师提出辩题："生活在北方好还是生活在南方好"，两大组分别准备。每方有三种角色供学生选择：辩手，主要发言；策划、搜集和制作支持本方辩手的材料；南（或北）方人，表演反映本方区域特点的生活小品或歌舞以支持本方辩手的观点。组内通过自荐和推选分配角色。

（课前的准备由组内分工合作完成。准备工作包括：信息查询、市场调查、人物访问、广告制作等。然后，写出访问札记、广告词，绘制图画，准备节目。教师做好引导和资料支持工作）

在教室中展示反映北方和南方地理特点的图片，轮流播放具有南、北方特色的音乐。各方轮流发言，用讲解、表演等方法试图说服对方。

辩论结束后，鼓励有兴趣的同学撰写小论文。

3. 新课堂，不再过于注重知识的传递，而是注重学会学习

课堂：科学课——探究活动

去年夏初，我们这里流行鸡瘟，蛋鸡大量死亡。我家一窝鸡突然也有几只染上了鸡瘟。爸爸到兽医站买回20多元治鸡瘟的药，但给鸡喂后效果不佳，结果我家也死了10只鸡。爸爸妈妈担心一窝鸡都会染上鸡瘟，愁眉不展。

一天放学回家，我发现鸡群中有几只鸡特别有精神，一点儿也不打蔫。（提出问题）这引起了我极大的兴趣，暗下决心认真观察其中的究竟。

从这天起,每天放学一回家,我就寻找这几只鸡,并没有发现有什么异样的表现。只是这几只鸡经常远离鸡群,跑到邻家的菜地去觅食。我发现韭菜畦里的土松松的,并且有些小窝窝,仿佛鸡在那里钻过,而韭菜却高的高,矮的矮,参差不齐,有鸡啄过的痕迹。难道韭菜对预防和治疗鸡瘟有作用?(假设和预测)我抱着尝试的心理开始做试验。首先选两只病鸡作为试验对象,从菜园里割回一小把韭菜,把韭菜捣烂撮成豌豆般大小、鸡刚好能够吞下的丸,一天分早、中、晚3次定时定量(每次3丸)给两只病鸡喂药。(制订计划)开始几天,鸡的病状没有什么变化。第四天早上,我又给鸡喂药,发现鸡略微有了一些精神,好像有了食欲,我忙抓来一把小米,它们能啄上十几下,这坚定了我试验的信心。我按前3天的方法继续喂上3天,奇迹果然出现了,病鸡竟活泼起来了。为了进一步验证试验的准确程度,我把3只病鸡和3只无病鸡分别进行笼养试验,并做好了病鸡观察记录:(搜集整理信息)

时间	进药量	病状或特征
第一天	早、中、晚各3丸	病情依然,无食欲
第二天	同上	白屎中略带灰色,病情无明显改善
第三天	同上	偶尔走动,喝水,有时啄几下小米粒
第四、五天	同上	大部分时间走动,有食欲,准备的米粒全部吃完
第六天	同上	能自在走动,有时扑翅,食量增大,拎在手中能挣扎

我根据鸡的病情定量喂药,结果病鸡痊愈了。这说明韭菜确实能防治鸡瘟。(思考与结论)消息像长了翅膀似的,一传十,十传百,全村人都知晓了,乡亲们都按我的方法进行预防和治疗,效果也十分理想。(应用并进一步验证)

4. 新课堂,不再过于重视书本,而是注重联系学生生活

课堂:历史与社会——学习家庭理财

王老师正在组织学生列举并讨论家庭日常生活中的必要支出,如在食物、住房、日用品、医疗、文化和娱乐活动等方面的开支。

学生根据家庭生活的经验,讨论节省和积蓄钱财的方法和意义。模拟家庭生活。将学生分成若干小组。组成"家庭",做出一个月的家庭预

算计划。

全班评选最合理的家庭预算方案,并说明理由。

(教师运用各种方式使学生理解经济概念,引导学生懂得最经济的消费并不是少花钱,而是花最少的钱办最多的事)

(教师评价学生活动:学生是否积极参与讨论,发表自己的见解;是否能恰当使用价格、货币、利息、消费和预算等经济词汇;是否在活动中与同学合作,并制订出自己认为比较满意的预算计划)①

诸如此类案例在新课程推行的十多年间不胜枚举,可见,教师的课程教学理念在悄悄发生改变,课堂教学行为和学生的学习生活也在逐渐地发生变化。

21世纪之初,课程与教学论的研究者积极投身课堂教学变革研究,从而形成课堂教学研究的不同理论流派。比如,理论界的研究主要有:裴娣娜教授的"教育创新与学校课堂教学改革"研究,叶澜教授的"新基础教育实验与课堂教学的重构"研究,吴康宁教授的"课堂教学社会学"研究,崔允漷教授的"有效课堂教学"研究,郭元祥教授的"课堂教学生活"研究,王鉴教授的"课堂教学论与课堂志"研究,马云鹏教授的"优质学校课堂教学"研究等。实践界的探索主要有:以杜郎口、洋思中学等为代表的中小学的课堂教学变革研究,香港地区的聚焦课堂的"U-S"伙伴合作研究,等等。②

尽管课堂教学依然是21世纪基础教育学校主要的教学形式,但教师教学的理念、教师和学生的行为方式较以往发生了较大的变化,课堂不再是教师的"一言堂",有了学生的思考和声音,学生的合作和探究常见于课堂教学中。从上面的案例可以看出,教学延伸到了课堂之外,学生的学习与生活产生了联系,这对于学生兴趣的培养激发,主体意识的觉醒,学生动手能力和解决问题能力的培养无疑都有着积极的促进作用。

(二)地方课程实施中教师和学生的主要活动和行为方式

"地方课程概念的正式提出最早是在1992年颁发的《九年义务教育全日制小学、初级中学课程计划(试行)》中,第一次把课程分为'国家

---

① 傅道春:《新课程中课堂行为的变化》,首都师范大学出版社2003年版,第11—16页。
② 王鉴:《我国课堂教学研究的理论及其发展共势》,《中国教育科学》2014年第4期。

规定课程'和'地方安排课程'。'地方安排课程'就是地方课程的萌芽。"① 1996 年，国家教委基础教育司制订的《全日制普通高级中学课程计划（试验）》指出"普通高中课程由中央、地方、学校三级管理"，地方和学校被正式纳入课程管理主体的范畴。1999 年，全国教育工作会议发布《党中央国务院关于深化教育改革全面推进素质教育的决定》，提出"建立新的基础教育课程体系，试行国家课程、地方课程、学校课程"。2001 年，教育部的《基础教育课程改革纲要（试行）》明确规定"实行国家、地方、学校三级课程管理"，至此，地方课程和校本课程在整个基础教育课程体系中的地位得以明确。这一时期也开始了关于地方课程的相关研究，学者们从理论和实践两个层面对地方课程进行了富有建设性的、开拓性的探索和研究②。教育实践中的地方课程开发和实施也在这一时期广泛发展起来。

地方课程建设和开发秉持的基本原则是"面向本土、来自本土、服务本土"，各省市在地方课程开发中，充分挖掘和利用本地的教育资源，重视本省省情和本地地方文化教育（见表 4-2）。

表 4-2　　　　　　　　国内部分省份地方课程设置比较表③

	地方课程建设的指导思想	地方课程的门类设置
浙江省	"面向本土、来自本土、服务本土"，充分体现地方特色和课程内容的先进性	分"通用课程"和"专题课程"。"通用课程"中包括：浙江社会、经济、人文历史等。包括必修课和选修课两种形式

---

① 成尚荣：《地方课程管理和地方课程开发》，《教育研究》2004 年第 3 期。
② 曹石珠：《地方课程开发的理论探索与案例分析》，硕士学位论文，湖南师范大学，2005 年，第 3 页。
③ 王德如：《论课程文化自觉》，人民教育出版社 2007 年版，第 269 页。

续表

	地方课程建设的指导思想	地方课程的门类设置
山东省	依据山东省经济社会发展需要和本省自然环境、文化传统的特点和优势确定地方课程和学校课程的基本内容，使地方课程和学校课程的设置与山东省社会的发展相适应，为本省经发展和社会进步服务	设有民族文化领域的地方课程，其中特别重视齐鲁文化的内容
湖南省	重视突出地方课程中鲜明的地域性和本土性、针对性和实用性以及显著的个性化特征	人文精神类地方课程：湖湘文化课程 实践能力类地方课程：民间体育课程
辽宁省	开设省情教育的主要目的是为了培养学生爱家乡、爱辽宁、爱祖国的情感，是弘扬和培育民族精神的重要载体；开设专题教育的主要目的是弥补国家课程内容之不足，培养学生适应现代社会生活的能力	省情教育地方课程：《辽宁自然与地理》《辽宁海洋资源》《辽宁历史与人物》《辽宁工业与经济》《辽宁体育与艺术》《辽宁民族》 专题教育地方课程：《国防教育》《法制教育》《人口与环境教育》《科技教育》《健康教育》《安全教育》《民族常识》《国际理解教育》《现代农业科技》

尽管地方课程提出已有一些时间，21世纪的基础教育课程也强调了地方课程的明确地位，这一切都为地方课程的建设和开发提供了必要的条件，部分地区的地方课程的实施也取得了一些成绩，但总体来看，地方课程在我国起步较晚，目前依然处于探索阶段。地方课程没有固定的实施模式和现成的经验，赋予了教师较大的自主性和灵活性，主要体现在地方课程课时、教学时数、实施时间和实施形式的灵活调整和安排上。正因为如此，地方课程超越了学科课程的逻辑体系，呈现出与课外活动和社会实践活动紧密联系的特征。在地方课程实施中，学生的学习方式多表现为实践中的操作、探究、体验，让他们深入了解家乡文化、理解本土知识，培养他们对家乡、本土和祖国的热爱之情，激发他们服务家乡、建设家乡的责任感和使命感。

(三) 校本课程实施中教师和学生的主要活动和行为方式

"世界范围的校本课程开发兴起于 20 世纪 70 年代,并为许多国家所实践。中国的校本课程开发伴随新一轮基础教育课程改革而兴起,起步相对较晚。中国的校本课程开发大致经历了三个时期:教学意义上的课程建设活动,自从 20 世纪初创办新学校起,主要表现为'第二课堂''第二渠道''校外课外活动'等;校本课程开发实践模式的探索期,主要是 90 年代后,是在西方校本课程开发的概念影响下,少数学校进行了规范的、以学校为基地的课程整合实践活动;作为国家政策的校本课程开发。"[①] 从中国校本课程建设和开发的实践来看,对"校本课程开发"含义的理解有两种:"校本的课程开发"和"校本课程的开发"。"校本的课程开发"可以理解为"以校为本"的国家课程的改编、整合以及补充等活动;"校本课程的开发"主要是学校针对自身的特点和条件开发"校本课程"的活动,是较为独立意义上的课程创新。

在校本课程实践中,两种类型的校本课程开发活动往往交织在一起。如,"南京师范大学附属中学开展的'高中必修课分层教学'的研究与实验,既有对国家课程的选择、改编、整合与补充,又有独立意义上的课程创新活动"[②];"江苏锡山高级中学以其原有的'活动课 + 选修课'为基础,通过明晰教育哲学,调查与评估学生需要和学校课程资源,开发了有自己特色的校本课程;深圳市宝安中学在坚持'和谐发展,学会生存'的办学理念的基础上,通过对学生进行问卷调查和对课程资源的情景分析,开发了'学会生存'的校本课程。教师是校本课程开发的主体,但理想的校本课程开发应当是教师、学生、家长、校外专家以及社区人士共同参与的过程。一项针对四川、重庆、云南和贵州的调查表明,在校本课程开发参与人员这一问题上,有 93.9% 的人回答有教师;84.3% 的人表示有学校领导;39.2% 的人回答有专家学者;36.6% 的人指出有家长和社区人士。"[③] 然而,在实践中,校本课程开发的主体依然是学校

[①] 崔允漷、夏雪梅:《校本课程开发在中国》,《北京大学教育评论》2004 年第 3 期。

[②] 南京师范大学附属中学:《"高中必修课分层教学"的研究与实验》,《江苏教育》2001 年第 11—12 期。

[③] 范蔚、郭寿良:《川、渝、云、贵中小学校本课程开发现状的调查报告》,《西南大学学报》(社会科学版) 2008 年第 1 期。

教师、专家、家长及社区人士的参与度尚有待提高。"来自上海市的一份调研报告显示,教师是校本课程开发的绝对主体,占65.5%以上。"①

长期以来,教师的主要活动是课堂教学,这种课堂教学活动往往是"自给自足"的,与其他教师的课堂教学活动互不相关,形成了教师的习惯化了的活动方式,使他们缺乏合作的愿望,也不愿和他人分享实践智慧。因此,有效的校本课程开发需要教师改变已经习惯了的生活方式,需要发挥他们的主动性和创造性,基于学习者的兴趣、爱好、需要和特点,与课程专家、家长、社区有关人员共同制作课程方案、共同设计课程和评估课程实施活动等。

（四）综合实践活动课程实施中教师和学生的主要活动和行为方式

综合实践活动课程是2001年全国基础教育课程改革中诞生的一门国家级必修课程。它综合程度高,有着独特价值。作为新兴的课程,它超越了严密的知识体系和技能体系的学科界限,具有综合性、实践性、开放性、生成性等多重特质,但是,国家至今尚未出台综合实践活动课程的课程标准、评价标准。因此,综合实践活动课程是新课程的亮点,也是难点。《普通高中"综合实践活动实施指南"（试行）》明确指出:"设置综合实践活动的目的在于改变学生单纯地以接受教师传授知识为主的学习方式,为学生构造开放的学习环境,提供多渠道获取知识,并将学到的知识加以综合应用于实践的机会,促进他们形成积极的学习态度和良好的策略,培养创新精神和实践能力。"可见,综合实践活动课程的开发和实施体现了教师和学生的活动和行为方式的根本转变。教师在综合实践活动中的作用主要是指引导学生设计活动；适时帮助学生解决问题,促进活动的深入开展；做好活动思维方式、学生心理素质的引导,关注学生的主体意识；指导学生做好综合实践活动成果收集、交流与评价等。学生的学习方式的转变,主要指在课程实施中,社会调查与访问、信息收集与处理、实验研究与观察、技术设计与制作,社会参与与服务等多种开放的、体验性、实践性的学习方式的贯彻②。

---

① 申丽娜:《上海市中学生命科学校本课程开发的调查研究》,《上海教育科研》2007年第6期。
② 郭元祥:《综合实践活动课程的回顾与前瞻》,《基础教育课程》2010年第5期。

总之，21世纪基础教育课程改革实践的十多年来，教师和学生观念发生了根本转变，课堂教学中的教师教学方式和学生学习方式也发生了较大变化。教师和学生的主要活动和行为方式除了课堂教学之外，还表现在地方课程、校本课程和综合实践活动课程的开发和实施过程中。21世纪以来基础教育的课程主体文化关注人的主体性存在，凸显了教师和学生的主体意义和价值，创生了新的课程文化。

第三节 21世纪以来基础教育课程文化的特点

一 课程文化选择的多元性和价值取向转型

（一）课程文化选择的多元性

1. 对中国基础教育课程优良传统文化的继承

21世纪基础教育的任务和培养目标体现了鲜明的时代要求和国家整体教育方针的精神，基础教育课程改革的课程教学理念和具体目标体现了对基础教育课程的全方位的、深刻的变革。现行课程体系的诸多问题和弊端也是必须要改的，但不能过分贬低现行课程，如部分观点认为现行课程只是"非人性的加工厂"，教师在课堂上讲授的是"向学生舞动的美丽肥皂泡"，认为广大教育工作者的已有课程观、教学观没有任何科学性可言。甚至把本次课程改革描述成教育领域的一次"革命""启蒙运动"等。这些过激的、夸张性的言语让我们联想到了中华人民共和国成立以来中国教育史上的两次"教育革命"：1958年的"教育大革命"和1966年的"文化大革命"，其共同特征在于对当时教育的根本否定，历史证明，两次"教育革命"都给中国整个教育事业带来了灾难性的后果。因此，新时期的基础教育课程改革必须重视对中国基础教育课程优良传统的继承。事实上，广大教育理论工作者和一线教师在长期的教育教学实践和实验中积累了大量的宝贵经验，如教学过程和科学研究过程结合的理论、发展性教学理论、学生主体理论的提出和发展；智力的开发、非智力因素的培养、个性发展等要求的先后提出；地方（乡土）课程、活动课程、选修课程、社会劳动实践课程，以及情境教学、愉快教育、发现学习、主体性教育的提出和实验等，在现行课程和教学体系中都已经逐步占有了一定地位①。21世纪基础教育课程改革的"知识与技能、过程与方法、情感态度和价值观三维目标""国家、地方、学校三级课程管理""综合实践活动课程""探究学习、合作学习、小组学习的学习方式"等方面的提出无不彰显着对中国基础教育课程传统文化的继承和发展。

2. 基础教育课程文化的西方化倾向

21世纪基础教育课程改革适应时代发展的需要，针对现有课程体系的问题和弊端，同时专家学者们对世界主要国家的中小学课程进行了大量的比较研究。基础教育课程文化在选择的过程中对外来文化的吸收和借鉴是必要的，但如何解决外来文化与中国国情之间的关系，也是必须予以解决的。有学者指出新一轮课程改革存在着参照系的"唯西方化"倾向。"主要表现在三个方面：一是以国际化、全球化趋势及其观念来定位中国的课程改革实践。二是西方发达国家的实践和陈述方式来诠释有中国特色的课程改革举措与内容。一方面是'文本''对话''校本''社区'等外来术语的运用；另一方面，在论述课程改革的目标和背景、课程结构、教学、教材、评价、管理等一系列举措上，都是基于对英、法、美、德、日等发达国家课程改革经验进行阐述分析的。三是以与西方发达国家差距较小的个别城市、都市的水平和需求一统地域、人文差异较大的全国性教育需求。"② 具体表现为本次课程改革的城市中心取向，"从中国新颁布的课程标准来看，在目标要求、内容标准，还是教学建设、课程资源的利用与建议等方面，都体现出重城市、轻农村的特点。以《全日制义务教育语文课程标准（实验稿）》为例，该标准在'课程目标'的'阶段目标'中要求'第一学段'（1—2年级）学生在'口语交际'上要'看音像作品，能复述大意和精彩情节（第三条）'。《全日制义务教育音乐课程标准（实验稿）》在'内容标准'中规定：在'感受与鉴赏'领域1—2年级学生能听辨打击乐器的音色，能用打击乐器奏

---

① 刘硕：《关于基础教育课程改革的几点思考》，《北京师范大学学报》（社会科学版）2003年第1期。

② 容中逵、刘要悟：《民族化、本土化还是国际化、全球化——论当前我国基础教育课程改革参照系的问题》，《比较教育研究》2005年第7期。

出强弱、长短不同的音'。《全日制义务教育物理课程标准（实验稿）》在'课程资源的开发与利用建议'中，则要求学校在多媒体教学资源方面'要收集学生难以见到的、有重要物理意义的、展示科学技术发展的实况录像，如航天发射、大型船闸、蒙古包外的风力发电机、小山村的水磨、激光手术等。'"[①] 可见，基础教育课程目标、课程内容和课程资源的开发和建议，都体现了明显的城市化倾向，没有考虑广大农村学校和儿童的因素。对农村人口占据大多数的中国而言，基础教育课程改革必须正视农村这一广大区域和农民这一弱势群体。

上述各方面体现了基础教育课程文化的西方化倾向，但就此判定此次课程改革"唯西方化"，又失之准确。首先，新时期基础教育课程改革的"唯西方化"主要体现在部分专家的研究中。主要体现在大量翻译国外课程理论著作，引进原版的影印书；在理论研究中，西方课程专家的观点成为佐证诸多学者观点的必然材料；对与建构主义、后现代主义等思想关联内容的过分关注和无限放大。其次，基础教育课程文化的西方化倾向并没有真正地进入我国的基础教育课程实践。尽管在舆论宣传时大力宣扬文本、对话、有效教学、多元智力、学习方式、教学观念等典型的西方话语方式；在教师培训时，培训的"专家"们对新课程理论的传播，致使许多教研员经常运用"互动""体验""小组合作"等词对课堂进行评价，公开课上教师对"互动""探究""小组合作"的"充分"展示，但大部分教师并没有真正理解这些术语的目的和意义，使这些行为流于形式[②]。而在中小学校课堂常态中，新课程的理念并没有深入人心，相当一部分教师仍然使用传统的教学方式，特别在课程改革没有受到真正重视的中学尤其是高中的教学中，陈旧的教学方式运用尤为突出。

可以说，基础教育课程文化的西方化倾向主要体现在理论层面的阐释、解读和研究上以及部分课改深入的学校课堂上，大部分教师特别是高中阶段的课堂依然是传统教学理念和教学方法的真正实行。这并不能让我们因为解除了"唯西方化"的嫌疑坚持了传统文化而备感欣慰，而

---

① 彭泽平：《我国新一轮基础教育课程改革的问题检视》，《教学与管理》2005年第11期。
② 刘家访：《课程改革"唯西方化"倾向质疑——兼论我国课程改革十年的问题》，《教育理论与实践》2011年第1期。

是让我们理性审视新时期基础教育课程文化对传统文化和外来文化的选择问题,也让我们看到了深入实践层面的全面的改革困难重重。

3. 基础教育课程文化对地方文化、时代文化的吸收

从基础教育课程文化的发展和变革来看,课程文化具有语境性特征,在过程和时间上表现为历时性和共时性。首先,基础教育课程文化的历时性差异主要表现在不同的历史时期,课程文化的选择具有不同的关注点,新时期的基础教育课程面临科学技术的迅猛发展和知识经济的挑战,基础教育课程文化也要反映新时期我国社会经济发展的新进展。这一点在2011年版的义务教育课程标准的特点中已有详细论述。其次,基础教育课程文化的共时性主要表现为地方性差异,指同时代的课程文化在不同的国家和地区具有不同的表现形式和特征。这里侧重讨论新时期中国基础教育课程文化在不同地区的不同特点,我国是个农业大国、人口大国,也是个多民族国家。因为地域、经济、文化条件的不同,教育发展水平存在很大差异。不同地区的地方文化也会直接影响到该地区基础教育的发展和学生的成长和发展,因此,新时期基础教育课程在课程管理上提出国家、地方、学校三级管理体制,并把地方课程、校本课程和综合实践活动课程都正式列入课程计划,并占有一定比例。

总之,在全球化为主导趋势的当今世界,文化发展在社会发展、人的发展和教育发展中的地位日渐突出,基础教育课程的文化选择面临多元挑战。处理好各种文化之间的关系在今天就显得尤其重要,基础教育课程对传统文化、外来文化、时代文化、地方文化等方面的合理选择,会直接影响到学生的发展和完善。虽说新时期基础教育课程文化已呈现出选择的多元性,但也存在文化选择上的不足和问题。第一,重视对中国基础教育课程优良传统的继承性,但对我国优秀的传统文化继承不足。第二,对外国课程理论的过分推崇和"囫囵吞枣"式的吸收和借鉴。第三,地方课程的非常态化。第四,对大众文化的忽视。当今社会是一个经济和信息全球化的时代,大众文化作为一种新兴的社会文化,随着大众传媒和网络技术的普及,大众文化显示出强劲的发展势头,又因为大众文化的世俗性、通俗性、娱乐性、民主性等特点,贴近学生的生活,深受广大师生的喜爱。因此正视大众文化充斥校园文化的现象,正视大众文化对学生和教育的影响,正视学生时时处于大众文化的包围当中。

这种种现象都对传统的课程文化选择提出新的课题①。但大众文化又因为它的世俗性、消费性和无深度，在西方课程实践中，从一开始多被批判，新时期的基础教育课程文化对大众文化的忽视，是不是真的能实现课程与生活世界的联系，如果要让大众文化进入课程，我们又该如何选择。

（二）基础教育课程文化选择的价值取向从社会取向转向个人取向

"为了中华民族的复兴，为了每位学生的发展"是新世纪基础教育课程改革的根本理念，在基础教育课程体系的整体构架中凸显"为了每位学生发展"的基本价值取向。为了实现每一位学生全面的、整体的发展，要求基础教育课程文化在选择的过程中，让学生掌握知识的同时学会学习和养成情感态度价值观；重视学生的直接经验；重视培养学生的人文素养；注重学生的个性完善。

1. 基础教育课程文化选择，注重能力的培养

第一，在课程目标和功能上强调能力的培养。《纲要》指出新课程"要使获得基础知识与基本技能的过程同时成为学会学习和形成正确价值观的过程"，各门学科的课程标准（实验稿）对本门课程提出知识与技能、过程与方法、情感态度价值观的"三维目标"。针对学生的创新精神和实践能力比较薄弱，2011年版的义务教育课程标准从丰富能力培养的基本内涵、明确能力培养的基本要求和加强理科课程的实验等几个方面强调能力的培养。第二，对"双基"的新理解和新发展。长期以来，中国基础教育课程重视和强调"双基"，为学生的继续学习和从事社会工作打下坚实基础，这是中国基础教育的一大特色，又是保证基础教育质量的有力支撑。随着时代要求的变化和知识发展的特点，学校课程的"基础"在不断发展变化，现代社会对公民和人才的素质提出了培养学生基本能力和养成未来公民基本观念和态度的新要求。"基础教育课程的'基础'也由'双基'发展为'三基'（即基本知识、基本技能和基本能力）和'四基'（即基本知识、基本技能、基本能力和基本态度）。"② 第三，课程结构中综合课程的设置，特别是综合实践活动课程作为国家必修课

---

① 喻春兰：《大众文化的课程价值研究》，广东教育出版社2009年版，第9页。
② 李涛：《新中国历次课程改革中的"双基"理论与实践探索》，《课程·教材·教法》2009年第12期。

在小学至高中的开设，目的就是使学生的自主探究的能力、认识问题和解决问题的能力、创新能力得到培养和提升。

2. 基础教育课程文化选择，注重与生活世界的联系

"长期以来，中国基础教育课程改革的主导价值观受到'唯科学主义'的支配，'科学世界'成为课程内容选择的最重要尺度，中国基础教育课程内容取舍也以课程内容的科学化、理性化、体系化、形式化为中心目标，构建了一个受科学世界所支配的、以纯理性为旨趣的基础教育课程知识体系。这种课程知识体系以客观真理的面目呈现各学科的基础知识，使课程内容成为远离了学生生活的一个专门领域。"[1] 针对以往基础教育课程文化对生活世界的忽视，新时期的课程文化从课程内容、课程结构、课程资源开发等几方面加强与生活世界的联系。第一，在课程内容上，改变已有基础教育课程内容的"难、繁、偏、旧"，加强课程内容与学生生活、现代社会以及科技发展的联系，重视了学生的学习兴趣和经验基础。第二，在课程结构上，小学和初中开设综合课程，突破了学科界限，体现了各类知识之间内在的关联性。小学至高中设置了"综合实践活动"课程，使学生的学习与自己的生活经验、社会生活相联系，赋予课程以生活的意义和生命的价值，体现新课程对生活世界的观照。第三，在课程资源开发上，校内外的各种课程资源被广泛应用和开发，使自然界和社会生活成为学生发展的源泉。基础教育课程文化观照生活世界，从本质上体现了对生活世界中"人"的关注，为"人"的全面、个性的发展奠定了坚实的基础。

3. 基础教育课程文化选择，注重学生人文素养的培养

新课程试图改变以往课程对人文意义的忽视和狭隘理解，强调人文素养在人发展中的价值，注重学生人文素养的培养。在课程目标上，"三维目标"中情感态度价值观的提出，是对学生完美人格培养和追求的体现。在课程结构中，在义务教育阶段开设品德与生活、品德与社会、历史与社会等人文社科类综合课程，并开设艺术，或者音乐、美术等艺术类课程。在高中阶段的选修课中，根据当地社会发展的需要和学生的兴

---

[1] 彭泽平：《我国新课程改革的价值转型及其知识论与人学根源》，《华东师范大学学报》（教育科学版）2005年第6期。

趣，开设供学生选择的若干选修模块。这些课程的开设都有利于学生人文素养的培养。具体到某些学科的课程标准，突出人文性。如 2011 年版语文课程标准中提出：语文教学的目标侧重对语言文字的运用，培养学生对祖国语言文字初步交流沟通能力，并且通过吸收古今中外的优秀文化，提高学生的思想文化修养促进学生的精神成长。

新时期基础教育课程选择的价值取向侧重个人取向，并关注学生知识的掌握、能力的培养，重视学生的直接经验和人文的素养的培养，整体来看关注学生全面的、整体的发展。但也存在一些问题，一方面，学生的个性以及人的民主品格的培养没有引起足够的注意。《纲要》中基础教育的培养目标主要是从国家和社会的政治认同、经济发展、科技进步的角度来提出培养人的素质结构，没有体现人的个性和人格独立性品质培养的要求，说明我们的课程改革追求的不是人本身的发展而依然是一种社会化的、模式化的、单一化的理想人格。此外，基础教育并不直接为社会培养人才，而是为具有民主品格、民主素质的合格公民奠定基础，新课程培养目标对学生的民主品格的培养关注不够。另一方面，不够重视人的理性反思、批判能力的培养。我国基础教育课程改革的三维目标：知识与技能、过程与方法、情感态度与价值观，既体现了对学生主体意识的培养，也强调了学生自主性、合作探究能力和创新能力的培养，但对学生批判意识和能力的培养仍然关注不够，不符合当今社会对有主体意识和批判反思能力人才的时代需求。

二 课程主体文化突显对"人"的关注，但每位学生的全面的、整体的发展依然困难重重

长期以来，由于基础教育课程文化选择的社会价值取向，对"人"关注不够，甚至忽视"人"的存在。从基础教育课程的任务和培养目标，到教学计划、教学大纲、教科书都由国家统一规划和编制，尽管改革开放之后，情况稍有改观，开始关注到课程中"人"的存在，但没有从根本上改变这种统一的、僵化的基础教育课程体系。因此，21 世纪之前的基础教育课程主体文化主要是对课程选择的文化的一种忠实的执行，鲜有超越和创新。21 世纪基础教育课程文化发生根本变革，体现在课程理念的根本转变；价值取向由社会取向转向个人取向；教学大纲变为课程

标准，给课程实施留出了空间；教材多样化等各个层面。特别是综合课程、综合实践活动课程，以及地方课程、校本课程正式进入学校课程，并开展实践，使得新时期的课程主体文化较之前丰富了很多，课程主体意义凸显。

（一）凸显对"人"的关注

新时期的基础教育课程文化从理念、培养目标，到课程标准和教材建设都发生了较大的转变，作为课程主体的教师和学生也由过去对国家统一的、僵化的课程体系的被动授受，被赋予了自主的权利，角色和行为也发生了较大的变化。

1. 教师角色和教学行为的转变

（1）由知识的传授者变为促进者。改变"一言堂"的传统讲授为引导学生自主探究，创设丰富多彩的教学环境、教学活动，激发学生的学习动机，培养学生的学习兴趣，引导学生主动探究，自主学习，让学生成为学习的主人。

（2）由教书匠变研究者。教师认识到了教学的动态生成性，教材既有静态的教科书，还是来自生活世界的现实素材以及来自人的"活"教材。在这些动态的活的课程资源的开发过程中，不断探索和创新。不断地反思和研究日常教学过程中出现的问题和学生发展中的问题，认真分析原因，寻找解决的途径，这就是一线教师的研究。

（3）由课程的执行者变为开发者。新课程不仅限于国家课程，即使国家课程在实施过程中也有较大的弹性和广阔的空间。还有适应不同地区、不同学校和不同学生的发展，在课程结构中占15%—20%的地方课程和校本课程。小学到高中都开设综合实践活动课程，并作为国家必修课占课程比例的6%—8%，没有课程标准，没有教材，也没有专业教师。如果说地方课程是从地方层面上去开发和建设的话，校本课程和综合实践活动课程的建设者和开发者主要是一线教师。

2. 学生学习方式的改变

自主、合作、探究的学习方式是新课程所提倡的。在课程实践中教师的教学理念和教学行为、学生的学习方式都发生了变化。学生开始了对知识的思考和探究行动，如小组学习中，小组成员通过合作和讨论，积极主动地学习，综合实践活动课程中，学生在老师的引导下，发现问题，然后通过自身的体验和探究，寻找解决问题的办法等。新课程实施十多年来，我们看到了作为课程主体的教师和学生发生的可喜变化，新课程在小学阶段的实施效果明显优于初中和高中。在"互动""探究"的教学和学习中，激发了教师和学生的兴趣，调动了他们的主动性和积极性，作为"人"的主体意义得以突显，创新精神和创造能力得到培养。在对课程已选择文化继承的基础上，创造新的课程文化。

（二）每位学生的发展在实践中依然难以实现

在惊叹新课程改革所取得巨大成就的同时，我们必须正视课程实践中所存在问题与不足，理性地看待新时期的基础教育课程。

1. "三维目标"在实践中操作困难

新课程提出知识和技能、过程与方法、情感态度价值观的三维目标，在中小学中得到普遍认同和实践。但在实践中存在理想化和片面解读的现象。很多教师反映："说实话，我们不懂三维目标，你们要检查，只好应付。""我们区别不了'过程'与'方法'，'情感''态度'与'价值观'，不得已而为之"①。之所以有这样的认识，大部分教师认为原因在于"模糊""笼统""太宏观"，尤其是对情感、态度、价值观这三维目标的理解，很难在具体的课堂教学中去实施。同时，学界一再强调三维目标的一致性和不可分割性，在具体的课堂教学中是不是等值的，能不能有轻重之分。如何设置高中数学"集合"的情感目标？过分强调三维目标的一致性，是否可能对教师"画地为牢"？

2. 新课程对学生的主体地位的过分强调，可能造成单一的教学主体结构

新课程批判现行课程与教学中忽视学生主动性的发挥，强调学生在学习中的主体地位的确立，改变传统教学中学生的被动、他主状态，的确激发了学生的学习积极性，也在一定程度上培养了学生的独立性和自主性。这是非常正确的，但有人提出教师主导作用的说法已经过时，教师是促进者甚至辅助者的角色，教师对学生学的规范势必造成对学生的束缚甚至会扼杀学生的自主性。如果取消了教师的主导作用，学生能否自主学习？在课堂教学过程中，促进者或辅助者的角色如何把握？过分

---

① 张悦群：《三维目标尴尬处境的归因探析》，《江苏教育研究》2009年第1期。

强调学生的主体地位，是否真有助于学生的独立性和自主性的培养？

3. 地方课程、校本课程和综合实施活动课程形同虚设

地方课程和校本课程在新时期的基础教育课程改革中正式列入课程计划，并占到15%—20%的比例。综合实践活动课程更是新课程的一大亮点，在一些省市中小学校的确也取得了丰硕的成绩，但在一些经济落后地区和学校，地方课程和校本课程只停留在教材的开发上。综合实践活动课程只停留在课表上，成了各门"主课"的争夺地，在部分高中学校，教师们很少提及。

4. 教学过程形式化严重

在教学活动方式上，严厉批判讲解、传授、示范等主导性教学方式，缺乏实质意义的对话活动十分常见，教学过程形式化严重。一是"泛问题化"。课堂充斥了大量思维含量太低的问题，看似涉及了教材的知识点，师生也在积极互动，但学生的思维能力没有任何实质性的提升。笔者听了一节初中语文课，45分钟时间，教师提了26个问题，其中在书中就能找到答案的同一个问题提问了3—4个同学。二是去"学科化"。某一地区搞"高效课堂"，高一和初一所有学科采用一模一样的教学方法，每个班级有班名，班级座右铭，班级成长目标，班歌。每个班级都分成固定的6—7个小组，每个小组又有小组名、小组成长目标，张贴在教室内墙上。课前教师把"导学案"发给学生预习，教学过程中教师讲的时间不超过10分钟，评的时间不超过10分钟，每节课针对课程内容都要进行小组讨论、自学、小组抢答、小组评分等环节。这样的标准是否适合所有的学科的所有内容？三是"舞台化"。有的教师把课堂当作了"舞台"，把教学当作了"表演"。如语文课上，对所有题材的内容都组织学生分组讨论，比赛朗读课文，很少涉及语文课程重要的语言学习。很多学生不会写课文的生字生词，不会解释最基本的词语。类似的情况也出现在政治、历史等学科的课堂教学中[①]。

5. 以"分数"评价学生依然盛行

改革课程评价的甄别和选拔功能，"发展性评价""过程性评价"

[①] 武卫华：《新课改最大的误区——课堂教学的形式化》，《新课程》（中学版）2008年第1期。

"质性评价"是新课程所提倡的,旨在关注学生学习的体验过程。但因为评价制度没有根本性的改革,在基础教育实践中以"分数"评价学生现象屡见不鲜,之前在高三阶段的"月考",现在进入了基础教育的各个阶段。甚至于某些地区的学前班,都是一周做一份卷子,一个月考试一次。某小学一年级重点班根据第一学期中期考试成绩,把学生分为上、中、下三个等级,并在家长会上告知家长协助教育。在初、高中按考试成绩排座位的现象更是司空见惯。

第四节　21世纪以来基础教育课程文化的价值追求及其实现

21世纪基础教育课程文化选择的价值取向由社会取向开始转向个人取向,基础教育课程文化的价值追求也以社会价值追求为主导而转向以内在价值追求为主导,关注课程中"人"的存在、完善和发展。由于对"人"的关注和重视,21世纪的课程也由长期以来的"工具性存在"回归其主体性品质。"为了每位学生的发展"体现在21世纪课程选择的文化的各个层面,然而在课程主体文化层面,由于各种主客观因素,致使基础教育课程文化的内在价值追求和社会价值追求的很难真正实现。

一　促进社会现代化建设的社会价值追求及其实现

基础教育是每一个人一生发展的基础,也是提高民族素质的基础,具有全民性和基础性。2001年5月颁布的《国务院关于基础教育改革与发展的决定》明确指出:"基础教育是科教兴国战略的奠基工程,对提高中华民族素质、培养各级各类人才,促进社会主义现代化建设具有全局性、基础性和先导性的作用。"①

(一) 基础教育的培养目标侧重国家和社会的发展需要

2001年,教育部发布的《基础教育课程改革纲要(试行)》对中国新一轮基础教育课程改革的培养目标做了明确规定:"新课程的培养目标应体现时代要求。要使学生具有爱国主义、集体主义精神,热爱社会主

---

① 《国务院关于基础教育改革与发展的决定》,《人民日报》2001年6月15日第1版。

义，继承和发扬中华民族的优秀传统和革命传统；具有社会主义民主法制意识，遵守国家法律和社会公德；逐步形成正确的世界观、人生观、价值观；具有社会责任感，努力为人民服务；具有初步的创新精神、实践能力、科学和人文素养以及环境意识；具有适应终身学习的基础知识、基本技能和方法；具有健壮的体魄和良好的心理素质，养成健康的审美情趣和生活方式，成为有理想、有道德、有文化、有纪律的一代新人。"从《纲要》对学生的素质目标的规划来看，比以往在培养目标上笼统地提"全面发展"要丰富和具体，具有一定的现实针对性，"但新课程的培养目标仍主要是从国家所需要的政治认同、经济发展、科技进步的角度来提出培养人的素质结构。此外，从课程文化社会价值取向来看，新课程的培养目标缺乏可操作性。在新课程培养目标的规定中，对社会经济发展、科技进步的高度关注，而较少注意中国当前政治体制改革逐渐深化和民主政治建设的推进的新需要，目标表述中的'遵守国家法律和社会公德'难以准确表达社会政治改革与政治文明进步对中小学生民主品格和公民素质的要求，难以促进民主公民的培养和整个社会政治文明的建设与进步。在素质要求的水平上，《纲要》对学生政治品格、个人德行、工作能力等方面都存在'高标准'的取向，体现不出基础教育阶段人才培养目标的具体差异，这种过高的、具有精英色彩的培养目标也很难真正指导日常的基础教育实践，最终可能流于形式或空谈。"①

（二）基础教育课程文化的适应功能不断弱化

基础教育课程文化的适应功能体现在它与社会环境的主动性协调，是基础教育课程文化对社会在基础教育课程领域的现实要求的"顺应"和"极性改造"。目前，基础教育课程文化的适应功能出现弱化，不能真正促进社会的良性运行和个体自身的健康发展。"整个社会被嵌入一个以人与人之间的激烈竞争为最显著特征的市场之内，教育迅速地从旨在使每一个人的内在禀赋在一套核心价值观的指引下得到充分发展的过程蜕变为一个旨在赋予每一个人最适合于社会竞争的外在特征的过程。"② 基础教育所培养的人更适应社会发展的功利性需要，主要表现为中小学生

---

① 彭泽平：《我国新一轮基础教育课程改革的问题检视》，《教学与管理》2005年第11期。
② 汪丁丁：《教育的问题》，《读书》2007年第11期。

"技能"的多方面发展，如学科解题技能较强，大部分学生拥有弹唱、表演技能等。基础教育课程文化中成长的"人"缺乏作为"人"的基本素养，如人文素养的普遍缺失，身体素质较差，心理问题增多，审美标准缺乏，独立生活能力较差，道德素养低下，创新精神和实践能力不足等。伴随着九年义务教育的普及和高等教育走向大众化，中国基础教育课程文化氛围中培养的人与社会对劳动者基本素养的需求，与高等学校对入学者应有素质的要求之间存在巨大差距。

二 为了每位学生的发展的内在价值追求及其实现

（一）基础教育课程文化的内在价值追求是为了每一位学生的发展

1. 为学生的个性化发展提供广阔空间

中华人民共和国成立以来基础教育课程的"教学大纲"，统一、硬性地规定了各学科的教学目标、教学内容要点、教学时数、教学方法，提出了学生必须达到的最高标准，不利于所有学生的发展。新时期课程改革把"教学大纲"改为"课程标准"，规定了学生学习结果的最低的、基本的要求，为不同学生发展需要预留了充分的弹性空间。国家、地方和学校三级课程管理制度的改革为学生个性化发展提供条件。弹性化的课程结构设计，适应了不同地区、学校和学生的不同发展需求。个性化、多元化的课程评价设计，关注了学生的差异性和发展的不同需求。

2. 注重学生全面性和整体性的发展

从培养目标上看，21世纪基础教育课程文化既强调学生必需的基础知识、技能的掌握和学习能力的发展，又强调了正确价值观的形成，包含了对学生身体、认知、生活、审美等全方面的素质和对学生精神世界关注以及健全人格完善的要求。从人的素质结构看，涵盖了人与自然、人与社会、人与人（包括与自我）之间多重关系所需的素质。从学科课程看，在每一门学科课程标准中都提出了"知识与技能""过程与方法""情感态度与价值观"的课程目标。从课时分配看，新课程适当减少了语文、数学等"主课"的课时，增加了自然科学和艺术类课程的课时，体现了21世纪基础教育课程文化追求人全面、整体的发展。

3. 紧密联系学生的生活世界和生命状态

长期以来，基础教育课程内容的科学化、理性化、体系化和形式化致使其与学生生活世界严重脱离,这种脱离和割裂使基础教育课程看不到人的主体存在和意义,不利于学生情感、态度价值观的培养,更无法触及学生的生命状态。新世纪的基础教育课程加强了同生活世界的联系,从课程内容、课程结构和课程资源开发方面进行改革。在课程内容上,加强了课程内容与学生生活世界和社会现代生活的联系。在课程结构上,小学和初中的综合课程,打破了学科壁垒,体现了学科知识之间的内在关联性和整体一致性。小学至高中的综合实践活动课程,强调课程内容与学生经验和社会生活相联系,集中体现了基础教育课程文化对生活世界的关照,赋予了基础教育课程文化以生活的意义和生命的价值。在课程资源开发方面,新时期基础教育课程强调开发并合理运用校内、外各种课程资源。预示着基础教育课程文化面向自然界、面向社会和人本身,既体现了课程与生活世界的沟通,又体现了课程对个人经验、体验和价值的关注。

(二) 基础教育课程文化内在价值追求实现的现实困境

21世纪基础教育课程文化从应然层面来看,体现了为了每位学生发展的内在价值追求,具体到追求学生个性化、全面和整体的发展,以及对学生生活世界和生命状态的关注。然而在课程实践中,这一价值追求的实现却遭遇重重阻隔。

1. 从课程目标上看,缺乏学生"品德与个性"形成和发展的重要维度

21世纪基础教育课程改革提出"知识与技能、过程与方法、情感态度价值观的三维目标",开始重视对学生学习过程的体验,也关注学生的情感态度和价值观的培养。但没有解决好学生品德与个性发展的问题。当前的中国,国民的道德品质严重下滑,学生的政治、思想、道德品质作为人才的成长,特别是创新人才的成长的人格基础应倍受重视[①]。近年频繁出现的大、中学生恶性犯罪事件,提醒在基础教育课程目标的制订中,一定要把学生品德的形成作为一个重要维度加以考虑。长期以来,中国教育的指导思想上侧重强调学生的全面发展,忽略学生独立个性的培养,反而阻碍了受教育者的全面发展。受教育者的社会化很必要,但

---

① 林崇德:《教育与发展》,北京师范大学出版社2002年版,第556页。

社会化并不排斥个性化。对个性化的排斥使基础教育忽视受教育者的主体地位、独立人格和个人价值。因此，基础教育课程应按照教育规律去前瞻性地制定学生个性发展方面的目标并加以实施①。

2. 从"课程选择的文化"的组织和安排来看，学生自主选择的余地较小，不利于学生的个性化发展和全面发展

从义务教育课程设置及其比例来看，"语数外"三科占所有学科的39%—45%，品德与社会、品德与生活、思品课和科学课占到17%—22%，体育或体育与健康占10%—11%，艺术类课程（或音乐、美术）占9%—11%，综合实践活动课程和地方与学校课程占10%—12%。凸显学生个性发展的是综合实践活动课程和地方与学校课程，姑且不说它所占比例的大小，主要是这两类课程在很多地区和学校形同虚设，只是课表上能见到，而实践中根本没有，或者只是编制了地方与学校课程的相关教材供上级部门检查，何谈校内外课程资源的合理开发和利用。从高中阶段来看，新课程提出的学分制、模块化是一大亮点，但实质上并没有改变课程大一统的格局。学生要毕业必须修144个学分，其中必修学分116个，占总学分的80.6%，选修学分28个，占19.4%，再到各省、地区和学校，选修课所占比例就会更少，且很多学校在选修中还要分为必选课和任选课两类，所以真正能让学生选择的课程寥寥无几。且学生是否修满学分并不和他能否毕业挂钩。同时，学科教学还是分科进行，模块化这一亮点被很多教师质疑，如就某一个知识点来说，本来可以一次讲清楚的，可是课程设计到了好几个模块，分几次完成，反而被认为割裂了知识的完整性、浪费了学生的时间。此外，"语数外"在基础教育课程中所占比例最大，且三科必考，体现了核心科目的专断性。因此，从整个"课程选择的文化"的组织和安排，灵活性不够，缺乏学生个性化发展的基础，没有学生的个性化发展，学生的全面整体发展也难以实现。

3. 教学方式和学习方式的"表面化"转变对学生个性化发展和全面发展的负面影响

21世纪基础教育课程的课程理念的根本转变，全方位课程改革目标

---

① 邢红军：《再论中国基础教育课程改革：方向迷失的危险之旅》，《教育科学研究》2011年第10期。

的提出,都促使了教师教学方式和学习方式的根本转变。新课程批判以教师传授为主的教学方式,提倡以学生自主合作、探究的学习方式,这本无可厚非。但是却造成了许多教师在基础教育实践中的无所适从和进退失据,于是有的教育学者公开声言:"现在绝大多数教师不合格。"[①] 而真正的基础教育课程教学实践中出现了教学方式和学习方式的"表面化"转化,相当一部分义务教育阶段教学呈现"去问题化"或"泛问题化""去中心化"、舞台化、"去学科化"等教学过程形式化现象。在高中阶段的课堂教学中,大部分教师依然采用讲解、传授、示范等主导性教学方式。一方面,"形式化"教学不是真正意义上的自主、合作和探究过程,反而削弱了知识的传授,可能导致教学质量的下降和学生的片面发展;另一方面,陈旧的教学观念、教学方式及评价方式依然忽视学生的个性化、全面化发展。如在对一位现任普通高中教师访谈时,当问及"您认为课程是什么?""您是如何上课的?""您所在的学校除了课堂教学外还有没有其他的活动?"他的回答是:"我觉得课程就是课本,我经常给学生讲要以课为本","我在上课时主要还是讲授,特别是高三阶段,再加上大量的习题讲解。高一、高二有时候会根据课本上的问题探究部分组织学生讨论,但是很少"。"我们学校有一些音乐、美术和体育兴趣小组,主要是为特长生高考服务的。另外有学生办的作文期刊。其他的没有什么啦!"虽说这一位教师所说不是所有高中的现状,但具有一定的代表性。

当然,问题的指出不是想否定为了每一位学生发展的内在价值追求,而是进一步思考在实践中如何实现这一价值追求,真正促进每一个学生的个性化、全面性、整体性发展。

---

① 查有梁:《论新课程改革的"软着陆"》,《教育学报》2007年第2期。

第五章

基础教育课程文化"应然"的价值追求构建

"以史为鉴,可以知兴替"。纵观中华人民共和国成立以来中国基础教育课程改革和课程文化变迁的历史,不同时期的基础教育课程文化及其价值追求具有鲜明的时代特点,培养出了大量当时社会发展需求的人才,在整个国家建设和社会发展中发挥了重要作用。然而,中华人民共和国成立至今的中国基础教育课程文化及其价值追求也存在一些不容忽视的问题,如过分强调课程文化的社会价值取向和社会价值追求,忽视课程文化的内在价值和主体人的意义和价值的实现等等。构建当前基础教育课程文化的"应然"价值追求,需要吸取历史的经验和教训。

第一节 中华人民共和国成立以来基础教育课程文化及其价值追求的反思

一 中华人民共和国成立以来基础教育课程文化及其价值追求的特点

(一)基础教育课程文化选择的价值取向以社会取向为主导

从中华人民共和国成立以来的八次基础教育课程改革来看,前七次基础教育课程文化选择的价值取向都是社会取向,改革开放以后开始关注"人"的存在,新一轮基础教育课程改革以"为了每位学生的发展"为根本理念和指导思想。在不同的历史时期,社会主导因素及其作用性质不同,基础教育课程对文化的选择也不同。第一,政治因素主导阶段。指政治体制和意识形态是影响课程文化的主导因素,政治对课程计划、教学大纲（课程标准）、教材内容以及课堂教学的变化发展发挥着决定作用。这一特点在中华人民共和国成立初期（1949—1952 年）、"教育革命"浪潮期（1958—1960 年）和"文化大革命"时期（1966—1976 年）的基础教育课程文化的选择上尤为明显。第二，经济因素主导阶段。指经济因素成为影响课程变革的主导因素，课程被赋予适应并促进经济发展的使命，努力培养出有意识、有能力促进经济增长的社会成员。这一特点主要体现在"一五"计划时期（1953—1957 年）和改革开放以后的社会主义现代化建设时期（1978—1999 年）。第三，文化因素主导阶段。联合国理论提出，当人均国内生产总值超过 1000 美元时，社会发展的主导制约因素就会是社会文化因素[①]。文化就成为课程发展的主导制约因素。2003 年，中国人均国内生产总值第一次超过 1000 美元，这意味着中国新一轮的基础教育课程变革进入了由文化因素起制约甚至决定作用的阶段，课程文化选择的价值取向也由社会取向转向个人取向。

以社会取向为主导的基础教育课程文化，过分强调基础教育对社会发展的促进作用，忽视了人的自身发展需要；注重人的社会知识和能力的培养，忽视人的个性发展和完善；强调培养的人的社会适应性，在某些历史时期，人甚至沦为阶级斗争的工具，造就了片面发展的、被割裂的人。对以往基础教育课程文化过分强调为社会发展服务的反思，并不意味着基础教育课程文化的选择不考虑社会因素，这是不可能也是不现实的。基础教育课程的出发点和落脚点都是人，培养什么样的人是其根本问题。人的发展指人的整体的、全面的发展，既包括了人的社会化发展，也包括了人的类特性的发展，还包括人的个性化发展。因此，基础教育课程文化的选择和构建，要考虑社会因素，更要考虑人的因素，要处理好个人取向和社会的关系。

（二）基础教育课程主体文化经历了被忽视、开始被关注和丰富发展的过程

基础教育课程主体文化是指课程主体在课程活动过程中形成的课程观念和课程活动形态，主要表现在教师和学生的课程观念、课程活动和行为方式方面，体现课程主体的主动性、积极性、参与性和创造性，体

---

① 石岩：《十年浮生：她们在"主义"之外》，《南方周末》2005 年 8 月 4 日第 3 版。

现课程文化的动态生成过程。以中华人民共和国成立以来的基础教育课程改革和课程文化变革来看，课程主体文化经历了被忽视、开始被关注和丰富发展的过程。

1. 课程主体文化被忽视阶段

中华人民共和国成立初期和"一五计划"时期，中国基础教育课程主体文化被完全忽视。全国大一统的基础教育课程体系是一线教师实施课程的统一标准，包括统一的教学计划、教学大纲、教科书，甚至在教学大纲中对教学内容重点和难点，教师教学方法的采用都有明确的规定，这使得教师在实施课程的过程中没有任何自主权力，只是对已选择的课程文化的忠实执行。同时，作为课程主体的学生，只是被动地接受预设的课程文化。在这种情况下，教师和学生的主要活动局限于课堂教学，教师教学方式主要是围绕课本的讲授式，学生的学习方式是一种被动地接受性学习，没有超越，也没有创新。课程主体的意义被忽略，课程主体文化并没有真正"动"起来，只是课程选择的文化的继承和复制。

2. 课程主体文化从开始被关注到丰富发展

课程主体文化开始被关注是在20世纪50年代末到60年代中期的选修课的开设，后来课外活动被正式列入教学计划，课程主体被赋予了一定的课程自主权力。改革开放后，基础教育两次课程改革期间，部分地区和学校开展课外活动的实践探索、综合课程的开发和实验研究，在这些改革实践和实验研究中，课程开发的主体是教师，学生的兴趣、爱好被关注，特别是让学生主动参与其中，调动了教师和学生的主动性和积极性，也丰富了基础教育课程文化。但总的来看，在全国的大部分地区和学校依然实行统一的课程方案、教学（课程）计划、教学大纲和教材，课程实施方式的单一化与课程评价的发展性不足，影响了学生获得生动活泼的、个性化的发展。

世纪之交的新一轮基础教育课程改革是从课程理念、课程目标、课程标准、教材建设等方面的全方位改革。"为了每位学生的发展"是其根本理念和指导精神，课程目标包括课程功能、课程结构、课程内容、课程实施、课程评价和课程管理六个方面，原有的教学大纲改革为课程标准，为课程实施提供了广阔的空间和足够的弹性，教材编制真正实现了"一纲多本"的局面。无不凸显对"人"的关注和主体意义的重视。特别是义务教育阶段综合课程的设置，小学至高中没有课程标准、没有教材的综合实践活动课程的设置，都赋予了课程实施过程中课程主体（教师和学生）足够的自主权利。新的理念带来了课程实施中地方课程、校本课程和综合实践活动课程的广泛开展和探索，也促使部分教师教学观念和教学行为的转变，学生的学习方式也由原来的被动接受变为注重合作、探究。课程主体文化不再只是对课程选择的文化的继承和复制，课程选择的文化被赋予了课程主体对其的理解和体验，促进了基础教育课程文化的创新和生成。课程主体文化进入了空前丰富的发展阶段。但我们必须看到，新时期基础教育课程在实施的过程中，也碰到了很多阻碍，如部分教师并没有真正理解新的课程理念，而使课堂教学流于"表面化"的对话；相当一部分教师，特别是高中教师还采用陈旧的教学方法；地方课程、样本课程、综合实践活动课程形同虚设等，基础教育课程主体文化只在部分地区和学校实现了创新和生成。

（三）基础教育课程文化的价值追求以社会价值追求为主导

中华人民共和国成立至 20 世纪末中国基础教育课程文化历时 50 年，在不同历史时期反映不同的社会发展需要，具有不同的时代特点，但有一个共性，就是其价值追求都是以社会价值追求为核心。从中华人民共和国成立初期"服务于新民主主义的国家建设的社会价值追求"、"一五"期间"服务于过渡时期总任务和国民经济建设的社会价值追求"、50 年代末至 60 年代中期"服务于阶段斗争的社会价值追求"、"文革"期间"服务于无产阶级斗争的社会价值追求"到恢复重建期至 20 世纪末的"服务于社会主义现代化建设的社会价值追求"，无不显示基础教育课程文化对社会发展的贡献。而每一时期基础教育课程文化指向人的培养的内在价值追求也都附属于其社会价值追求，侧重培养人的社会属性的发展，忽视了他们作为"人"的类特性和个性化发展。课程作为一种文化存在的"文化品性"也被长期遮蔽在课程传承文化的"工具理性"之下。直到 21 世纪基础教育课程文化选择价值取向由社会取向转向个人取向，基础教育课程文化的价值追求也以为了每一位学生的发展的内在价值追求为核心，关注学生的个性化发展和整体、全面的发展。尽管这一价值追求在实现的过程中受到各种因素的制约，但其价值导向是正确的，也与教育的本质相吻合。

二 中华人民共和国成立以来中国基础教育课程文化及其价值追求的启示

反思中华人民共和国成立以来中国基础教育课程改革和课程文化变迁的历史，分析历史的经验和教训，以期为构建当前中国基础教育课程文化的"应然"价值追求提供借鉴和启示。

（一）正确处理课程选择的文化的社会取向和个人取向的关系

以往的基础教育课程选择的文化以社会取向为主导，肯定和强调课程文化的社会价值，强调人的发展和学校课程文化对社会的依赖作用，无疑是有一定道理的。然而，过分强调课程文化社会发展的需求和目标的满足与实现，使人的个体性、主体性消融于社会的统一要求，使得教育没有了"人"，这就背离了教育的本质。这并不意味着课程选择文化时要以个人取向代替社会取向，因为这样就会走向另一个极端——课程的个人本位论。个人本位的课程强调课程依据个人自身完善和需要去制定，最终目标是促进个体的提升和发展。无论是古希腊时期，还是近现代的个人本位论者都强调教育是以个人为本位，充分发展受教育者的个性，并实现个人价值。这在发扬人性，尊重人的价值，反对社会对个体的权威性控制方面，具有进步意义，在促进个体的主体性、独立性和能动性的发展，特别是在个体的创造性发展方面有重要意义。但是极端化的个体本位论，极力倡导发展个性或个人主义，否定社会对人的作用，从人的先天本性去解释人的发展和教育，强调顺应和发展人的先天本性对社会不合理现象的抵制和改变作用。在处理个体发展和社会发展的关系上，片面夸大个人对社会的改造作用，天真地认为个体的主体性、独立性发展必然带来社会的进步和发展，而忽视了如果没有对人的主体性、能动性的规范和要求，可能沦为对社会发展的随意性和破坏性。

在课程的文化选择过程中，应处理好个人取向与社会取向的关系，促进个体与社会双方的共同发展。尽管这一点已成为众多学者的共识，但对于二者在教育中的地位问题，还是有所偏重的。在整个教育史上，课程文化选择的社会取向占据主要位置，特别是课程文化选择的意识形态性体现。在西方古代，包括柏拉图在内的许多哲学家、社会学家和教育家都认为，教育的目的就是为国家培养不同层次的人才。德国教育家凯兴斯泰纳于19世纪末20世纪初强调国家的至高地位，任何个人都要服从于国家。并且强调各级各类学校都应该由国家管理，受国家控制。法国社会学家涂尔干认为整个教育活动在某种程度上都应该服从国家所施加的影响。在中国古代，教材的政治和道德教化功能也被历代教育思想家所重视。如孔子编纂和整理的教材具有明显的政治倾向，以培养能为君主服务的"士"或"君子"为目的。董仲舒提出的"罢黜百家，独尊儒术"，也是西汉封建专制统治的需要的反映，体现了教育传递儒家思想的政治功能。学校教育作为国家的意志的体现也存在于现代社会。20世纪五六十年代，美国的课程改革实际上是美国想建立世界"文化中心"和"文化霸权"思想的反映。我国中小学课程的编制始终坚持知识性与思想性的统一，强调课程内容的思想性和政治性[①]。

近年来，越来越多的学者倾向于认为，教育的个人价值是教育的本体价值，是第一位的价值[②]。社会价值是衍生价值，是教育的工具价值。如有人提出"人是教育的对象，培养人是教育的本质特征。促进社会发展的唯一途径是培养人，实现人的发展，教育的工具价值是以教育本体价值的实现为基础的，如果离开了教育的本体价值，教育的工具价值就会成为无源之水，无本之木。"[③] 当今社会是一个凸显人的价值和精神的社会，教育的价值取向由社会转向个人是世界各国的共识。在课程文化选择的价值取向上，在处理社会价值与个体价值的关系上，突出课程与教学活动中人的重要性，追求学生的价值和意义的实现，促进学生的全面和谐发展是课程与教学的终极追求。但不能否认学校历来是学生社会化的主要场所，任何社会或国家必然对教育活动加以基本限定，为学校教育提供基本文本，课程与教材必然会体现一定的政治倾向。因而，课程文化选择中是坚持个人取向还是社会取向的矛盾会继续存在，解决的办法不可能是择其一而废其他，需要对二者进行平衡。

---

① 王艳霞、陈慧中：《课程文化选择问题的探讨和思考》，《教育发展研究》2007年第10期。

② 王本陆主编：《中国教育改革30年》（课程与教学卷），北京师范大学出版社2009年版，第208—209页。

③ 刘复兴：《教育的本体价值与工具价值关系管窥》，《山东师大学报》（社会科学版）1991年第6期。

（二）基础教育课程文化需要处理好各类文化资源的关系

课程与文化有着天然的血肉联系，文化是课程的来源，课程是文化的创新，长期以来课程对社会文化的继承和传递已使课程理所当然地成为传递文化的工具。文化是一个复杂的系统，课程对文化必须依据一定的标准进行选择，哪些文化会进入课程？这是课程需要解决的首要问题，鉴于此，基础教育课程文化需要处理好各类文化资源的关系。回顾中华人民共和国成立以来中国基础教育课程改革和课程文化变迁过程，不难发现，如何对待传统文化，如何对待外来文化，如何处理传统文化、外来文化和现实文化的关系会直接影响到整个基础教育甚至整个社会的发展。如50年代初期对苏联的"一边倒"，"文化大革命"把一切文化视为"封、资、修的黑货"而一概打倒，给整个国家各方面的发展造成极大的危害。可见，基础教育课程文化发展既不能盲目照搬外来文化，又不能全盘否定所有的文化，历史的经验和教训提醒今天的基础教育课程文化选择必须以更加理性的态度去对待人类创造的一切文化。

1. 基础教育课程文化选择必须继承并发扬传统文化

基础教育课程文化的变迁客观上存在着课程传统和课程现代化的冲突，即现实文化和民族传统文化的冲突，是对民族传统文化和课程传统的继承和拓展。

(1) 民族传统文化、课程传统是基础教育课程文化选择的基础

中国的传统文化和课程传统经过几千年的积淀，具有一定的稳定性，又有其滞后性。传统文化具有两重意义：它的积极意义在于传统文化的独特性和民族性，形成了世界文化的多元性；它的消极意义在于传统文化的滞后性和保守性，阻碍了对先进文化的吸收、传播和创造，影响着文化传统的变革和发展。中华人民共和国成立以来，每一次基础教育课程改革和课程文化建设都是建立在吸取之前的基础教育课程改革经验和教训的基础之上的，相反就会遭受失败，如"文化大革命"时期的基础教育课程文化，把传统文化视为"封建文化"而全盘否定，使基础教育课程文化失去其存在的根本。因此，新的课程传统正是在旧的课程传统基础上的变革和发展，基础教育课程文化也必须立足于优秀的民族传统文化。

(2) 民族传统文化是基础教育课程文化发展的力量源泉

传统文化具有稳定性和滞后性，并不意味着它是一成不变的，相反，

传统文化是动态发展的。每个民族的传统文化总是处在不断地传递、选择、发现和创造的过程中，在这个过程中同时也孕育着变革的因素和力量。当代基础教育课程文化就其价值取向的源泉而言，有三个方面：一是优秀的民族文化和课程传统；二是国外先进的代表人类文明进步方向的课程理论及其实践成果；三是具有时代特色的现实文化。其中，优秀的民族文化和课程传统是深厚的土壤和根基，是基础教育课程文化的力量源泉，这主要体现在传统的民族文化传统已经内化为所有国人的民族文化心理、行为方式及其观念形态，不仅影响到基础教育课程文化对传统民族文化的自然选择，也影响到其对外来文化的抵制、吸收和改造，以及对现实文化的及时反映。明确民族传统文化是基础教育课程文化的力量源泉，意味着基础教育课程文化必须要根植于自身的传统文化，但因其具有精华也有糟粕，需要批判地选择和吸收民族传统文化。

（3）课程担负着文化传承与批判的历史使命

课程担负着文化传承的功能，但传承哪些文化，需要按照一定的标准对社会文化进行分析选择，而且传承文化并不只是简单地复制文化，还需要对所选择的社会文化做出或肯定或否定和前导性的评价与总结，而后以经验或知识的形式传播并引导社会文化向健康方向发展。从理论上讲，课程汇聚着人类优秀的文化成果，是反映各种思想文化的载体，它具有文化传承与批判精神和引导社会文化进步的功能。从实践来看，中西方的学校课程都曾发挥过这种文化批判的作用，如欧洲文艺复兴、中国五四新文化运动时期，学校课程就曾是批判封建神学文化和封建旧文化，倡导人文主义精神和民主与科学精神的中介，直接引导了中西近代文化的历史走向。

2. 基础教育课程文化需要吸收和借鉴先进的外来文化

基础教育课程文化根植于优秀的民族传统文化，可是如果仅限于传承和发扬民族传统文化，既不符合文化的丰富性和复杂性本质，也会造成所培养的人的文化结构的单一。每一个国家的发展都不是孤立的，都必然受到外部世界的影响，教育也不例外。清末的历史告诉我们，闭关锁国只能被动挨打。因此，基础教育课程文化在坚持民族性和传统性的同时，必须吸收和借鉴先进的外来文化。中华人民共和国成立以来的基础教育课程文化建设中，在对待外来文化的态度上，曾经出现过两种极端:一是盲目照搬。首先体现在中华人民共和国成立初期的前两次基础教育课程文化的"苏化"倒向,从教学计划、教学大纲和教科书的编制,再到教学实践中教师教学方法和教学模式采用都带有明显的苏联化倾向。尽管中华人民共和国成立之初,采取这样的方针的确让我们少走了弯路,加快了基础教育课程改革的步伐,但也存在着机械模仿、生搬硬套,脱离中国实际的教条化趋势,且这种全国统一的僵化的基础教育课程体系束缚了当时以至后来的基础教育课程文化发展。其次,新一轮基础教育课程文化的西方化倾向。课程专家以西方的建构主义、后现代主义、多元智能理论等诠释课程改革纲要,以"文本""对话""校本""社区""互动""探究"等西方的话语体系诠释中国课程实践,以西方的学术标准评价本国的课程研究。导致基础教育课程文化的各类文化资源整合功能的缺失。二是盲目排外。在中华人民共和国成立初期的基础教育课程改革中,对杜威教育思想和课程理论的批判,先定性为"为美帝国主义服务"的反动政治本质,而后对其整个教育思想和课程理论予以全盘否定,避而不谈其对中国新教育和课程改革的正面影响。陶行知、胡适、陈鹤琴等人的教育思想和课程理论也被认为是改良主义,是杜威的实验主义在中国的翻版,遭到批判和否定。而晏阳初、梁漱溟等人的教育思想及其实践更是被认定为具有资产阶级属性而予以否定。特别是"文化大革命"时期,把所有西方文化和苏联文化都定为"资本主义、修正主义"予以全盘否定,给基础教育及整个社会造成了极大的危害。

历史的教训告诉我们,基础教育课程文化建设和发展必须理性对待外来文化,不能盲目排外,更不能盲目照搬。由于文化的境域性特征,任何文化的产生和发展都离不开其社会情境,没有放之四海而皆准的先进经验,必须把"外来文化"本土化,才能真正地引进和吸取世界各国的优秀文化成果和经验。

3. 基础教育课程文化要合理吸收时代文化

文化具有境域性或语境性,即在空间和时间上具有差异性。从空间上看,不同国家、不同民族、不同地区有不同的文化。从时间上看,同一国家、同一民族和同一地区在不同时期具有不同的文化。中华人民共和国成立以来的基础教育课程改革和课程文化变迁都不能不考虑具有时代特色的社会文化环境,如中华人民共和国成立初期、"教育革命浪潮"

"文化大革命"时期以政治因素为主导的社会文化环境;"一五计划"时期、"改革开放"后以经济因素为主导的社会文化环境;世纪之交的全球化背景下以多元文化为主导的社会文化环境等。不同历史时期的社会文化环境都会影响到基础教育课程文化的选择及其运行。及时合理地吸收时代文化,会使得基础教育课程文化适应当时社会发展需求,历史证明,也的确为当时的基础教育发展和人才培养做出了贡献。21世纪是一个经济和信息全球化的时代,随着大众传媒和网络技术的普及,大众文化显示出强劲的发展势头,渗透于广大师生生活的方方面面。在大众文化内容日益丰富,形式日渐多样化,对青少年的影响也更为深刻的今天,基础教育课程文化已不能再无视和回避大众文化,选择哪些大众文化进入基础教育课程文化,如何进入,这是新时期基础教育课程文化选择的一个重要课题。

4. 基础教育课程文化必须整合各类文化资源

基础教育课程文化要继承和发扬民族传统文化,要批判地吸收和借鉴外来文化,要合理地吸收时代文化,还必须要处理好各类文化资源的关系。因为各类文化资源被选择进入基础教育课程文化后,并不是孤立地、互不干扰的起作用,而是会因为各自具有不同的自身特色而产生文化冲突。这种冲突既外在地表现为中西文化的冲突,又内在地表现为传统文化和时代文化的冲突。基础教育课程文化中的冲突在所难免,关键在于如何实现各类文化的有效整合。

(1) 处理好中西文化冲突,实现中西文化的有效整合

中华人民共和国成立之初及"文化大革命"之前基础教育课程文化因其苏化倾向对传统文化和西方文化的排斥,"文化大革命"期间对传统文化和西方文化的全盘否定,改革开放后的"中西文化之争"以及新时期的"西方化"倾向之嫌,都体现了基础教育课程文化中中西方文化冲突及其带给课程文化发展的阻碍。可见,要正确解决基础教育课程文化中西文化的冲突和整合,需要人们做深入细致的研究和艰苦不懈的努力。

(2) 解决好传统文化与时代文化的冲突,实现传统文化与时代文化的整合

传统文化与时代文化是基础教育课程文化变迁中的重要组成部分,如前所述,传统文化具有稳定性和滞后性,即其落后于时代,必然和时

代文化产生冲突。这并不是说要完全摒弃传统文化,而是要尽量减少新旧文化的冲突,实现文化的顺利转型,避免出现社会震荡甚至动乱。我们认为,文化变迁不是割裂传统,重新出发,而是传统文化要素或文化特质的现代化过程。现实文化站立在传统与现代之间,实现传统与现代的转换和整合,关键是要找到传统文化与时代文化的衔接点,以及传统文化中具有生命力的合理因素,作为新文化的生长点,避免文化主体的丧失和文化失范。

中华人民共和国成立以来基础教育课程文化的发展史告诉我们,基础教育课程文化要依据一定的标准合理选择传统文化、外来文化和时代文化,还要解决各类文化的矛盾和冲突,实现各类文化的有效整合。

纵观中华人民共和国成立以来八次基础教育课程改革及其课程文化变迁,一方面,从其文化选择的价值取向来看,主要是社会取向的,尽管适应了当时的社会发展需求,也为当时的社会发展培养人才奠定了良好的基础。但这种社会取向,严重忽略了"人"的存在,培养的人也是侧重于他的社会性,同时也使课程文化本身丧失了它的文化本性而充当社会文化传递的工具。从改革开放开始了对"人"的关注,但没有从根本上动摇基础教育课程文化选择的社会价值取向。直到新一轮的基础教育课程文化顺应了整个全球性的基础教育课程改革潮流,实现了课程文化选择的从社会到个人的价值取向转向,提出"为了每位学生发展"的根本理念和指导精神。从根本理念到课程体系的方方面面进行了全方位的改革,由于主客观诸多因素,这一根本理念并没有真正实现。但不可否认这一价值取向的转向是正确的,是符合时代对人的发展的需求的,需要做好的是如何更好地实现这一取向。另一方面,基础教育课程文化从中华人民共和国成立之初就客观在存在着传统文化、外来文化和时代文化的合理选择和矛盾冲突解决问题。中华人民共和国成立以来的基础教育课程文化发展历史也证明,对各类文化资源的选择和矛盾冲突的解决并不理想,甚至在个别时期还极其糟糕,对当时的基础教育乃至整个社会造成极大危害。在目前的基础教育课程文化中,中西文化、传统文化与时代文化之间的矛盾和冲突还会长期存在。在基础教育课程文化选择中,如何正确、合理地吸收传统文化、外来文化和时代文化,如何解决传统文化和外来文化之间、传统文化与时代文化之间的矛盾和冲突,这是基础教育课程文化亟待解决的问题。

（三）构建基础教育课程文化"应然"的价值追求需要注意的问题

基础教育课程选择的文化和基础教育课程主体文化是基础教育课程文化的两个层面，是内在统一的，只是为了研究的方便而分开论述。如果课程主体文化只是停留在对课程选择的文化的传递和复制，那么无论是作为课程主体的教师和学生，还是课程本身就只是社会文化的"传承工具"，只是实现了基础教育课程文化的社会功能，不仅作为文化的课程会丧失其"文化本性"，更重要的是教师和学生也失去了其作为人的主体性存在，这从根本上就背离了教育促进人的发展的本质属性。鉴于此，课程选择的文化如果给课程实施主体以足够的弹性空间，赋予课程主体足够的自主权力，就能实现课程主体文化的目标及其价值追求了吗？要寻求答案，我们必须要正视两个问题：

1. 课程主体文化的形成和发展存在一个前提假设：课程选择的文化是合理的。可事实是如此吗？当建国初期的前两次课程改革在整个基础教育课程体系的各个方面都呈现"苏化"倾向时，可能因为某些教材内容的生搬硬套，而使教师无从入手。"教育革命浪潮"和"文化大革命"时期的基础教育课程文化更是给当时的基础教育乃至整个社会带来了灾难性的危害。中华人民共和国成立以来的前七次基础教育课程选择的文化的价值取向都是社会取向。可见，课程选择的文化并非都是合理的。原因是课程文化的选择依据和制定标准都是由课程决策者和课程专家来确定的，一方面，他们代表了国家的主流阶层的意愿，这不一定契合于广大人民群众的利益；另一方面，课程专家对课程理论和课程理念的理解是否深入、准确。

2. 具有合理性的课程选择的文化，其目标和价值追求就一定能实现吗？实践证明，并非如此，如新一轮基础教育课程改革的根本理念是"为了每位学生的发展"，而且贯穿于整个基础教育课程体系的改革之中，但经过十多年的实践，我们并不能自信地说，实现了每一位学生的健康发展，相反在实践中遭遇了诸多困难。原因可能是多方面的，如课程选择的文化具有合理性，是否就具有可行性；课程选择的文化的课程主体和课程主体文化的课程主体不同，其课程观念、思维方式、价值追求都存在差异；动态课程文化的运行存在地区、学校差异等。

当基础教育课程文化处于一个全球基础教育改革浪潮中；当基础教育课程文化面对多元文化对基础教育的挑战时；当课程主体处于物质生活极大丰富、人们普遍追求"有效、实用"的社会环境中；当受教育者的"个性"被空前关注并有"异化"的倾向时，"应然"的基础教育课程文化是什么样的？基础教育课程文化"应然"的价值追求是什么？如何实现这种价值追求？

第二节 基础教育课程文化价值追求"应然"构建的理论基础

对中华人民共和国成立以来中国基础教育课程文化及其价值追求的梳理和分析，让我们更清楚了解基础教育课程文化是如何形成和发展的，受到哪些因素的影响和制约，具有哪些特点，同时又存在什么样的问题。那么，当前中国基础教育课程文化"应然"的价值追求是什么？如何去构建？首先要解决的问题就是寻找基础教育课程文化价值追求"应然"构建的理论基础，这是一个至关重要的问题，它关系到基础教育课程文化的选择和课程主体文化的生成。根据基础教育课程文化形成与发展的特点，我们认为，基础教育课程文化形成与发展至少需要以下几个理论作为理论基础。

一 元理论

元理论研究先在西方国家兴起。"'元'的西文为'meta'，意即'……之后''超越'。它是与某一学科名相连所构成的名词，意味着一种更高级的逻辑形式。包括两层含义：一层含义是指具有超验、思辨的性质的逻辑形式，探讨的是超经验的世界本体的终极原理。我国《易·系辞上》有'形而上者谓之道，形而下者谓之器'的说法，于是'metaphysics'就被译为'形而上学'。从此，形而上学被等同于本体论，它要回答宇宙的起源、世界的本源、人的本质、生命的绝对价值和终极意义等问题，其中充满了思辨的色彩。另一层含义是，这种新的更高一级的逻辑形式将以一种批判的态度来审视原来学科的性质、结构以及其他种种表现。这以元数学（metamathematics）和元逻辑学（metalogic）为先声。"①

以元理论的视角分析基础教育课程文化，有利于我们超越其表面形态去触及本质。具体来看，元理论可以概括为三个方面的基本理论：本体论、认识论、价值论，因此对于基础教育课程文化的元理论分析我们分别从三个方面去进行。

（一）基础教育课程文化的本体论视角

"什么是本体论（ontology）？从词源来看，英文的 ontology，以及德文的 ontologie，法文的 ontologie，最早均来自拉丁文 ontologia 一词，拉丁文又源自希腊文。ontology 这个词中的'on'在希腊文中写作'ov'，既可以指'在者'（是者，存在物）的共性，又可以指'在者'的基础。前者接近于'本质'，后者接近于'本源'，两者含义有一定差别，容易导致 ontology 是关于'存在者'的研究，还是关于'存在'研究的误解。ontology 的中文译名很多，除'本体论'外，还有'存在论'、'是论'、'万有论'、'凡有论'，港台学者多倾向'存有论'的译名。但本体论问题内涵是相同的，即本体论主要研究的是'存在'问题，它不是关于'存在者'的一门学问，而是探究、思索'存在者'何以'存在'的理论。"② 从本体论的视角分析基础教育课程文化，目的在于探究作为"存在者"的基础教育课程文化何以"存在"的问题。本体论视角中的课程文化，赋予了课程一种主体地位，将课程看作一种文化存在。

当课程作为"本体论"意义上的文化特质存在时，课程的本质是文化的发展、建构以及创新，课程的使命在于关注人的价值实现与主动发展、关注文化的发展与创新。在这里，"人的本质的实现及主体性的发展是与文化世界的创造、积累相一致的"③，人的主体性是文化发展与创新的必然条件。但只有在人或人类成为被意识到的存在者和价值实现者时，才能成为价值主体，也只有人或人类具有了这种意识，他们才能够意识

---

① 唐莹、瞿葆奎：《元理论与元教育学引论》，《华东师范大学学报》（教育科学版）1995年第1期。

② 傅敏：《课程本体论：概念、意义与构建》，《西北师大学报》（社会科学版）2004年第3期。

③ 司马云杰：《文化主体论》，山东人民出版社1992年版，第3页。

到自我的价值需要以及外部世界对自己的价值和意义,从而进行文化创造。同样,如果他们意识到旧的文化不能使自己的价值需要得到满足,就会改变它或者创造一个新的文化世界①。因此,基础教育课程文化的创新和生成关键在于课程主体文化意识的觉醒和主体精神的凸显。

然而,从课程的实然状态考察,长期以来,过分地注重了课程对文化传承的工具性,而忽略了课程作为文化而存在的文化品性。课程是文化传承的工具,这样的一个基本命题不仅在理论上很少受到质疑,而且在实践上制约和引领着学校课程设置和实施。课程来源于社会文化,存在的依据就是承载、传递社会文化。这一逻辑却使课程作为文化存在的主体地位被遮蔽,使课程在文化形成与发展中的"自为性"品质被否定,使课程从文化母体中离析出来但却失去了自身的文化品性,课程对所传承的文化进行的选择和加工,更多是技术性的增减与修补,不能从根本上改变课程文化的工具理性,也无法使课程作为现实的文化形态而存在。因此,课程存在的依据在于以"文化"化人的逻辑。工具理性制约着传统的课程哲学,受教育者被看待为等待加工的材料,这种对受教育者的知识灌输与道德教化,蒙蔽了人的主体性地位②。从本体论视角分析基础教育课程文化,就是去除课程作为文化存在的主体地位的"遮蔽",突破"无人"的课程对教育的危害,把人从与动物一样等待规训的地位中提升出来。

当然,提倡课程的文化品性的回归,并非完全否定其工具性。"如果割裂课程的工具性和文化性,就会出现种种脱离课程最基础的内容而追求道德品质、情感体验、思维发展、生命理念等价值的观念。这类主张将情感、思维作为教学内容,学科知识作为副产品而不是直接的教学内容,这就颠倒了教学内容和价值的顺序,造成教师像讲解知识要点一样把情感、态度、价值观直接'教'给学生的局面。"③反而达不到教育的目的,也不是基础教育课程改革的初衷所在。有学者指出:"'情感'是

---

① 王彬、向茂甫:《课程文化——从工具论到本体论的认识》,《内蒙古师范大学学报》(教育科学版)2004年第4期。
② 韩登亮:《课程的文化存在:一种本体论的视角》,《当代教育科学》2012年第23期。
③ 金箭:《课程的本体论价值和工具论价值之关系研究》,《中国教师》2001年第2期。

知识的自然衍生物……在教学中，它只能并且应该作为知识学习的副产品，如果把'情感'也作为教学直接追求的一个目标，造成的结果就只能是'强扭的瓜不甜'。"① 当前的教学之所以被批判为知识中心主义，并不是知识本身的错，当前教学问题的根本所在是把思维、德行、品质等对学生有益的东西，"让位于"考试的需要。是课程的工具性过分放大、强化的体现。因此，从本体论视角分析基础教育课程文化，避免课程完全沦为社会文化的工具和手段，对基础教育课程的文化品性的回归和教学工作的改进都具有积极意义。但这并不意味着完全否定基础教育课程对社会文化的继承和传递，而是要处理好课程的工具性和文化性之间的关系。

（二）基础教育课程文化的认识论视角

认识论是探讨人类认识的本质、结构，认识与客观实在的关系，认识的前提和基础，认识发生、发展的过程及其规律，认识的真理标准等问题的哲学学说，又称知识论。从中华人民共和国成立以来中国基础教育课程文化变迁来看，它显然与人们认识领域中知识论的更新密切相连。不同时期的基础教育课程文化的选择，离不开知识论转换的前提。认识论会随着人类认识的不断进步和发展而更新，从认识论的视角分析基础教育课程文化，以期清晰当前基础教育课程文化所面临的认识论转型，实现基础教育课程文化的创新和发展。

20世纪末，源于阿拉伯世界，兴盛于西方的现代科学知识型已经牢牢地统治了全人类的精神生活。毋庸置疑，科学知识型将人们的精神生活从形而上学和宗教神学的桎梏下解放了出来，促进了整个人类知识和文明的进步。但是由于现代科学知识的"客观性""普遍性"和"价值中立性"特征，传统的神学知识、形而上学知识、历史知识、道德知识等人文知识都因不符合科学知识的标准而被看作是不完善的知识。同时科学技术知识的飞速增长，一方面使得人文知识包括一部分具有人文性质的社会知识的增长因缺乏科研条件和对科学知识的极端推崇所产生的社会偏见而极其缓慢；另一方面，科学知识在改善人类生活条件的同时，它的功利性和世俗性的一面也带来了人类欲望的无止境的膨胀，致使自

---

① 周序、管渊斯：《评新课程改革中知识的地位之争》，《教育学报》2007年第5期。

然环境与人类社会的和谐状态遭到严重的破坏,从而引发更多的社会问题。随着这些问题的进一步深化,越来越多的人开始对科学知识型产生怀疑,甚至进行批判。这种普遍质疑或批判就充分地揭示了科学知识型的内在缺陷,从而推动了人类的再一次知识转型的到来,有学者在研究和综合了一系列对科学知识型的批判之后,提出了概括各种新的知识要求的知识型——文化知识型。相对于现代的科学知识型,也可以称之为后现代知识型。这种知识论认为:第一,知识具有文化性、社会性和价值性。批判科学知识论自我标榜的"价值中立"和"文化无涉"掩盖了科学知识的价值立场和社会偏见,而实际上知识与权力,知识与意识形态都是密切联系在一起的。新的知识观还应该看到根本就不存在独立于认识者和认识背景之外的"客观实在",知识也不是对认识对象的"镜式"反映。就知识的陈述而言,知识的陈述形式不是唯一的而是多样的。新的知识性质应该体现出知识的文化性、社会性和价值性。第二,知识产生和存在的方式具有情境性或区域性,存在形态具有复杂性[①]。也就是说,每一种知识都不是脱离社会而孤立存在的,都具有一定的情境性,也是处于不断发展变迁的历史长河中的,具有一定的历史性。第三,知识的增长并非是在稳固的基础上的不断分化、不断增长的过程,而是一个批判性检验的整体化、综合化的过程。近代以来知识发展速度日益增快,它的增长不是一种线性的不断积累的过程,而是在对原有的知识批判基础上的一种创新,也可以理解为是对原有知识继承基础上的一种取代。加之当代知识的生产已经逐渐走出个人兴趣的范围,对于一些社会问题的解决也不能仅凭某种单个学科的知识来解决,必需跨越学科的界限,这就使得知识的增长方式不是不断分化的过程,而是整体化、综合化的过程。

"自改革开放以来,在中国学界占据主导地位的无疑是西方工业时代以来奠定起来的客观主义的科学知识观念。20世纪90年代起,学界大规模介绍后现代思想、著作,受到后现代知识观念的影响,学界普遍认同关于知识的动态性、建构性、开放性、内在性的看法。这种认识无疑是知识观的一次重大转型,这一转型为我国基础教育课程文化对'人'的

---

① [美] 费耶阿本德:《反对方法》,周昌忠译,上海译文出版社1992年版,第270页。

凸显提供了知识论的前提和背景。新知识论对知识的开放性、动态性、建构性的揭示，意味着知识客观性的破产、知识权威的消解和'人'的地位的提升。"① 课程主体文化不仅仅是对课程选择的文化的传承，还有课程主体的主动参与和建构。课程主体成为课程文化的主动建构者和创造者。知识"权威"的消解使得传统课程中教师和学生的主客体关系转变为主体之间的关系，强化了师生之间的平等对话、交流与合作，学生成为知识的主动探求者和合作者，进而凸显了学生作为"人"的主体尊严。总之，知识论的转型为基础教育课程文化中"人"的意义和价值的彰显提供了知识论前提。

（三）基础教育课程文化的价值论视角

价值论是关于价值的性质、构成、标准和评价的哲学学说。不能等同于经济学的价值理论，而是哲学层面的价值问题研究。基础教育课程文化的价值就是从其能否满足课程文化主体的需要及如何满足这种需要的角度考察基础教育课程文化对个体发展和社会发展的意义。基础教育课程文化所满足需要的课程主体不同，就体现了不同的价值取向。

1. 几种不同的课程文化价值取向

（1）知识本位的价值取向注重向学生传递知识

知识本位认为知识引导着人的整个生活，因而，"要把教育建立在知识的本质及其重要性的基础上，而不是建立在儿童的偏好、社会需要或政治家的意愿基础上。"为此，课程"必须根据知识本身的状况与逻辑来组织"②。事实上，"课程内容在传统上历来被作为要学生习得的知识来对待的，这些知识采取事实、原理、体系等形式。尽管人们对这些术语可能会有不同的解释，但重点都放在向学生传递知识这一基点上"③。当今世界各国的教育实践依然把知识作为课程的主要内容。但正如庄子所言"其知也无涯，其生也有涯"，在当今的知识经济时代，学科知识飞速更替。选择什么样的知识成为基础教育课程，是解决知识的丰富性与学生

---

① 彭泽平：《我国新课程改革的价值转型及其知识论与人学根源》，《华东师范大学学报》（教育科学版）2005年第6期。

② 单丁：《课程流派研究》，山东教育出版社1998年版，第392—393页。

③ 施良芳：《课程理论——课程基础、原理和问题》，教育科学出版社1996年版，第107页。

的时间、精力有限之间的矛盾的关键,是基础教育课程文化研究的重要问题之一。我们根据知识的对象、性质、价值和功能,大体上可以划分为自然知识与人文知识。

自然知识即自然科学知识,包括科学基本理论、技术科学及专业技术整个自然科学知识在内,它是人类在生产实践和科学试验、研究中对整个自然界所获得的认识。旨在把不同层次自然界所存在的一些"事实"和"事件"通过一定的概念符号和数量关系反映出来,具有一定程度的"普适性"。自然知识在古代是不受重视的,从文艺复兴开始,自然知识逐渐地进入知识领域。特别是17世纪以来,自然科学迅速发展,在推动工业社会的发展及现代社会变革方面起到了根本性的作用,自然科学的霸权地位确立。准确地来说,科学课程合法进入大中小学的课程体系在西方已经是19世纪后期的事情,在中国则是1902—1904年学制颁布以后的事。但因为科学在现代社会中的革命性作用,科学一旦进入教育机构,各门科学知识就在学校教育体系中占据了核心位置,并不断增加自然科学的内容,及时吸收科学发展的新成就。

"人文知识是指人类社会历史领域广泛的文化知识,包括风俗习惯、伦理道德、政治法律、礼仪制度以及宗教、哲学、历史、文学、艺术和各种社会文化观念、审美意识等。"[①] 旨在把认识者个体所亲历的价值实践的总体反思、对人生意义的体验通过认识者个体呈现出来,具有"个体性"。是众多思想家对人生意义问题的论述、表达、反思和实践探索,能够直接帮助人们认识与理解人生的意义问题。人文教育的历史可以追溯到孔子、苏格拉底等人。如孔子的"仁者爱人""朝闻道,夕可死",苏格拉底的"认识你自己"和"我自知我一无所知"等,都具有非常鲜明的人文教育色彩,能帮助个体更好地认识自我、理解人生。这些论述在今天也有积极的人文教化意义。人文学科在西方的中世纪和我国的封建社会有了一定的发展,但其主要方面已经失去了人文教化的意义,沦为一种"理智的""职业的"和"政治的"训练术。文艺复兴早期是人文教育最为发达的时期,"肯定人""表现人""歌颂人""赞扬人""提

---

① 司马云杰:《价值实现论——关于人的文化主体性及其价值实现的研究》,陕西人民出版社2003年版,第330页。

升人"成为当时所有文化生活的形式。但文艺复兴晚期,人文教育因为人文学科的"制度化"而变得逐渐"僵化"起来,失去了人文教育的意蕴,重新沦为"理智的""职业的"和"政治的"训练术。与此同时,科学教育逐渐兴起,并于19世纪末迅速成为学校教育的主要类型,人文教育进一步衰落。20世纪初,人们逐渐认识到"科学文化"对人类造成的巨大人性危机,人文教育呈现复苏趋势。20世纪下半叶,经受两次世界大战之后,西方世界一方面更加清醒地认识到科学教育在社会进步中的重大作用,另一方面也认识到人文教育对社会发展的不可忽视的作用。[①]

科学对人类物质文明的极大推动是人们所公认的,但人不是纯粹的物质,更是精神的存在者、文化的存在者,需要满足生存的物质条件,但更需要精神生活和人生道德理想,而这恰恰是自然科学知识所不能解决的。因此,知识本位的基础教育课程文化应该凸显人文知识和人文学科。要认识到人文知识和人文教育的独特作用,提高青少年的基本人文素质,加强他们对消费主义、功利主义、享乐主义、虚无主义等堕落的人文意识的批判力和抵抗力,使他们真正地感受和体验人性的美好和尊严[②]。

(2)社会本位的价值取向侧重学生的社会化发展

社会本位的课程文化,以满足社会的需要作为课程内容选择的基本取向。文化是课程的来源,课程本身是文化的组成部分,决定了社会文化是课程内容文化的重要组成部分,但是什么样的社会文化能进入课程,体现了课程对文化的选择性,由于现实的复杂性,课程对于文化的选择,也是一个不断发展变化的过程。由于课程对于文化的选择,其主体是课程,选择的任务是具体地由某个人或某个组织来承担,而他们总是代表了占主导地位的阶级、集团的利益,因此,进入课程的文化,也是优势的和主流的文化。但是优势的和主流文化对于学习者的不合理影响日益暴露,非主流文化、大众文化对学习者的影响日益凸显,当今世界各国对文化多元的呼声日益增强。尽管在众多国家还没有完全改变课程对优势和主流文化的传递和选择这一事实,但课程内容文化必须正视优势文

---

① 石中英:《知识转型与教育改革》,教育科学出版社2001年版,第281—307页。
② 同上书,第316—317页。

化和主流文化课程存在的弊端，协调多元社会文化之间的关系，使课程对于文化的选择，趋向进步与合理，这一点已经成为人们的共识。也就是说，基础教育课程文化在选择的过程中，要打破主流文化和精英文化的垄断地位，吸纳与整合非主流文化和大众文化，处理课程中主流文化与非主流文化、精英文化与大众文化之间的关系，批判地继承中国传统文化，引导学生正确地认识各种文化，从各种文化中吸收营养，培养其多元文化认同的态度和民主的精神、宽容的胸怀及其责任心、使命感，选择恰当的课程文化以满足不同阶层学生的需要，从而达到使学生的发展趋向最佳化，使学生的学习获得最优化的目的，尽量减少因为文化偏见引起的文化冲突。

（3）学生本位的价值取向关注学生的个性化发展

学生本位价值论者主张教育应尊重学习者的本性与要求，主张学校的职能是"先成人，后成才"，学校课程文化的价值在于为每个学生提供真正有助于个性解放和成长的经验，重视人的存在，强调学习的内部动机基础。用罗素的话来说，我们应当把学生的发展本身当作目的而不是手段。这种价值观强调学生作为人的自由，强调独特性、整体性、自我指导性，认为学生理智的训练、心智的发展和完善，比起功利的目的更重要，人格的陶冶比知识的掌握更重要[①]。这种强调学生个体自由发展的基础教育课程文化价值观，赋予了学生以自主地位和权利，学生已不再被当成是为适应外在的目的被训练的对象，而是在学校和教师的帮助下，在一定阶段上达到自我实现的人。

2. 多元与整合：基础教育课程文化价值取向演变的趋势

从课程文化的发展来看，没有纯粹的知识本位、社会本位和学生本位，只是因不同历史时期对基础教育的需求不同而侧重点不同，但因教育对社会的发展有巨大的促进作用，在较长时间内，社会本位的价值取向盛行，但过分重视基础教育课程文化的社会价值取向，就会忽视学科的自身逻辑造成教育对人性的压抑，这一点从中华人民共和国成立以来的基础教育课程改革和课程文化变迁都可以看到。当然，三种价值取向

---

① [英] 罗素：《美好生活的教育目的》，载瞿葆奎主编《教育学文集·教育目的》，人民教育出版社1989年版，第487、492页。

存在矛盾和冲突,但不能提倡某一种而废除其他,这与课程文化的本质也是不相符的,需要从以下几个方面平衡和整合三种价值取向,以丰富和创新基础教育课程文化。

(1) 平衡人性与功利性的关系

从19世纪中叶到20世纪80年代,是造就"完整健全的人",还是"满足人的需要"的两种课程价值取向一直处于争执中。进入80年代后,两次世界大战以来经济快速发展带来的问题日益暴露,社会的矛盾和问题日益激化,传统的发展模式进入"发展的极限"。人们对教育寄予厚望:教育应当在解决人类面临的一系列问题、确保可持续发展中做出贡献。人们发现,人类面临的同一社会的不同问题不能靠一种课程价值取向解决,要解决环境恶化、人口激增、民族矛盾、地区冲突、社会排斥、道德沦丧、失业增加、吸毒、犯罪等等众多社会问题,不但需要个人的自我觉悟,也需要文化的认同与理解,还需要个人职业发展与职业能力的提高。这是社会和个人的两方面的问题,任何一所学校教育如果只坚持一种课程价值观,显然担负不起这样的历史使命。课程价值观在反思自身的不足的同时,吸收其他课程理念的长处和优点,这促使了课程观念统整的新趋势。90年代,随着世界信息化速度的日益加快,一个个性化的新时代已然到来。两种课程价值观在当今时代越来越体现出两者的相互影响和相互依存,新的科技知识的教育能促进人的心智发展,也能增强人的职业适应能力;知识是个人发展的基础,也是个人适应社会的前提条件。通常的人文教育是以"人"为中心的,在当前这一个性化的时代,这样的教育对于学生把握个性化市场需要却具有十分重要的"实用"意义。一种逻辑的思维能力在商业活动中可以发挥十分重要的作用,体现出"有用性"。计算机、多媒体和网络,既是人们在信息时代生存的条件,也是人们理解世界的钥匙。两种课程理念逐渐走向统合,而这正是新世纪世界课程改革发展的新趋势。

(2) 平衡社会的发展与人的发展的关系

教育应满足人的发展的需要还是满足社会发展的需要,在社会本位论中,教育应当依照社会发展的需求去造就个人。而个人本位论更强调个体的独特性和个人存在的价值,教育的目的应当是促进个体全面、自由的发展。这两种教育价值观是对立的吗?人脱离社会可以完成自我实现吗？压抑个体的发展才能实现社会的发展吗？还是社会的发展与个人的发展是互为前提的？一方面，人是社会的人，如果离开社会，就失去了发展的可能，社会的发展是个人发展的必要条件，只有当社会发展到一定的阶段，人的充分自由的发展才能实现；另一方面，社会是个体构成的，个体的发展水平是社会的发展水平的重要标志，没有个体的发展，社会的发展就是空中楼阁；人的发展是社会发展的必要条件，因为只有人的发展才能推动社会的发展，社会发展的最终目的在于促进人的发展。因此，人的发展与社会的发展是互相促进、互为条件的。

然而，在过去的几十年中，经济的发展一直被许多国家、特别是发展中国家当作社会发展主要的、甚至是唯一的目标。经济增长率长期被当成衡量经济发展的最主要的指标。"在60、70年代，教育是促进经济增长的重要手段，学校成了未来劳动力的训练机构。对经济发展的强调，使得整个教育系统甚至整个社会愈来愈受经济利益的驱动，人的教育在某种程度上不仅被社会视为促进经济发展的手段，甚至被人自己当作追求经济利益的手段。这种对经济发展的片面追求和教育对人的劳动工具化训练，不仅没有收到促进经济发展的预期效果，反而带来了许多新的社会问题。教育越来越沦为经济活动的简单工具，背离了促进人的发展和社会发展的目标，降低了它自身存在的价值。历史的教训告诉我们，一个高度发展的社会不仅仅是一个经济高度发达的社会，而是一个精神文明同样高度发达的、把人的发展当作目的、并使人在一定条件下尽可能得到充分发展的社会。时代的发展要求现代教育成为发展人的教育。"[①]

(3) 平衡知识与人的关系

什么知识最有价值？是课程文化选择的经典问题。也就是说，课程应选择在人类文化中较有价值的知识经验，且越有价值的知识经验在课程中占有的分量也应该越多。例如，祖国语言文字的重要性决定了它在课程结构中所占的比重也最大，中华人民共和国成立以来，小学语文的课时曾占到了总课时的一半；数学是基础、是工具，也很重要，于是数学又占了余下课时的一多半。更为深层的问题在于，只关注知识而不关注人这一偏向表现为一种普遍的不知不觉地牢固的观念。小学生喜欢音

---

① 陈玉琨：《课程价值论》，《学术月刊》2000年第5期。

乐但不喜欢上音乐课，原因是音乐课只教乐理不教唱歌。强调知识的完整性和专业化成为课程的一种通病，如语文教育最大的问题就在于假设所有的学生都是未来的语言学家，教学内容、教学方法及考试方式都太专业化了。

然而，衡量课程知识的价值，只能以学生的成长为标准。课程改革的指导思想应从以书本知识为中心转到关注学生的全面发展；强调课程内容与学生生活、社会生活的联系。基础教育课程文化选择的一个重要原则是：应以学生的学习态度、能力的培养为主线，选择学生终身学习与发展必备的基础知识、基本技能，同时提供广博的知识背景①。

3. 育人：基础教育课程文化的核心价值取向

（1）基础教育课程文化要"以人为本"

一方面，"以人为本"意指基础教育课程文化的不仅是对受教育者传递知识和技能，还包括人格的培养、人文的熏陶、心灵的唤醒、创造力的培养以及智力的开发；另一方面，"以人为本"要以德行为本。从一个人的全面发展和长远发展来看，"成长比成绩重要；成人比成才重要"。"知识不足，可以用道德来弥补，而道德不足，任何知识都无法补偿"。德行是做人的资本，古今中外的正统教育无不关注人的德行的涵养与教育。有人认为，中国古代的"六艺"，就是以德行为本；西方柏拉图等古代先哲也开启了关注课程教学与人的德行发展的内在关系的思想传统；近代科学教育理论的奠基人赫尔巴特更加明确地提出教育性教学的主张；美国进步主义教育哲学的杰出代表杜威鲜明地指出：道德目的应该普遍地存在于一切教学之中，并在一切教学中居主导地位。

（2）课程文化的最终价值：关注生命，体验生命的深度与理想的高度

课程文化应该关注和解决学生的的生活和成长中的一些突出问题。例如，电脑和手机网络对中小学生成长和发展的影响问题，教育教学与"回归生活"的问题等。当今时代电脑、手机、网络成为青少年生活的重要组成部分，的确为人们的生活提供了便利，但这种便利却阻碍了人与

---

① 杨晓微：《近二十年我国基础教育课程研究的方法论探析》，《教育研究》2000 年第 3 期。

人之间正常的面对面的交流和沟通,给青少年造成极大的危害,如网络信息垃圾对学生的毒害;虚拟的网络交往疏远了学生的人际情感;隐蔽的网络行为引发了学生的人格分裂;网络游戏使学生沉迷其中荒废学业[①]。这一系列问题亟待解决。我们的课程文化应积极引导学生正确体验"生命的深度与理想的高度","回归体验生命深度和理想高度的智性的生活"[②]。

总之,基础教育课程文化变革是一项涉及课程内外因素的复杂的系统工程,课程作为社会文化的传承工具不可否认,同时也必须看到课程作为一种文化存在的"文化品性";当整个社会的认识论(知识论)发生从现代科学知识论转向后现代文化知识论时,基础教育课程文化也必然产生变革;知识本位、社会本位和个人本位的价值取向的统合是基础教育课程文化价值取向的发展趋势,而育人是基础教育课程文化的核心价值取向。因此,以元理论的本体论、认识论、价值论视角为基础教育课程文化价值追求"应然"构建的哲学视角,能使我们深刻地、全方位地为基础教育课程文化"把脉"。

二 社会功能结构理论

功能主义在社会科学中有着长期的历史。孔德和斯宾塞在其著作中都有所论述。涂尔干、拉德克利夫·布朗和马林诺夫斯基对功能主义也做了较为系统的阐述。现代社会学理论中的结构功能主义主要是对传统功能主义与结构主义的一种综合。结构功能主义这一名称首先是由人类学家拉德克里夫·布朗提出并使用的,但对结构功能主义的含义的正式界定是塔尔科特·帕森斯。伴随着帕森斯理论的兴起,结构功能主义作为一种独特的分析方法很快风靡了学界,并在20世纪50年代取得了统治地位。

结构功能主义的独特之处就在于,它从结构主义和功能主义那里分别获取了资源,进行了最大限度的整合,而整合的目的是为日益分崩离

[①] 李定勇:《网络世界需要导航》,《中国教育报》2005年2月21日第5版。
[②] 刘启迪:《课程文化:涵义、价值取向与建设策略》,《课程·教材·教法》2005年第10期。

析的社会寻找统一性的基础。因此，要理解结构功能主义的独特内涵，就有必要对其思想渊源进行考察。结构主义在社会学上的渊源最早可以追溯到涂尔干的"社会事实"概念，后来经过索绪尔的结构语言学理论对列维·斯特劳斯的影响而在社会学领域发扬光大。结构主义的社会理论强调社会结构外在的、有约束力的、普遍的特征；致力于分析社会对个人的强制性和胁迫的力量。社会借助这种力量对个人实行控制，而个人却不承认这种控制，反而认为是自由选择而遵从社会的结果。功能主义传统则更加源远流长。自从社会学的先驱们把社会与有机体进行类比开始，这种思维方式就已经扎根在了社会理论家的头脑中。这种思维方式说明了在理论家眼里社会分析整体与个体相比所具有的优越地位。

结构主义与功能主义分析方式的最重要的方法论特征是相容的。两者都支持社会整体性的理念，都认为社会学的目的在于探究有目的行动的意识层面的深层实在——对于结构主义而言是隐蔽的结构，而对于功能主义而言是潜在的功能；两者都极度地轻视能动行动的作用，因而强烈地反对解释学与现象学的解释性要求。正因为如此之多的共同之处，两种资源才在帕森斯那里得到了综合。

结构功能主义有一些基本原则：首先，在研究主题上，结构功能主义致力于回答：一个社会系统为了维护其存在，有哪些基本条件必须得到满足。而这些条件又是如何得到满足的，而这一研究主题也就暗示着任何现存社会都具有一些基本制度模式（即结构），而这些制度模式之间发生着相互支持的关系（即功能），从而保证了社会系统的生存。这意味着，在结构功能主义的立场上，社会系统的存在具有首要意义，有助于系统存在的因素、机制和过程具有优先的地位。其次，由于研究主题的限定，结构功能主义在研究层次上强调"系统"而将社会结构和社会整体作为基本分析单位。即把研究重点放在社会上，坚持社会优先于个体的立场，认为个体的社会人格是由社会赋予和塑造的，个体参与社会活动的动机也是社会价值系统的反映，并将个体动机与其行动的有附会意义的后果加以区分，以后果为研究重点。再次，在研究方向上，因为强调结果而往往在分析现存结构时带有目的论的假设。即在分析某种现实制度的功能时，首先就依据该制度的存在而认定该制度是具有功能的。以此为基础的分析结果不可避免地会具有维护现存制度的保守倾向。最后,也许最重要的是,把结构功能主义统一在一起的,与其说是一些共有的概念范畴和理论模式,不如说是一种共有的功能分析方法[①]。

(一)帕森斯的结构功能理论:帕森斯是结构功能主义学说的集大成者,他的理论是对孔德、斯宾塞、涂尔干等古典社会学家关于社会发展理论的批判式继承。他的结构功能理论包括三大部分。

1. 社会行动理论

在20世纪40—50年代,帕森斯提出了他的"普通行动理论"。该理论的目的在于提供一种理论体系,把社会科学中的不同学科,如把社会学、政治学、心理学、经济学结合起来。社会行动理论的目的就是设法回答"社会秩序何以可能"这一问题。他的普通行动理论是他学术思想的基础。

帕森斯认为,社会行动的基本单位是行动单元,任何行动单元都可以分解为以下要素:一是行动目标,即行动是目标所指引的(或有目的)。二是手段,即环境状态中行动者可以控制利用的那些促成其实现目标的工具性要素。三是条件,指状态中行动者无法控制和改变的那些阻碍其实现目标的客观要素。四是规范取向,指行动者在确立目标、选择手段、克服障碍时所遵循的社会标准。忽视了其中的任何一个,所做的描述就都会是不确定的。而且在这些成分的关系中包含着一种行动的规范性取向,即包含着一种目的论的特点。应该认为,行动之中两类不同成分——规范性成分与条件性成分之间,总是存在着一种紧张状态。行动作为一个过程,实际上就是将各种条件成分向着规范一致的方向改变的过程。取消规范性成分就意味着取消了行动这个概念本身,会导致极端的实证主义观点。取消条件,同样就取消了行动,并导向唯心主义的发散论。因此,可以设想条件在一端,目标和规范性规则在另一端,而手段和努力则是二者之间的联结环节[②]。

然而,社会行动理论的分析重点不是各个行动单元,而是行动系统。行动系统指行动者与其环境状态之间发生的某种稳定的相互关系。行动

[①] 侯钧生:《西方社会学理论教程》,南开大学出版社2001年版,第125—126页。

[②] [美]塔尔科特·帕森斯:《社会行动的结构》,张明德等译,译林出版社2012年版,第825—827页。

系统分为文化系统、社会系统、人格系统和行为有机体系统四个子系统。社会系统是整个行动系统的一个附属系统。在社会系统中，行动者之间的关系结构形成了社会系统的基本结构，即社会结构。社会系统中的行动者通过社会身份和社会角色与社会发生联系，制度化了的身份与角色复合体就是社会制度。

2. 模式变量理论

在分析行动系统及其三个亚系统时，帕森斯提出"模式变量"的概念用于描述行动的取向和抉择。模式变量不仅用于说明社会系统的规范的可选择性（Preference），而且也说明文化系统内的价值观模式和性格系统中主要取向形态。帕森斯的模式变量是从德国社会学家托尼斯（Ferdinand T Onnies）的礼俗社会和法理社会的分类而发展起来的。最初，帕森斯提出五个模式变量，每个变量的值处于两个极端之间。对于个人来讲，在某一情境对他有确定的意义之前，他必须决定自己的行动取向趋于模式变量极值的哪一边，然后决定自己的态度和行动。五个模式变量是：

情感性—情感中立性（affectivit - affective neutrality），这是一个要不要从一种社会情境中的其他人那里得到情感满足的两难问题。如选择情感的一边，那就意味着投入的人将要在情感上互相投入（或互相表达情感），并且互相提供直接的情感满足。这样，情感方面将具有高度的优先地位。家庭成员间的关系就是这样的选择。相反，如果选择的是情感中立一边，那就意味着个人避免情感的投入或直接的满足。医生和病人之间的关系或一个社会工作者与委托人之间的关系就是这样的模式[1]。

个人取向—集体取向。这一两难问题涉及的是占首位的利益问题。自我取向意味着本身的利益应是优先的，而集体取向则意味着其他人或整个集体利益应是优先的，也就是集体的道德方面具有优先地位。举例来说，商业关系被期望受到参加者的个人利益的支配，相反，家庭关系、亲朋之间的关系或在教堂会众中的关系被期望受到牺牲个人利益的共同道德、价值的支配。

---

[1] ［美］D. P. 约翰逊：《社会学理论》，南开大学社会学系译，国际文化出版公司1988年版，第513页。

普遍性—特殊性（universalism – Particularism），在一定相互作用情境中，行动者对待对象采取普遍适用的还是特殊对待的评价标准，换句话说，是公事公办还是个别对待；如一个人在谈情说爱时行动取向趋于特殊性，而当处理公众事务时行动取向趋于普遍性。

自致性—先赋性（aehievement – aseription），在一定情境中，待人接物的判断是以对象的先天固有性质（如性别、出身、年龄等）为标准，还是根据对象的行动和表现为依据：如招生时，是根据考生的考试分数和表现还是家庭出身和社会关系来录取。

扩散性—专一性（diffuseness – speciflcity），对于对象行动者做出的反应涉及的范围是多方面的还是局限的，如一般同事的交往仅涉及较小的范围，而家庭成员之间则涉及较广泛的关系。

1960 年帕森斯舍弃了原第二个模式变量（个人取向—集体取向），对联系系统的目的和手段、系统与环境的关系做了进一步的发挥①。

3. AGIL 功能分析理论

帕森斯认为，任何生命系统（社会是许多生命系统中的一个）如果要生存下去就必须具有某些基本功能并且满足某些必要条件。一方面是处理系统内部状态和对付系统外部环境；另一方面是追求目标和选择手段。由此帕森斯推论出行动系统（并且包括各亚系统）的四个基本必要功能。帕森斯在《行动理论论文集》一书中首次提出这四个基本功能，由行动系统中四个亚系统分别执行。四项基本功能是：A——适应（Adaptation）。适应指社会系统必须和它们的环境打交道。首先，"系统必须对环境所强加的'现实要求'有一种顺应"。其次，有"积极的情境改造"过程②。即社会系统必须适应外部环境并从环境中取得可支配的资源，使自身得以发展。G—目标达到（Goal-attainment）。这里涉及的目标不是某一个人的目标而是一个社会系统成员共有的目标。目标达成表现为一种过程，包括目标的确立和目标的实现③。I——整合（Integration）。

---

① 傅正元：《帕森斯的社会学理论》，《国外社会科学》1982 年第 11 期。
② ［美］T. 帕森斯、R. F. 贝尔斯和 E. A. 希尔斯：《行动理论草稿》，纽约出版社 1953 年版，第 183 页。
③ 同上书，第 184、88 页。

任何社会系统都是由不同部分、不同资源构成的，为了使系统有效运作，必须协调系统内部各构成要素的关系，整合资源，使各个要素协调一致并开展有效的合作，形成合力。L——潜在的模式维持（Latent pattern maintenance）。即根据某些规范和原则，维持系统运行秩序与活动方式连续性的功能。帕森斯认为，社会系统是动态变化的过程，社会成员的某种社会活动的不连续性造成了某种社会系统运行的间歇性。但是，社会系统不会因为运行的间歇性而中断，它将通过一系列的规范和原则作用的范围内，系统又重新运行起来[①]。潜在的模式维持是与文化系统相联系的，因为这一功能强调在社会系统中制度化了的文化价值和规范。上述四个功能系统之间不是孤立存在的，而是相互影响，紧密联系的，帕森斯认为，社会系统是趋于均衡的，四种必要功能条件的满足可使系统保持稳定性。

（二）默顿的中层功能理论对结构功能理论的完善和补充

默顿（R. K. Robert King Merton）与帕森斯并称为功能主义论的"巨子"，但他们两人的思想风格迥异。帕森斯的理论以高度抽象著称，并追求建立统一的"大理论"。而默顿的研究强调经验实在性，倡导"中层理论"，故默顿被称为"经验功能主义者"。默顿还是对帕森斯的结构功能理论进行批判，并提出了"正负功能"的概念。与帕森斯结构功能理论中认为系统中所有组成部分都会对系统的整合与协调产生积极作用这一观点不同，默顿提出了"负功能"概念。默顿的"负功能"有两层意思，其一是一般性功能失调，即某些事物发生功能性的社会后果；其二是相对功能失调，即是否是功能失调要根据所讨论的对象而定，用默顿自己的话来说就是看其对谁是"负功能"。因此，他提出对群体整合有贡献的是正功能，而推动群体分裂的则是负功能。默顿还提出了"显功能"和"潜功能"的概念。"所谓'显功能'是指人们能观察到或者能预期效果的功能；'潜功能'则是指人们既不能认识也不能预期其效果的功能。如果说，帕森斯侧重于研究社会行为的显功能，那么默顿则特别注意对事物潜功能的研究。默顿认为，通过揭示事物的潜功能可以增加对社会进

---

① ［美］D. P. 约翰逊：《社会学理论》，南开大学社会学系译，国际文化出版公司1988年版，第530—532页。

行功能分析的深度。"默顿还提出了中层功能理论的一些分析范例,"越轨行为"的理论是默顿中层理论中较有代表性的一个研究。越轨理论的基本主张是,提醒人们在现存社会结构和现存社会条件许可的范围内,提出目标和实现这些目标。由于取得成就目标的合法机会并不能同等地分配给每一个人,如果社会成员接受了社会所倡导的成就目标,但缺乏合法的手段,就会产生失范和越轨行为[①]。

总之,结构功能论以整体社会为研究对象,把关注的重点放在构成社会的各个要素的相互关系上,认为对任何要素的认识都必须放在关系中去理解。结构功能论既关注"结构""要素"的剖析,同时又重视"功能""关系"的考察,把对社会的静态分析与动态分析结合起来,包含着辩证思维的因素,特别体现在"正功能""反功能""显功能""潜功能"等分析概念上。同时我们也要看到,结构功能论所注重的是现存体系内的相互作用过程,忽视当前社会体系的历史背景以及从历史的角度对体系和功能作因果关系的分析,虽然包含有某种系统分析的思想要素,但是却没有与科学的历史分析方法有机结合[②]。

结构功能主义理论为基础教育课程文化研究提供了新颖的观察角度和系统的分析方法。尽管我们不一定完全按照帕森斯的社会系统划分基础教育课程文化,但他所提出的任何一个社会系统都具有适应功能、目标达成功能、整合功能和模式维持功能的确可以让我们从新的视角去理解基础教育课程文化与社会外部环境之间的关系。而且,帕森斯也给我们提供了如何进行社会整合的方法,他认为社会系统本身可以进行自身的整合,这种整合是通过"社会化机制"和"社会控制机制"来实现的,也可以为基础教育课程文化内外部因素的平衡和整合提供借鉴。默顿的结构功能理论中"正负功能""显性和隐性功能"、越轨理论以及参照群体理论等,对基础教育课程文化社会价值追求的分析和实现有着非常重要的借鉴作用。

[①] 黎民、张小山:《西方社会学理论》,华中科技大学出版社 2005 年版,第 152—155 页。
[②] 同上书,第 156—157 页。

三 马克思主义"人的全面发展"理论

"人的全面发展"理论是马克思主义理论的重要组成部分，它是我国教育目的的理论基础，也是科学发展观的重要内涵。马克思、恩格斯指出，"每一个人都无可争辩地有权全面发展自己的才能"，对于个人来说，"任何人的职责、使命、任务就是全面地发展自己的一切能力，其中也包括思维的能力"；① 对于社会来说，要"使社会的每一个成员都能完全自由地发展和发挥他的全部才能和力量"，② 获得"个人的独创的和自由的发展。"③ 在他们看来，"每个人的自由发展是一切人的自由发展的条件。"④ 在此基础上，马克思、恩格斯在批判地继承人类优秀文化成果的基础上，分析了资本主义大工业生产条件下，物质生产过程与人的发展的关系，揭示了人本身发展的规律，指出了人的全面发展的客观必然性。马克思、恩格斯的分析告诉我们，生产力的高度发展是人的全面发展的物质继承；先进的社会生产关系是人的全面发展的基本条件；教育与生产劳动相结合是人的全面发展的手段。因此，随着人类社会的进步，社会生产力和教育科学技术的发展，人的全面发展就成为不以人们意志为转移的普遍规律。其客观必然性的主要表现是：（1）人的全面发展是社会生产力发展的需要，是一定社会经济和政治的客观要求，是历史发展的必然趋势。（2）人的全面发展也是人的发展和完善的必然要求。随着社会的进步，人全面发展自己的要求越强烈，实现的条件也越来越充分⑤。

人的全面发展问题是一个重大的理论价值问题，对于它的认识，我国教育理论界一直有争议。胡德海对其进行归纳，大致有三种意见：一是指体力劳动和脑力劳动相结合；二是指人体各种机能的全面发展；三是指人的体力、智力和道德面貌的多方面的发展。胡德海认为，社会主义教育必须以人的全面发展的理论为指导和作为自己的理论基础。但从

---

① 《马克思恩格斯全集》第42卷，人民教育出版社1995年版，第373页。
② 同上书。
③ 《马克思恩格斯全集》第3卷，人民教育出版社1995年版，第516页。
④ 《马克思恩格斯全集》第1卷，人民教育出版社1995年版，第294页。
⑤ 胡德海：《教育学原理》，甘肃教育出版社2006年版，第37页。

其性质、内容、培养目标各方面来看，和马克思本人所理解的全面发展教育又不能简单画等号。他认为，人及人的全面发展问题，就其实质来讲，是一个综合性问题。因此，不仅要以单个方面，而且还要辩证地、系统地研究人的存在与发展的问题①。这样一来，人的全面发展无可置疑地具备了丰富的内涵，即物质生活和精神生活全面而协调地发展，世界观、人生观和价值观的全面发展，身体素质和心理素质的全面发展，体力、智力的全面发展，人的才能的多方面发展，以及个人社会关系的高度丰富和发展等等。在此意义上，人的全面发展不仅仅只是手段，更重要的是，它本身就是目的，不断追求人的完善、和谐、丰富，一方面是人性的内在向往和本能的自然追求；另一方面，也是社会进步和发展的外在要求，它是主客观的统一。在主观上，人总是倾向于不断追求尽可能的全面发展；在客观上，随着社会的进步，社会也不断要求人的全面发展。这既是应然的，也是必然的②。同时，人的全面发展是一个时代范畴，其内涵必将随着时代的发展而不断发展和完善。

中华人民共和国成立以来，马克思主义的"全面发展"一直写在我们的教育方针里，"德智体美全面发展"的人的培养也一直是中国基础教育培养目标厘定的一条主线。"人的全面发展"是人自身发展的内在需求，直接指向当前基础教育课程文化"应然"的内在价值追求。

第三节　基础教育课程文化价值追求"应然"构建的实践依据

基础教育课程文化会随着社会的发展而动态发展，无论是基础教育课程文化的选择，还是基础教育课程文化的生成和开展，都离不开纷繁复杂的社会文化环境，尽管在不同的历史发展阶段呈现出不同的时代特点，但都会受到社会政治、经济、科技和文化发展的影响。因此，基础教育课程文化价值追求的"应然"构建必须考虑社会文化环境的现实需求。当今社会是一个知识经济时代，也是一个信息时代，科技水平飞速

---

① 胡德海：《教育理念的沉思与言说》，人民教育出版社2005年版，第218页。
② 扈中平：《"人的全面发展"内涵新析》，《教育研究》2005年第5期。

发展，知识更新日新月异，各国的交往和沟通空前紧密。当然，我们还必须看到科学技术为人类创造了前所未有的物质财富和精神财富的同时，也为人类带来了前所未有的灾难和危机。任何一个国家的发展都处在这样一个机遇和危机同在的社会文化环境中，所有的国家教育虽然各有特点，但都不可避免的面临着同样的问题，"教育究竟要培养什么样的人？"在培养什么样的人的探索和实践过程中，基础教育作为一个国家和每个个体成长和发展的基础变得尤其重要。因此，21世纪以来基础教育课程改革和课程文化变革成为整个世界的潮流，新时期基础教育课程文化价值追求的"应然"构建不仅要考虑本国的社会文化环境，还要考虑世界各国基础教育课程的改革趋势。

一 构建基础教育课程文化"应然"价值追求的国际背景

"2000年，迈克尔·富兰撰文指出，20世纪90年代中期以来，世界各国的教育领域出现了一股大规模改革的回归趋势。称其为'回归'是因为这是继1957年苏联发射人造卫星而引发的'学科结构运动'之后，又一次出现的波及全球的大规模教育变革浪潮。富兰将其称为'半个世纪以来大规模教育改革的第二次严肃尝试'。"[①] 以关注整个教育系统的素质提升为其显著特征之一。"20世纪90年代中期以来，世界各国不约而同地启动了全国性的大规模教育改革，从而构成了一种直至今天仍不断升级与深化的大规模教育改革的全球浪潮，其中课程改革尤为此次变革浪潮的重心所在。"[②]

（一）全球化时代各国基础教育课程改革的相似性

1. 实施策略或方式的相似性

大规模变革的启动和实施一般采取由政府或学校外部人士发起、自上而下的实施策略。那些倡导分权的国家，也在逐渐强化中央政府对改革启动和实施中的监督作用。英国在《1988年教育改革法》后设置国家课程，并先后在1994年与2000年对国家课程做出修订，并于2011—

---

① Fullan, M., "The Return of Large-scale Reform", *Journal of Educational Change*, Vol1.1, No. 28, May 2000.
② 尹弘飚：《全球化时代的中国课程改革》，《高等教育研究》2011年第3期。

2012年重新检视国家课程。美国2002年颁布的《不让一个孩子掉队》法案，要求加强各州的学习效能，提升基础教育的学业标准；奥巴马政府2009年启动"奔向巅峰"（Race to the Top）计划，通过强化学生的学业评估，进一步加强了政府对各州课程设置和教学效能的控制。澳大利亚自2008年开始着手设计的基础教育国家课程方案在2010年3月问世，作为澳大利亚的第一份国家课程方案，对学校的课程设置、课程结构以及课程内容产生了全局性影响。

2. 改革理念或措施的相似性

20世纪90年代中期以来各国的教育或课程改革在改革理念和措施上具有许多相似性。例如，英国1998年颁布的《学习化时代》绿皮书，指出随着知识经济与信息社会的到来，学习是保持国家繁荣的关键所在；澳大利亚教育、科学与训练局这一时期来颁布的系列文件也都指向终身学习这一共同核心[1]；"新加坡时任总理吴作栋1997发表《思维型学校，学习型国家》（Thinking Schools, Learning Nation）的报告开篇中指出，'国家的未来取决于其国民的学习能力'；韩国教育与人力资源发展部2002年为其教育改革设计的'推广终身教育的综合计划'指出，为回应'知识本位社会'的到来，终身教育应成为国民教育的一个常规部分。此外，与终身教育、培养终身学习能力等类似的理念体现在中国两岸三地乃至其他国家的课程改革中。总之，为回应信息社会的到来，世界各国的教育或课程改革都不约而同地提倡终身学习、注重全人发展、培养跨学科的共通能力（如交流、合作、问题解决、批判性思考等）等改革理念。在具体措施上，课程统整、自主学习、多元智能、形成性评价、建构主义教学等也成为各国课程改革的共同特征。"[2]

然而，全球化不是价值中立的，总是蕴含和传播着某种意识形态或价值观，尤其是那些在所谓的文明序列中处于更高地位的国家的文化观念。因此，学者们指出，教育政策或课程改革的全球化常常带有"盎格

---

[1] Astiz, M. F., Wiseman A, Baker D., "Slouching Towards Decentralization: Consequences of Globalization for Curricular Control in National Education Systems", *Comparative Education Review*, Vol. 46, No. 66, January 2002.

[2] 尹弘飚：《全球化时代的中国课程改革》，《高等教育研究》2011年第3期。

鲁—美利坚式"（Angelo-American）的特征①。如兴起于英国的"新自由主义"（New Liberalism）对世界各国基础教育课程改革的影响，它的竞争、效率、市场化和分权等市场经济特征被推入包括教育在内的"公营部门"，使得那些教育决策方面遵循分权传统的国家的基础教育课程也体现重视国家课程、评估与问责制和家长择校等特点。如美国近年来的改革方向强化中央集权、强调直接讲授的教学方式、看重教师的学科知识基础；英国的国家课程、强调如语文、数学、物理、化学等传统的学科课程等等。"同时，新自由主义之风也刮到了世界各国，北欧国家如芬兰于1994年设置国家核心课程之后，在2004年重新颁布国家基础教育核心课程；挪威在1997年发动了针对全国义务教育课程的大规模改革，并在2006年决定再次启动改革，制定新的国家课程标准；在亚太地区，韩国于1997年发动第七次国家课程改革，新加坡也在1997年启动全国的课程改革，而日本则继1998年通过修订《学习指导要领》发动课程改革之后，2008年又颁布了新修订的《学习指导要领》。"②

当然，全球化加速了主导价值观或"文化霸权"在世界范围内的流通，而国家之间、地区之间在教育政策或改革措施方面的相互借鉴也日益增加。因此，全球化会带来同质性，会让各国的教育改革在某种程度上具有相似性。但是，教育政策与改革措施是无法被照搬或借用的，任何改革脱离了本国的文化生态都无法长久立足。因此，全球化时代基础教育课程改革必然具有差异性。

（二）全球化时代基础教育课程改革的差异性

1. 寻找适合自己的课程之路

如北欧国家芬兰是一个国土面积约33万平方公里，530多万人口的小国，独立建国时间100余年。但却在2000年、2003年、2006年的PISA（即"国际学生评价项目"）测试中三次总分第一，其学生的发展也比较全面，"阅读能力、数学能力、科学素养和问题解决能力都很优秀；不同地区间、各学校间的差异，不同家庭背景的学生成绩差距在所有参

---

① Dimmock, C. & Walker, A., "Globalization and Social Culture: Redefining Schooling and School Leadership in the 21st Century", Compare, Vol. 30, No. 3, March 2000.

② 尹弘飚：《全球化时代的中国课程改革》，《高等教育研究》2011年第3期。

评国家中最小；芬兰的总体成绩还在不断提高，其基础教育仍具有很大的发展潜力；芬兰的教育支出在 OECD 中仅仅处于一般水平，而其学生却取得了一流的成绩，其基础教育产出率比较高。"① 在全球化时代特征横扫世界各国的基础教育课程时，芬兰走出了一条适合自己的道路。芬兰的教育经验不仅使它的教育居于世界前列，而且在 2011 年世界国家排名中，在教育、创新活力、政治清廉等方面综合排名第一。"芬兰的教育理念主要体现在：崇尚教育，芬兰总统哈洛宁多次说过：'我们认为，具备世界最强竞争力的秘诀，是教育'②；实现基础教育的福利性和免费性、平等性和公平性；强调全纳教育、平衡教育，即对人的个性发展的各个方面（如道德、价值观、创新能力、知识与技能等）都很重视；信任文化与自觉责任意识；教育权力的分散与下移等等。"③

2. 全球化时代特征的本土化调适

各国的"国情"不同，即使遵循的是同样的改革理念，其具体的实施过程与效果也会出现差异。如中国两岸三地的十多年来基础教育课程改革实践证明，在启动课程改革时，三地的改革无论在理念还是措施都具有全球化时代特征。然而，在十多年课程实践之后，三地的课程改革也都由于身处各自特有的文化和社会情境而经历着与众不同的两难处境。在台湾，课程改革成为民众寻求民族认同的身份政治的一个部分，在全球化和本土化之间举棋不定④。在香港，虽然同样打着"素质教育"的旗号，但全球化带来的经济理性和新管理主义让教育在官方文件中化身为"服务"或"人力资本"。在这种市场导向的氛围中实施改革，人们不得不面临着质量与公平、竞争与合作、标准与多元、控制与自主的困境⑤。在大陆，这种困境则集中表现为改革中外来的改革理念与传统文化与价

---

① Sahlberg, P., "Education Policies for Raising Student Learning: the Finnish Approach", *Journal of Education Policy*, Vol. 22, No. 159, February 2007.
② 转引自李忠东《优质、均衡的芬兰基础教育》，《河南教育》2006 年第 10 期。
③ 王悦芳：《芬兰基础教育改革的逻辑与理念》，《外国中小学教育》2009 年第 6 期。
④ Mao C. J., "Fashioning Curriculum Reform as Identity Politics – Taiwan's Dilemma of Curriculum Reform in New Millennium", *International Journal of Educational Development*, Vol. 28, No. 5, March 2008.
⑤ Tse, T. K. C., "No Easy Choice: Value Dilemmas of Education Reform and Economic Rationalism in Hong Kong", *International Journal of Educational Reform*, Vol. 14, No. 1, June 2005.

值观之间的冲突与磨合。

总之,全球化时代的各国基础教育课程改革经验告诉我们,基础教育课程文化变迁必然反映全球化的时代特征,但基于本国的文化传统、历史脉络、社会环境以及国家政治氛围的差异,"和而不同"是当今基础教育课程文化的应然追求。

二 构建基础教育课程文化"应然"价值追求的国内背景

从发展环境来说,中国社会是在一个不平等的全球化背景下来考虑自己的发展问题,既要利用全球化带来的机遇,又要防止全球化给社会经济生活、政治秩序和价值体系带来的冲击或破坏。从发展面临的问题来说,当前最大的问题就是发展观和发展方式问题。在发展观上过于强调经济增长,在发展方式上存在着发展与环境、发展与人口、发展与公平等方面的较大矛盾,发展的环境代价、人文代价和社会代价引起人们的关注。正是在对这种片面的发展观和发展实践的反思基础上,决策者们提出了"科学发展观"的概念,强调发展以人为本,统筹兼顾,实现全面协调可持续的新发展模式。在发展的路径方面,一方面强调中国特色、中国道路,另一方面允许一部分人或地区先发展起来,再带动全局发展。

中国当前社会背景从具体领域来看,具有以下特点:

1. 文化多样化

文化民主、文化宽容的呼声愈来愈高。正如拉兹洛所说的那样,"将近半个世纪以来,社会往往以东西方敌对的观点而不是按照其内在价值的观点来解释文化。我们有理由希望当前的发展是一个新的历史开端的前奏,一个多文化的春季,一个从两极世界转向多极世界的人本主义的反映。"[1]

2. 政治的民主化

随着改革开放的不断深入,政治领域的民主化进程也稳步推进,我国社会主义民主制度也不断完善,人们权利的范围扩大,民主参与和民

---

[1] [美] 欧文·拉兹洛:《多种文化的星球》,戴侃等译,社会科学文献出版社2001年版,第3页。

主监督机会增加，程序的民主性、公开性和公正性受到广泛赞誉。

3. 经济上市场化和全球化

市场化和全球化为中国的经济发展提供了更大的空间、更广阔的市场，也使其面临更激烈的竞争，经济风险更加不可预测与控制，劳动力的国际流动也越来越频繁。

4. 科技创新突飞猛进

随着科学技术的飞速发展，人们从科学技术进步中获得的利益将会不断增加。

5. 信息时代影响的逐步扩大

信息技术产生革命性的进步，互联网技术的出现和广泛应用深刻地改变着人们的生产、生活和交往方式。

6. 城市化进程不断加快

改革开放以来，中国社会的城乡二元的格局逐渐改变，城市化进程日渐加快，走进城市的乡村人口越来越多，虽然其中的许多人还只是漂泊在城市中的"农民工"，但不能否认他们为城市的生产、生活做出的巨大贡献。

这些社会背景，为我国当前基础教育课程文化的"应然"价值追求构建提供了现实的基础和宏观的背景。基础教育课程文化的内在价值追求就是培养生活于这样的社会并能够建设更加美好社会的人。

第四节 当前中国基础教育课程文化"应然"的价值追求

纵观中华人民共和国成立以来中国基础教育课程文化变迁的历史，课程文化选择的价值取向以社会取向为主，课程文化的价值追求以社会价值追求为主，强化了基础教育课程文化的社会功能和工具理性。鉴于基础教育在整个社会发展中的奠基作用，这一点本无可厚非，但因为过分重视其社会功能和工具理性，忽视了课程作为文化主体存在的本质意义，使得基础教育中的人和课程本身都成为服务于社会发展的依附和工具。基础教育所培养的人是具有能立足社会的"技能"等外在特征的"人才"，而缺乏作为"人"的基本素养，是"片面的""被割裂的"人，基础教育课程文化也只是对符合占社会主导地位的阶级和群体利益的社会文化的选择和传承，缺乏创新和生成。反思已有基础教育课程文化及其价值追求，我们发现长期以来我们过分注重了基础教育及其课程文化的外部因素和社会化功能，远离了教育要促进人的发展的本质意义。因此，要重新构建基础教育课程文化"应然"的价值追求，要从根本上去审视基础教育课程文化，从多个理论视角去寻找构建的理论基础；要满足在全球化和知识经济时代，对基础教育课程文化的实践诉求；要关注基础教育课程文化的出发点和落脚点的"人"的特点和需要，特别是新的时代特点内化于他们自身的时代特征对基础教育课程文化的新需求。鉴于此，我们提出基础教育课程文化"应然"的价值追求。

一 培养"完整的人"——基础教育课程文化"应然"的内在价值追求

纵观中华人民共和国成立以来中国基础教育课程文化变迁理论，其价值取向多是以社会取向为主，基础教育课程文化主要是服务于社会发展，或重在社会政权的稳定，或侧重社会经济的发展，其价值追求都是以服务于社会发展的社会价值追求为核心，其内在价值追求都是服务于社会价值追求。基础教育培养什么样的人并不是以被培养的人的需要为重，而是以能否适应社会发展的需要为主，整个基础教育课程文化中长期忽视个体存在和发展的意义，所培养出的人也不是真正意义上的人，而是"不完整的人"。这样的人或许具有社会某一行业所需的专业性知识和能力，能为社会创造一定的经济价值，也可以使个体取得所谓的成功，但这一切都是针对个体的"专业世界"而言，那么就个人的整个生活世界而言，是不是也是这样？在现实生活中，我们的相当一部分的中小学生在情感、道德或价值以及人格领域存在不少问题。因此，"完整的人"是基础教育课程文化"应然"的内在价值追求。一个"完整的人"不是说在各个方面都要全面发展的人，而应该是个性、社会性和类特性三个方面和谐发展的人。

（一）"完整的人"具有作为"人"的类特性

"基础性"是基础教育的基本特征，基础教育是整个国家发展和每个个体成长的奠基工程，基础教育的目标不是培养人才，而是为人才的培养奠定基础。人要成长，必先成人。基础教育是"成人"的关键环节，基础教育课程文化要培养的是"完整的人"，必须具有作为"人"的类特性。

与"人"的类特性形成有关的素质，主要有对人作为人的尊重、人格平等、人权、生态意识、和平。对人作为人的尊重不同于对人作为社会权威角色的尊重，往往掩盖在对社会权威角色尊重的面具之下。对人作为人的尊重是一种人类意识，而对人作为权威角色的尊重则不过是一种生存技能。检验对人作为人的尊重，最好就是看一个人怎么样对待那些处于社会底层和边缘地位的人。人格平等是对人作为人的尊重的延伸，是一种对人类平等的理性认识。在国家实力、阶层分化、贫富悬殊的今天，倡导人格平等具有非常重要的意义和紧迫性。人权是人作为人的存在所共同拥有的权利，具有社会历史性。尊重人权、维护人权也是任何个人、团体、国家和国际组织共同的义务。基础教育有责任通过各种不同的渠道帮助学生了解人权的内容和各国基于自己的社会历史条件尊重、维护和实现人权的具体道路。生态意识作为一种人类意识而不是公民意识提出，就是为了强调在应对生态灾难方面全人类有共同的义务和责任，需要人类不同部分之间的团结与合作。和平是永恒的价值追求，是人类幸福的根基。学校应该将和平的种子播撒在青少年儿童的心里，使他们从小就知道和平的可贵，反对一切不正义的战争，并在自己未来的生活中致力于消除种族主义、霸权主义、文化沙文主义、帝国主义等一些战争的根源，奔向人类永久和平之路。

（二）"完整的人"是具有良好个性的人

良好个性的养成需要多个方面素质的培养，如健康、节俭、诚信、理性、关心、自主、创造性、尊重生命、批判性思维等。

1. 具有良好个性的人要有良好的道德素养

道德具有调节人的行为的功能，使一个人完善其社会关系、人际关系和自我修养。道德的调节性主要是通过个体自省的一种自觉的良心的调节。也正因为这样，道德素养的形成是一个长期的过程，也是一个外在于人的道德规范与行为准则内化的过程。长期以来，中国把德育放在"五育"之首，并从小学阶段就设置德育的专门课程，但往往收效甚微。而人的道德素养是人的个性培养的基本，具体应培养学生健康、诚信、节俭、理性和关心等素质。健康是一切幸福生活的基础，是人生发展的条件。当前的健康不仅指身体的健康而且包括心理的健康和生活方式的健康。节俭是一种传统美德，也应该是一种现代美德，是可持续发展观对个体的要求。因为环境的破坏、生态的恶化归根到底是因为人类奢侈的生活方式所导致的。诚信也是一种传统美德，也是市场经济和民主政治的德行基础。理性是现代社会的基础，理性精神也是中国社会传统文化中所缺乏的。关心既是对他者的给予，也是对自我的肯定。从关心当中，人们找到了改善社会关系的道路。

2. 具有良好个性的人要懂得珍爱生命，学会有尊严的生活

近年来，中小学生各种伤害案件时有发生，包括对别人身体和生命的伤害，也包括对自己生命的漠视，还包括对小动物的虐待。这种伤害带来的不仅是对某个人或某个家庭的伤害，而是基础教育乃至整个社会所要思考的重大问题。（1）要培养对生命的珍爱。人的生命只有一次，没有什么比人的生命更重要，生命具有唯一性和不可替代性。我们要教孩子从小热爱生命、珍爱生命，而不是盲目的见义勇为。当然，这种对生命的珍爱不仅仅是对人这一生命体的关爱，还包括对动物、对自然万物的关爱。（2）让每一个孩子都有过更有尊严的生活的意识。要引导孩子树立过更有尊严的生活的意识，必须要尊重孩子，发现孩子的善良、纯洁和美好，让孩子感觉到做人的尊严和价值。（3）要引导人对更美好的未来充满期待。目前有不少孩子对未来失去了信心，我们要做的是鼓励孩子了解自身的环境、家庭的背景、面临的困难、自己的性情和期待，激励孩子鼓起生活的勇气，唤醒孩子内在的生命力量，克服各种困难和阻力去创造一个能帮助孩子瞭望未来、渴望更好的生活的环境。（4）使孩子对自己、对自己生命和价值、对未来发展的可能性更有信心。教育要让孩子了解自己、相信自己的可能性、相信自己的价值。要爱学生，也要给予他们一定的责任，让他们在完成任务的过程中更有尊严、更有责任感的生活，也会促进他们开始创造，并发展完善①。

3. 具有良好个性的人是有理性批判和自我反省能力的人

批判意识和能力的培养一直是中国基础教育课程文化所忽视的，当

---

① 张文质等：《生命化教育的责任与梦想》，华东师范大学出版社2006年版，第8—12页。

今时代是一个呼唤有主体意识和批判反思能力人才的时代,培养出具有理性批判和自我反省能力的人是基础教育课程文化的目标和使命。课程文化选择的前提是人类历史文化和个人的实践经验,必须对其进行合理的批判和有效的选择,并且通过自主的、理性的参与实践,把课程选择的文化创造性地内化于自己的品质结构中。同时,课程主体在传承课程选择的文化过程中批判性的自我反省,使课程选择的文化和课程主体文化的转化关系沿着从不合理性到合理性,从无知到认识,再到理解和反省的理性轨道上来。可见,具有理性批判和自我反省能力的人本身就标志着一种实践行动的解放和精神境界的提升[①]。

(三)"完整的人"是社会性完善和发展的人

人的本质属性是社会性,每个个体的生存和发展都离不开社会这一群体,一个"完整的人"的培养也必须要培养他的社会性,"完整的人"是社会性完善和发展的人。

1. 社会性完善和发展的人是拥有知识并有能力将知识转化的人

是给学生实用的知识,还是发展学生的能力,是课程领域的一个重要而又古老的问题,不同历史时期的课程侧重点不同,课程发展史上还展开过关于知识与能力问题的形式教育与实质教育的著名论争。事实上,无论是侧重知识的掌握,还是侧重能力的培养,都必须认识到知识和能力之间的紧密联系,知识的获得以能力为前提,能力的发展以知识为基础。而且,人类的知识相对个体来说是浩瀚无垠的,这不仅意味着基础教育课程文化的选择性问题,还需要关注的是受教育者必须具有把所学知识转化为解决问题的能力。首先,一个"完整的人"必须掌握知识并理解它,不能仅仅具有一些专门的知识技能,还必须掌握大量的知识或概念图式,这些知识或概念图式形成他的认知结构。其次,一个"完整的人"所掌握的知识,不是死的书本知识,而是能改变他的思维方式和行动能力的知识。因此,一个有知识的人如果不能运用知识改变他的生活方式,那就像放在书架上的百科全书,不能算是"完整的人"。一个人在课堂上或考试中回答出关于历史问题的答案,我们可能称此人"博学",但如果他的历史知识对他看待周围社会的事物的方式不会产生任何

[①] 郝志军:《教学文化的价值追求:达成教化与养成智慧》,《教育研究》2008年第4期。

影响，就不能说他是"完整的人"①。

2. 社会性完善和发展的人是具有良好的人文素养的人

"人文素养的核心内容是对人类生存意义和价值的关怀，也就是人文精神。人文素养的灵魂是'以人为对象、以人为中心的精神'，其实是一种为人处世的基本的'德性'、'价值观'和'人生哲学'。它追求人生和社会的美好境界，推崇人的感性和情感，看重人的想象性和生活的多样化，主张思想自由和个性解放，以人的价值、人的感受、人的尊严为尺度。"② 以往的基础教育过分注重学生的科学素养的培养，强调学生对科学和技术的基本知识、基本观点和科学价值的理解和掌握，因为科学知识可以给人和社会的发展带来实用的价值，而忽略学生的人文精神的养成，致使受教育者人文素养的普遍缺失，常常追逐短期的利益，而很少关注人类生存意义和价值，甚至会因为追求自身的利益而去破坏人生和社会的美好。基础教育课程文化要凸显人文素养的培养。

此外，与人的社会性培养有关的素质，还包括自由、民主、公正、同情、宽容、社会责任、法律意识、团结与合作等等。自由是现代社会的核心价值之一，自由不仅是智慧和德性的源泉，还是民主的基础。民主不仅是一种政体的形式，而且是一种公共政策产生的方式，还是一种生活方式。民主是建设社会主义民主政治对公民提出的素质要求。公正是人类古老的价值观念，也是社会主义的核心价值观念。正义感的培养和正义文化的形成也是当前中小学价值教育亟待加强的。同情是一种对他者处境和遭遇的同感，是引导个体走向他者的心理品质，没有同情，就没有爱。宽容是一种古老的美德，更是文化多样性时代人们的公共生活所需要的一种素质。宽容意味着对多样性的承认和尊重，是一切社会交流、对话与共识的前提。社会责任是对抗极端个体主义所必需的，为了防止社会生活的"原子化"，必须不断地唤醒人们的社会责任意识。法律是现代社会的基石，是社会秩序的主要支柱，对法律的尊重和维护是现代公民最重要的素质。团结与合作是防止社会分裂和重新阶级化的要求，也是应对社会危机的良药。

---

① 郝志军：《教学文化的价值追求：达成教化与养成智慧》，《教育研究》2008 年第 4 期。
② 林坚、黄婷：《科学素养和人文素养的整合》，《科普研究》2011 年第 2 期。

总之，一个"完整的人"是在个性、社会性和类特性三个方面都和谐发展的人，侧重任何一个方面，都不利于"完整的人"的培养，"完整的人"的培养的过程是一个动态的、立体的过程。"完整的人"的培养是基础教育课程文化的内在价值追求，也是其核心价值追求，是其追求的理想境界。

二 和谐社会的构建——基础教育课程文化"应然"的社会价值追求

2003年，中国的人均国内生产总值首次突破1000美元，在这样一个发展阶段，可能出现两种结果：一种是进入"黄金发展时期"，经济社会协调发展；另一种是进入"矛盾凸显时期"，经济社会徘徊不前，甚至出现社会动荡和倒退。在这一社会背景下，2004年9月，党的十六届四中全会第一次提出，"坚持最广泛最充分地调动一切积极因素，不断提高构建社会主义和谐社会的能力"。这是文件中第一次把和谐社会建设放到同经济建设、政治建设、文化建设并列的突出位置。2006年10月的十六届六中全会，又提出了"构建社会主义和谐社会是贯穿中国特色社会主义事业全过程的长期历史任务"的重要论断。在2007年10月的十七大上，强调"社会和谐是中国特色社会主义的本质属性"，再次强调了全面推动构建社会主义和谐社会的战略任务和执政理念。

"和谐社会"，具有民主法治、公平正义、诚信友爱、充满活力、安定有序、人与自然和谐相处等基本特征。和谐社会是人、自然和社会的诸多因素都良性互动和协调发展的社会。"公平和正义是和谐社会的重要特性，要构建和谐社会，就必须致力于推进和实现社会的公平和正义。教育作为社会的重要组成部分，其公平和正义是社会公平、正义在教育领域的延伸和体现。教育的公平、正义是促进社会公平与构建和谐社会的基点，也是当今世界各国制定教育政策和教育制度的基本出发点。基础教育是个体成长和社会发展的基础，基础教育（尤其是义务教育）是人的基本教育权利，基础教育的公平、正义必须得到体现和保障。然而，中国教育不公现象在现阶段仍然存在。这种不公平严重影响了个人的发展及其竞争与选择能力，也复制与加剧了社会的不公平，影响和谐社会的构建。"① 因此，构建和谐社会是基础教育课程文化的社会价值追求，同时，社会主义和谐社会的构建离不开基础教育的支持，因为基础教育可以培养出具有能正确地处理人与自然、人与社会、人与他人、人与自我之间多重关系的意识和能力的合格公民，这是和谐社会构建的重要前提。

基础教育的公平、正义，有利于缩小不同族群、阶层的人群的社会差距，保障他们共享社会进步的成果，从而扩大社会民主和平等，保持社会的和谐与稳定。长期以来，课程所传递的文化，主要是社会占主导地位的阶级或群体的文化，即社会主流文化、精英文化。或者忽视和排挤弱势群体或少数群体的文化，或者贬低和排斥贴近大众和学生生活世界的大众文化，形成"一元化"的课程。这种"一元文化指导下的课程容易使主流文化族群错误地形成自身的优越感，这样既丧失了他们从其他文化族群的知识、观念中获益的机会，又不利于自身文化观的反省和发展，达到文化自觉的高度。一元文化课程的消极因素变得愈加明显，它不仅不利于各种文化的交流和认同，反而巩固和加深了社会对非主流文化族群的成见和偏见，成为诱发不同文化族群矛盾冲突的重要因素；它不仅影响学生对其群体角色、性别角色等的认同与归属，还由于学校教科书没能真正反映他们的文化，使他们产生疏远和自卑感，产生内在的文化冲突，削弱其学习动机，从而极大地影响学生的成就动机、学业成绩和职业成就。"② 也深化了不同民族、不同阶层人群的不平等。因此，基础教育课程文化就要协调处理好各类社会文化资源之间的关系，课程文化在选择的过程中，要打破主流文化和精英文化的垄断地位，吸纳与整合非主流文化和大众文化，处理课程中主流文化与非主流文化、精英文化与大众文化之间的关系，批判地继承中国传统文化，引导学生正确地认识各种文化，从各种文化中吸收营养，培养其多元文化认同的态度和能力。促进学生的全面协调的发展，减少因为文化偏见引起的文

---

① 彭泽平、姚琳：《和谐社会与课程的和谐伦理指向——"和谐社会"视域下我国基础教育课程改革的思考》，《教育理论与实践》2010年第9期。
② 陈时见：《多元文化视域下的课程发展》，《西南师范大学学报》（人文社会科学版）2003年第6期。

化冲突。这是各国课程文化选择的新课题,也是基础教育课程文化的社会价值追求之一。

综上所述,培养"完整的人"是目前中国基础教育课程文化"应然"的内在价值追求,和谐社会的构建是基础教育课程文化"应然"的社会价值追求,以培养"完整的人"的内在价值追求为核心和终极目标。

第六章

基础教育课程文化"应然"的价值追求的实现策略

基础教育课程文化"应然"的价值追求只有在基础教育课程实践中才能真正实现。中华人民共和国成立以来的基础教育课程实践证明,"应然"的基础教育课程文化的价值追求和"实然"的基础教育课程实践之间并不是完全对接的,总是存在这样或者那样的主客观因素阻碍"应然"走向"实然",如何使"应然"的基础教育课程文化的价值追求最大化的得以实现,体现在课程如何选择文化和课程选择的文化如何落实两个方面。

第一节 更新和完善基础教育"课程选择的文化"

基础教育课程文化"应然"的价值追求是总结以往的基础教育课程文化变迁的历史经验,结合当前的基础教育课程文化理论发展和实践需要而构建的,尽管不会摒弃原有的基础教育课程文化,但必然会对以往的课程文化进行更新和完善。这种更新和完善主要体现在如何选择课程文化层面。

一 重新厘定基础教育的任务和培养目标

选择什么样的文化进入课程,以什么为依据选择文化,这是基础教育课程首先要解决的问题。基础教育课程选择的文化是基础教育任务和培养目标、课程目标的具体体现,因此,要更新和完善课程选择的文化,需要重新厘定基础教育的任务和培养目标。

从中华人民共和国成立以来中国基础教育的任务和培养目标的历史变迁来看，尽管不同时期的具体表述存在差异，但有一些共有的特点：一是"社会主义事业的建设者和接班人"的人才培养总体规格，是贯穿中华人民共和国成立以来整个基础教育培养目标的一根红线。如"有社会主义觉悟的有文化的劳动者""社会主义公民"与"社会主义事业的建设者和接班人"，都具有一致的内涵和外延，这也是由中国社会的性质和发展道路所决定的。二是"德智体美全面发展"的人才素质结构的总体要求，只是在不同的历史时期对德、智、体、美的具体表述有所不同，且会体现特定时期的时代性和针对性。三是在关键素质认定上，凸显不同历史时期的时代特征，如"社会责任感""创新精神""实践能力""终身学习能力""面向世界的开放意识"就体现了当今时代的鲜明特征。

然而，中华人民共和国成立以来中国基础教育的任务和培养目标在具体表述上存在一些问题，难以真正落实。一是这些表述与国家教育目的的表述没有多大的区别，很多时候是对一般国家教育目的表述的照搬照抄，体现基础教育特色的内容不是很多。二是中国基础教育任务和培养目标的意识形态化倾向严重。以新时期的义务教育和普通高中培养目标来看，分别有"要使学生具有爱国主义、集体主义精神，热爱社会主义，继承和发扬中华民族的优秀传统和革命传统；具有社会主义民主法制意识，遵守国家法律和社会公德；逐步形成正确的世界观、人生观、价值观；具有社会责任感，努力为人民服务"和"初步形成正确的世界观、人生观、价值观；热爱社会主义祖国，热爱中国共产党，自觉维护国家尊严和利益，继承中华民族的优秀传统，弘扬民族精神，有为民族振兴和社会进步做贡献的志向与愿望"的表述，过分强调中国基础教育任务和培养目标的政治功能。三是在关键素质的界定上也只有类型的说明，没有程度的说明，以至于很难得到具体的理解，更谈不上作为教育目标发挥评价的准绳作用，对基础教育办学实践的指导性不够强。四是在表述的结构和方式上，有些杂乱，不够清晰，以至于读者、研究者和实践工作者很难明白基础教育所要培养的人的素质到底是哪些。五是这些关键素质没有操作性的定义或缺乏专业的概念解释，严谨性不够。

在厘定基础教育的任务和培养目标时应该努力加以解决这些问题，

不仅是基础教育任务和培养目标自身的问题，更是基础教育课程文化的核心价值追求——培养"完整的人"的内在价值追求实现的需要。因此，更新和完善基础教育课程选择的文化首要任务就在于解决现行基础教育的任务和培养目标存在的问题。第一，要体现具体学段的特色内容。如基础教育包括义务教育与普通高中教育，都具有基础教育性质，但又有各自的独特性，如义务教育除了具有基础性之外，还具有义务性和普及性，而中国普通高中教育的"基础性"也和义务教育的"基础性"不完全相同，普通高中教育是基础教育的高级阶段、最后阶段，与大学教育、职业世界和社会公民生活存在有机联系，需要不断提高其适应性和开放性，以帮助学生完成大学准备、职业准备和社会公民生活。因此，普通高中教育还具有"预备性"。此外，普通高中教育是普通教育，又是对职业世界和社会生活具有高适应性的教育等，这些特色都是应该体现在培养目标的表述中的。第二，弱化培养目标的意识形态化，凸显基础教育的内在价值——育人价值，转变过分强调基础教育的工具价值的情况，促进基础教育工具价值和内在价值的统一。第三，强化培养目标中的关键素质。对关键素质的界定既要有类型的说明，也要有程度的说明，表述的结构和方式也要清晰、准确，使实践工作者了解基础教育所要培养的人的重要素质有哪些。同时，还要具有可操作性，不能是笼统的、抽象的。

二 完善基础教育课程目标

基础教育课程目标是基础教育课程的第一要素，也是基础教育课程的预期结果。它反映了社会政治、经济、科技文化等对学校课程的客观要求，也是学生身心发展的目标和方向。狭隘的课程目标只能培养出畸形片面的学生；而丰富的、全面的、生气勃勃的课程目标才能培育出德性、知识与能力、独立个性全面发展的学生。中华人民共和国成立至20世纪末的七次基础教育课程改革受学科课程论社会取向的影响，课程目标长期指向单一的认知领域，更多关注的是学习者是否对基础知识和基本技能的掌握，而忽略了学生的能力培养、德性完善和个性发展。世纪之交的新课程目标提出"知识与技能、过程与方法、情感态度价值观"的三维目标，在重视学生掌握"双基"的同时，关注学生学习和探究的过程和情感态度价值观的培养。在这三个层次中,"知识与技能"是可以结果化的显性的课程目标,指向人的认知和理性的发展,"过程与方法""情感态度与价值观"是难以结果化的隐性的课程目标,指向人的非理性的精神领域,旨在培养完善的人格[①]。

新课程目标的提出相较于之前的指向认知领域的单一性而言有了根本性的变化,但对于"完整的人"的培养而言,还需要进一步完善。第一,加强对学生思维的训练与培养。事实上,只有学生的思维能力得到训练和培养,才能真正实现教学目标。第二,关注学生品德形成和个性发展维度。"情感、态度价值观"维度是促进学生社会认知发展的重要维度,应当既包括情感、态度价值观教育,也包括品德、个性教育。但在新课程目标中缺少品德、个性两个维度。近年来,在中小学生和大学生群体中发生的多起恶性犯罪事件,以及中小学生普遍缺乏作为"人"的基本素养,表明在基础教育的课程目标制订中,一定要考虑学生品德的形成和个性发展这两个重要维度。第三,学生类特性的培养、批判性思维和能力的培养、国际意识的培养都是需要关注和加强的。因此,课程目标的完善是基础教育课程文化更新的重要举措。

三 合理优化基础教育课程结构

(一)分层、分类的课程设置

良好个性的培养是"完整的人"的一个重要维度,长期以来中国教育的一个最大的特点就是把不同的孩子教育的最终相同,不仅不能发展每个学生的最大潜能,也不利于学生创新精神和创新能力的培养。个性化的课程体系的核心理念在于为每一个孩子提供适合的教育。如北京十一中的课程体系的设计目标就是:创造适合每一个孩子的个性化的课程体系。具体来说就是创设分层分类的课程体系。有些课程,学生的差异主要在类别上,如体育,不同的人兴趣就不一样,有的喜欢打篮球,有的喜欢网球,有的喜欢武术,就是类别的差异,这种类别的差异还体现在语文、英语、技术和艺术课程上。如语文课就可以分为三大类:第一

---

① 王燕:《课程价值取向之"应然"——兼评新基础教育课程改革的价值追求》,硕士学位论文,南京师范大学,2003年,第12页。

类为完成语文工具性职能的必修课,教会学生如何阅读、如何写作等,面对全体学生;第二类是补弱和欣赏的语文自选课,主要针对语文修养较高的学生;第三类是选修课,有针对全校学生的维语和藏语,还有针对国际部学生的对外汉语课。有的课程是层次上的差异,如数学是一门逻辑学科,因每个人对逻辑的敏感度不同,就体现在学习层级上的差异。可以把高中数学分为五个层级:数学一,是服务于人文方向的历史、地理、政治,就服务于这些,考试就是文科数学考试。数学二,是服务于将来考文科,但从事于经济的学生;服务于将来考理科,但将来从事于工程而不从事数理研究的学生。数学三,是把初高中打通的一门数学课,它服务的对象是四年制高中,因为四年制高中的学生初中都在本校读,在本校读两年的初中,直接升本校的四年高中。数学四,是针对数学水平比较高的学生,这门课的内容基本上 20%—25% 和高考无关,都会高于高考,是大学的内容。数学五,是四年制高中用的,它的内容是初中、高中和大学打通。物理、化学和生物课也可以这样设置①。北京十一中的课程体系为基础教育课程结构的优化提供了一个可供借鉴的思路。

(二)加强人文社科类课程和艺术类课程

在小学和初中阶段,可以把品德与社会、品德与生活、历史、地理等课程的部分内容作为游学课程,到大自然中或某些特殊的社会场所去上。高中阶段,艺术类的课程除了音乐和美术之外,还可以开设动漫、摄影、服装设计与制作等选修课程。既注重学生的人文素养的培养,又促进学生的个性化和社会化发展。

(三)丰富基础教育的信息技术课程

目前,中国基础教育阶段的信息技术课程技术含量较低,内容单一,很难满足社会对学生的信息素养能力的要求。大多数学校开设的技术课程还停留在对计算机和网络应用的基本操作技术层面,一方面,学校花费高价购置相应设备;另一方面,学生在上课期间主要在打游戏或网络聊天。学生的信息素养没有得到应有的提升。

(四)落实"空无课程"

如综合实践活动课程目前在很多地区成了一种"空无课程",虽然在

---

① 《北京十一学校高中课程方案》(http://wenku.baidu.com/link. 2015 - 04 - 06)。

课程结构中占了极高的比例，但却缺乏国家层面的指导性措施或指导纲要。所以要创造实施的条件来解决这一问题，如国家要设置相应的指导纲要，配套的案例指导等。

此外，还可以开设体验课程，社会问题课程、管理与服务课程等，培养学生的服务意识、社会适应能力和问题解决能力。

四 加强基础教育课程教材建设

中华人民共和国成立至20世纪80年代中期，中国基础教育教材一直以"一纲一本、编审合一、高度统一"的中央集权化的教材制度为主要特征，国家组织专家编写教材。人民教育出版社先后主持或参与主持编订中小学各学科教学大纲，编写与出版了多套面向全国通用的中小学教材。1986年，国家教委成立了中华人民共和国成立以来第一个权威性的教材审定机构——全国中小学教材审定委员会及其下属的各学科教材审查委员会，同时颁布了一系列课程管理的重要文件，规范了教材的编写与审定的分工，从"国定制"向"审定制"的转变。1988年，《九年制义务教育教材编写规划方案》（简称《方案》）指出，学校有权依据自己的实际情况选用通过审定的中小学教材。"全国中小学教材审定委员会"规划了与义务教育教学计划和教学大纲相配套的"八套半"教材。这是中华人民共和国成立以来第一次在全国同时使用多套不同特色的教材。1988年以后，教材的编订数量和各类日益增加。进入90年代后，中国的教材建设空前繁荣，由1987年这类教材仅有十几种，百余册，编写单位只有数十个，到1997年这类教材已增至70多种，2000余册，编写单位也增至若干个[1]。

21世纪基础教育课程改革真正地实现了教材多样化建设。有82家出版社参与教材编写和出版，打破了以往统得过多过死的局面，教材选用权下放到地方，中小学教材质量得到提升，基础教育教材建设走上了系列化发展的轨道。但也存在一些问题。一是教材城市化倾向。主要表现为教材价值导向、教材内容、话语方式、教学方式以及考核内容的城市化。二是教材内容忽视科学方法教育。教材内容依然注重科学知识教育，

---

[1] 吕建生：《我国基础教育教材多样化建设的思考》，《基础教育课程》2009年第3期。

忽视科学方法及其价值。三是教材多样化建设中的矛盾。如编写队伍的专业化与开放性的矛盾、教材的多样化与普适性的矛盾、教材选用与适用的矛盾和教材推广与市场维护的矛盾。因为这些问题的存在，致使基础教育课程教材与社会和人的发展需要还存在一定的差距，也难以实现基础教育课程文化"应然"的价值追求。

（一）正确应对"教材城市化倾向"

1. 必须正确对待借鉴西方课程理念问题

此次课程改革的诸多新理念，对广大农村教师而言，多少有点像空中楼阁。问题的关键不在于在课程改革中是否应该吸取西方发达国家的先进的课程设计理念，而在于如何把这些先进的课程设计理念与中国的实际相结合。只有解决好课程理念的本土化问题，才可能编制适合中国国情的规划纲要、课程标准和教材。

2. 必须加强教材编写队伍的建设，编写出兼顾城乡学校教学实际的教材

一方面，教材编写者必须具有较高的理论修养，以确保教材的前瞻性；另一方面编写者应兼备城乡教学经验，以保障教材的普遍适用性。在教材编写队伍中，应该包括专家、教授及具备城市教学经验和乡村教育经验的优秀教师，组建一个结构合理的教材编写队伍。现在的教材编写机构，大多要求专家、一线教师共同参与教材编写，可以说注意到了教材的理论设计与实践应用之间的关系问题，但缺乏具有农村教学经验的教师的加入。同时，在教师教学用书中应加入适合农村的教育素材以及适合农村的教学设计，供教师灵活选用。

3. 政府必须加强对农村教育的投入，努力解决城乡之间教育资源的不均衡

此外，解决"教材城市化倾向"并不意味着走向另一极端，如果在农村和城市学校中采用不同版本的教材，反而可能加大城乡差别。根据当今社会发展不平衡和城乡地区的不同要求，应该根据《纲要》的要求，在规划、建设地方课程和校本课程时，编订适合城乡学校不同要求的教材[①]。

---

① 周耀慈、王世光：《"教材城市化倾向"的应对》，《教育评论》2006年第1期。

（二）重视课程内容和教材编写的科学方法教育

科学方法是人们在认识和改造客观世界的实践活动中总结出来的正确的思维方式和行为方式。学生掌握并内化这种思维方式和行为方式，有利于他们能力的发展。科学方法与科学知识从本质上来说是内在统一的。然而，我们目前的基础教育课程与教学改革依然更多关注了科学知识教育，而忽视科学方法教育，这表现在《课程标准》、教材编制和课堂教学等各个方面。使得我们培养的学生虽然掌握了某一学科的许多知识，却不懂得该门学科的科学方法及其价值。因此，重视基础教育课程的科学方法教育是基础教育课程文化更新的一个重要内容。

1. 加强课程内容的科学方法教育

从课程内容最基本的构成要素来分析，主要包括科学知识与科学方法两个方面，而各学科《课程标准》的内容标准部分主要是科学知识而忽略科学方法。鉴于此，有学者认为基础教育课程改革的课程内容并没有任何实质性的改变，只是"新瓶装旧酒"。"过程与方法"作为课程目标的一个维度是新课程改革的一大特点，体现了从重视知识向重视科学方法转变的科学教育思想。但是，对科学方法的教育思想的重视仅停留在理念层面。具体表现为基础教育各个学科课程目标中有"过程与方法"维度，但课程标准中仅有科学知识而缺乏相应的科学方法。因此，应该加强课程内容的科学方法教育，课程标准在制订过程中，除了要考虑科学的基本概念、基本规律和基本实验以外，还应当把科学方法作为课程内容，将科学方法摆到重要的地位。

2. 教材编写应当显化科学方法

"教材作为教学基本内容的一个书面材料系统，对于安排教学过程以形成学生的认知结构、能力结构和品格结构，具有知识载体、教学指导和实用参考的作用。可以说，教材体系以什么为核心决定着教育的质量。长期以来中国的科学教材因受到科学知识中心论的影响，通常对科学知识采用显性处理，而对科学知识的内在关系和科学方法不在课文中写明。这种处理方式的出发点是让学生在学习过程中自己去感悟，但实际上由于科学方法的隐蔽性特点，致使很多教师都不能充分了解教材中的科学方法，对于学生来说就更为困难。教材的隐性处理方式直接影响了科学方法教育的效果。当然，教材编写显化科学方法，并不是说脱离具体的知识而只讲方法,而是说应当强调和突出科学方法,按照科学方法的思路去编写教材。采用科学方法的显化方式来编写教材,逻辑明确、脉络清晰,容易使学生在学习中建立良好的认知结构,并形成有序的知识结构。"① 有利于学生的分析问题和解决问题的能力的培养,这正是基础教育课程文化应当追求的目标。

现代教育观认为,掌握科学知识固然重要,但掌握科学方法、开发学生智慧更重要。重视基础教育课程文化的科学方法教育不仅是现代教育观的体现,也是实现"完整的人"的培育的基础教育课程文化内在价值追求的关键。

(三) 解决教材多样化建设中的矛盾

第一,建立开放性的教材编写队伍。基础教育教材编写队伍应是一个开放的组织,包括专兼职相结合的课程专家、学科专家、一线的教研人员和有经验的优秀教师。第二,提高教师队伍的素质,把教材作为教学活动展开的线索或提示,教师根据自己的教学实际与学生的学习经验,编制合理的教学设计。从而解决具有普适性的课程标准实验教材和不同地域对多样化教材需求之间的矛盾。第三,加大制度保障和行政监督的力度,削弱教材选用的利益驱动性。充分调动广大学生与家长的积极性和主动性,让更多的学生家长、甚至学生参与教材的选用过程。第四,建立基础教育教材基地。教材建设基地应当是一个开放的组织,广泛地吸纳并不断更新具有研究背景的专家参与,实行研究与教学实践相结合的研究体制②。

第二节 落实课程选择的文化,深入开展"课程主体文化"

基础教育课程文化"应然"的价值追求的实现,除了更新和完善课程选择的文化,更重要的是如何落实课程选择的文化。落实课程选择的

---

① 邢红军:《中国基础教育课程改革:方向迷失的危险之旅》,《教育科学研究》2011年第4期。

② 吕建生:《我国基础教育教材多样化建设的思考》,《基础教育课程》2009年第3期。

文化的过程就是课程实施的过程,而课程主体文化就是在课程实施过程中形成和发展的。课程主体文化是课程主体在课程活动过程中形成的课程观念和课程活动形态。课堂教学是课程实施的基本途径,课程主体文化也主要体现为课程教学中的课程主体的创新和生成的行为和活动。实现基础教育课程文化"应然"的价值追求,要更新和完善课程选择的文化,也要落实更新和完善后的课程选择的文化,在课程实施中深入开展课程主体文化。

一 选择和平衡课程实施的价值取向

对课程计划与课程实施过程的关系的认识不同,形成了课程实施不同的价值取向。课程专家富兰(M. Fullan)、庞弗雷特(A. Pomfret)和利思伍德(K. A. Leithwood)的课程实施的基本取向分别为:得过且过取向;改编或适应取向;忠实或精确取向[1]。美国课程学者辛德尔(J. Snyder)、波林(F. Bolin)和扎姆沃特(K. Zumwalt)的课程实施的基本取向分别为:忠实取向;相互适应取向;课程创生取向[2]。目前,教育学界普遍认同的就是在他们研究基础上归纳提出的三种取向:忠实取向、相互适应取向和创生取向。不同价值取向的课程实施中课程主体文化也存在较大差异。

(一)忠实取向课程实施中的"课程主体文化"

课程实施的忠实取向(fidelity crientation)是指课程实施过程是忠实执行课程计划的过程。课程实施成功与否就是确定其多大程度地达到了课程计划的预期结果。课程实施的忠实取向认为,"课程"是指已经确定的、现成的有待实践者实行的材料。"课程知识"是由课程专家选择并提供的。课程实施过程是实施者将这些由专家设计好的内容具体操作、实现预期的目标的过程。教师对课程知识的选择没有真正的发言权,只是课程计划的忠实执行者。其实,严格意义上的忠实取向是不存在的,总

---

[1] Fullan, M. and Pomfret, A., "Research on Curriculum and Instruction Implementation", *Review of Education Research*, Vol. 47, No.1, March 1977.

[2] See Snyder, J., Bolin, F. & Zumwalt, K. *Curriculum Implementation*, Jackson: P. W. (Ed.), 1992, pp. 402 – 435.

会因为教师自身对课程计划理解的不同和实施对象的差异而影响到课程实施能否达到预期的目标。然而，在课程实践中片面追求忠实取向的课程实施，造成教学缺乏动态性和生成性，教师与课程资源开发的分离，教师主体性价值的缺失等问题是不容忽视的[①]。

忠实取向课程实施中的课程主体文化，主要是对课程主体对课程选择文化的原意传承，缺乏对所选择文化的动态性和创造性调整。课程主体文化的形成也主要是一个机械的程序化过程，课程主体沦为课程选择的文化的执行工具，忽视了课程主体的主体性价值和意义。中华人民共和国成立至20世纪末，中国基础教育教学计划、教学大纲和教材都是国家统一编写的，教材是在课堂教学中讲授的主要知识来源，是教师设计教学的主要依据和学生学习的主要内容。教师和学生的主体价值和意义被压制，基础教育课程文化的"工具性"凸显，不利于个人和社会的完善和发展。

（二）相互适应取向课程实施中的"课程主体文化"

大量的研究表明，20世纪80年代初课程改革失败的原因在于实际的执行过程中。众多研究一致认为，课程实施忠实取向所设想的，教师对已经设计好的课程方案会忠实执行，以实现预期效果，这种情况在课程实践中是极其少见的。因为实践者在实施课程的过程中，总是有意无意地根据自身的情况改变既定方案，并没有将设计者的真实意图体现出来。所以课程实施不只是一个结果，而是一个过程，应该是课程设计者与课程实践者之间相互适应的过程。鉴于此，美国课程学者伯曼（P. Berman）和麦克劳伦（M. McLaughlin）在20世纪70年代中期最先提出"相互适应"（mutual adaptation）的理念。麦克劳伦指出："从本质上说，课程计划要求课程实施实践者与学校情境之间相互适应的过程，即具体项目的目标和方法最终是由参与者本人开展的。"[②]

课程实施的相互适应取向（mutual adaptation orientation）认为，课程

[①] 徐小容、朱德全：《课程实施：忠实取向与创生取向相统一》，《中国教育学刊》2011年第8期。

[②] Mclaughlin, M., "Implementation of ESEA, Title 1: A Problem of Compliance", *Teachers College Record*, Vol. 80, No. 1, April 1976.

实施过程是一个由课程设计者和执行者共同对课程方案进行调适的、连续的动态过程。一方面，既定的课程计划要根据具体实践情境的需要而相应调整；另一方面，课程实践也要为课程变革计划的实现而改变现有状况。这种取向把课程不仅理解为体现在教材、课程方案中有计划的内容，而且还包括学校和社区中具体情境因素。相应地，课程知识不仅是课程专家创造的，还有实践者特别是教师所创造的知识。但因为课程设计者与实施者往往存在一定的冲突，特别是课程方案有较大的变化时，设计者和实施者在理念和方法方面就会存在较大差异，也会产生理解上、行为上的不同见解。因此，相互适应取向视野中的课程实施过程是一个复杂的、非线性的、不可预知的过程。课程设计者在课程计划不能实施或不能很好地实施时，不能把原因完全归结为实施者对改革的不理解或者实施的条件和措施不利等因素，还应该反思课程改革方案本身的合理性和可行性。

相互适应取向课程实施中的课程主体文化，不再只是对课程选择的文化的忠实执行，而是表现为对课程选择的文化的增加、删减和完善，创造和生成新的课程文化。作为课程主体的教师和学生也不再只是被动地复制和传承课程选择的文化，一方面要改变原有的思维模式，更好地理解改革的理念与方法；另一方面，要根据具体的教育情境主动的、积极的调适课程方案。教师和学生的主体意义和价值得到一定程度的实现。然而，在追求个性的今天，人们并不认可这种折中思维的相互调适协商的做法，因为协商调试后，任何一方的效果都不如协商调试之前的单方面效果好。

(三) 创生取向课程实施中的"课程主体文化"

课程创生取向（curriculum enactment orientation）认为，课程实施过程是在具体教育情境中教师和学生创生新的教育经验的过程[①]。课程创生取向的研究重心是教育经验的实际创造过程。这种研究取向认为在教学之前不存在一种完整的、规定好的课程，而教师和学生的实践本身就是形成课程的过程，他们可以根据自身的实际情况确定课程目标和内容。

---

① Snyder, J., Bolin, F. & Zumwalt, K., *Curriculum Implementation*, Jackson: P. W. (Ed.), 1992, pp. 418–427.

具有情境化和人格化。课程知识是"一个不断前进的过程"(an on-going process),是一种"人格的建构"。既定的课程计划被视为教师创生课程的外部资源,只有有益于教育情境"不断前进的过程"时,才有意义,教师可能利用并获益于专家设计的课程,但真正创造和生成课程并赋予课程以意义的是教师和学生。教师的角色也转变为课程开发者,教师和学生成为建构积极的教育经验的主体。课程创生的过程就是教师和学生成长的过程。课程创生取向视野中的课程方案是不确定的,在实施过程中不断生成的,因此需要创造性的把握教师与学生从事课程创生的真实情况。该取向反对所谓"价值中立"的课程研究,认为课程研究是一种"价值负载"、价值赋予的过程。

创生取向课程实施中的课程主体文化,是课程主体对课程选择的文化创新和生成的过程。赋予了教师和学生绝对的课程自主权力,教师和学生是完全意义上的主体,是课程文化的创造者。课程文化的形成和发展也成为教师和学生个性成长与发展过程,强调课程主体文化的动态生成性,彰显了课程主体的意义和价值。这一取向具有浓厚的理想主义色彩,在实践操作层面较为困难,也可能由于过分强调教师和学生的主体性地位和主观创造、注重课程运行的过程性,造成课程实施效果的不明确性,使课程实施效果的普适性受到质疑。

(四)根据不同形态的课程及其目标要求来选择课程实施取向

以系统知识为内容的课程应以"忠实取向"为主导,根据具体情况辅之以"调适取向",通过发挥教师的自主性而创造性地使用教材;对"综合实践活动"这样的活动性课,以"创生取向"为主导,发挥师生的创造性来建构师生的教育经验与生活经验。因此,课程实施采取什么价值取向,不能一概而论,也不能相互错位。我们在观摩综合实践活动课时,常常看到许多教师用学科教学的模式去"讲授",仍然以学生掌握知识的多少来衡量自己的教学效果,这就是教师课程实施中价值取向错位的体现[1]。从总体上看,课程的实施总是在忠实取向和创生取向之间摇摆。课程实施是一个课程设计者与课程执行者、教师与学生之间互动调适和共同建构的过程,没有一种课程取向适应所有的课程选择的文化的

---

[1] 林淑媛:《对新课改中课程实施问题的反思》,《教育导刊》2006年第12期。

实施。"只有'是否满足学生的需要并且有利于促进学生的发展'这一标准，才能对课程实施进行价值判断。课程实施的最终目标是要实现学生的发展，只有结合学生发展才能形成判断教师课程实施优劣的标准。其分析的维度至少有两个方面：一是课程实施与学生发展需要之间的吻合度"[①]；二是教师实际的操作与课程选择的文化之间的差异及其合理性的判断。

（五）处理好课程设计者、教师、学生之间的关系

课程实施既是一个传承课程选择文化的过程，又是一个在传承基础上的调适与创生过程，不可能存在绝对的忠实，也不会有纯粹的创生。但无论是哪一种价值取向的课程实施，课程设计者与课程执行者、教师与学生之间都可能存在冲突和矛盾。要更好地落实课程选择的文化，深入开展课程主体文化，首先要解决课程设计者与教师、教师与学生之间的关系问题，要解决这个问题关键在于他们之间的理解和沟通。

课程设计者与教师、教师与学生之间的理解和沟通

课程设计者与课程执行者，教师与学生之间在课程理念、价值立场等方面都存在差异，而这些差异可能导致对基础教育课程文化及其价值追求的理解和实现上的分歧，因而基础教育课程文化及其价值追求的实现，必须消除或者使这种差异最小化，关键在于各主体之间的理解和沟通。

（1）课程设计者与课程执行者之间的理解和沟通

课程设计者，一方面，他们代表的是国家特别是社会主导阶层和群体的立场，这就使得课程选择的文化带有鲜明的社会导向和政治导向，这一点在新课程改革之前特别是中华人民共和国成立初期、"文化大革命"前期和"文化大革命"期间的基础教育课程文化体现得尤为明显；另一方面，课程设计者多为课程专家，课程对文化的选择和编制都是建立在一定的课程理论基础之上的，而课程设计者对课程理论的选择和理解程度都会直接影响到基础教育课程文化的选择的合理与否，而且课程设计者多为课程研究机构或者高校学者，很少进入基础教育实践，他们的选择是否真正体现基础教育和学生的需要也是一个令人质疑的问题。

[①] 谢翌、马云鹏：《关于课程实施几个问题的思考》，《全球教育展望》2004年第4期。

课程主体文化的主体主要是教师和学生，一方面，是教师和学生如何传承课程选择的文化的问题，他们是否被赋予一定的自主权力，长期以来，教师和学生对课程所选择文化的传承主要是被动地授受，少有创新；另一方面，因为教师和学生本身已有的知识经验和教育教学理念必然会影响到对课程选择的文化的理解和实施，而这种理解和实施可能与课程选择的文化的主体的初衷有较大分歧，阻碍基础教育课程文化的顺利运行。

　　课程设计者与课程执行者之间的差异甚至对立是客观存在的，这种存在直接影响到基础教育课程文化的发展。因此，两类主体之间的理解和沟通是必要而且必需的。第一，课程设计者在课程编制之前，需要明确两个前提：一是基础教育课程根本目的是促进学生的发展；二是基础教育课程编制要适应中国国情。因此，课程对文化的选择和课程编制必须是在充分了解基础教育课程实践的基础上进行的。第二，两类主体的理解和合作。每一次的基础教育课程改革都意味着课程理念的改变，而这些课程理念和课程理论往往是由课程专家所提出的，教师只有真正理解了新的课程理念，才可能使课程选择的文化得以实施，然而这种课程理念的转变不是一朝一夕可以完成的，也不是自我顿悟的，这就必然要课程设计者和课程执行者之间的合作。这种合作主要有三种形式：课程专家把理论带入实践、一线教师寻求理论的帮助和大学与中小学合作伙伴关系。但因为两类主体在合作假设、思维方式和价值追求等方面存在较大差异，致使两类主体的合作要么难以开展；要么流于形式，难以深入；要么各取所需，合作结束后恢复原样。从根本上不利于基础教育课程文化的实施和发展，致使课程实践中出现这样或那样的问题，而课程设计者往往会把这种问题主要归因于一线教师的课程理念陈旧或者基本素养较低等等，反而进一步强化了一线教师对这种新的理念的抵制和排斥。这虽然不是造成基础教育课程改革中问题和困难的唯一因素，但确是重要因素。

　　两类主体要走向真正的合作，就必须消除两类主体在合作假设、思维方式和价值追求上的差异。一是两类主体要认识到这些差异，这需要他们的反思。课程设计者需要反思：课程选择的文化是不是"应然"的、合理的；是不是符合基础教育实践需要；是不是真正利于每一位学生的发展；如何才能让一线教师和学生理解和接受；是否赋予教师和学生一定的自主权力。课程执行者需要反思：课程选择的文化是否真正促进学生的发展；自己是否只是课程选择的文化的被动授受者；自身的已有知识经验和课程教学理念与课程选择的文化的关系；课程选择的文化如何在本地区本学校实施；如何对课程选择的文化进行创新等。二是在反思的基础上，需要他们的行动。课程设计者需要行动：用生成性的思维方式从动态的教育实践中获得精神的滋养，更新课程选择的文化，适应基础教育实践和学生的发展需要；增强课程选择的文化的实践适切性；吸收实践工作者的实践智慧，对经典的案例和经验进行概括和提炼，丰富课程选择的文化理论；进入基础教育实践和一线教师一起开展课程主体文化。课程执行者需要行动：认识到支配自己教育教学行为背后所蕴含的个人内在理论，如缄默知识，在教育实践中，不再只是简单执行别人的指令或模仿他人的做法，而是能动地、自觉地、创造性地去实践；主动学习各种或传统或现代的有关教育的系统的学说、他人的经验，通过比较和思考，并内化为自身的个人内在理论；善于总结和反思自身在实践过程中的得失，形成能提升个人实践的内在理论，形成自己独特的实践智慧。总之，两类主体不仅是指导与被指导的关系、主导与服从的关系，而是一种平等对话，在此基础上相互激发、相互唤醒、相互建构，促进课程选择的文化和课程主体文化的内在统一，实现基础教育课程文化的发展和创新。

(2) 教师与学生之间的理解和沟通

长期以来，受"尊师重道"的文化传统的影响，教师扮演着"传道、授业、解惑"的重大责任，就师生关系而言，教师具有绝对的权威；就伦理地位而言，是绝对的上对下的关系；就师生互动的方式来说，它偏向单向式的传递，缺乏双向的动态互动。随着社会的变迁，昔日的师生关系，也开始受到冲击和影响。主要表现在：从绝对权威到专业权威；从单向灌输到双向互动；教师与学生应该相互尊重和接纳。然而，在科技水平飞速发展，物质财富极大丰富，而人与人的关系逐渐冷漠的今天，教师和学生的关系也带有了明显的时代特征，如师生感情趋于淡漠；师道观念趋于现实，带有了现代化的功利性。许多教师和学生很难适应这种现代化的师生关系，尤其是许多教师以传统的经验和学生相处，以致衍生出许多问题。教师和学生之间要和谐相处，关键在于教师与学生之间的理解和沟通。特别在于教师对学生的了解和理解、爱和尊重，教师不仅要了解和掌握基础教育阶段学生的身心发展特点，更要了解今天的孩子所具有的时代特点，如独生子女成为基础教育阶段学生的主体、学生优越的家庭经济条件给孩子造成的负面影响、日益丰富的大众文化给儿童青少年带来的危害、今天的孩子所存在的发展问题等等。教师真正了解今天的孩子们需要什么，要如何去教育，如何和学生一起去传承课程选择的文化，并在此基础上去创新和生成。共同实现基础教育课程文化的"应然"的价值追求。

二 更新课程主体的课程观念

要落实更新和完善的课程选择的文化，课程主体文化也必然发生相应的变革。课程主体文化主要通过课程主体的课程观念和课程活动形态来体现，课程主体文化的变革首先通过教师课程观念和学生学习观念的转变来实现。

（一）转变教师的课程观念

教师的课程观念是教师对课程的总体认识和看法，把课程理解为静态的教科书、教学计划或者教学活动的具体安排，还是动态的学生经验、师生互动的活动过程，会产生不同的教学活动和教学方式。传统的课程观念大多局限于静态的课程，教师的教学任务主要是向学生传授已经选择好的课程文化，教学活动也主要体现为课堂教学，教学方式主要是讲授法，教师习惯于"个人化"的教学，缺乏合作意识和合作行为，教师职业的价值也主要是实现社会发展的工具价值，既不利于教师主动性和创造性的发挥，更不利于教师的专业发展。因此，要转变教师的课程观念，看到课程不仅包括学校选择的人类的间接经验，还有学生学习、活动和体验的直接经验。作为课程主要组成部分的教材，不仅有固化的教科书，还有来自生活中丰富多彩的课程资源，更有"人"这一活教材。这些新的课程观念必然会引起教师活动和教学方式的转变。

（二）转变学生的学习观念

长期以来，中国基础教育课程选择的文化的价值取向以社会取向为主导，目的在于把学生培养成为具有社会所需要的知识、能力和品德的人，而不是实现学生的自主学习和主体自我的构建。主要体现在：一是学生被动接受性的学习行为。在教学过程中，课堂教学以教师的活动为中心，忽视学生学习的活动，学生被看作是接受知识的"容器"，缺乏主体性。被动的学习方式强调学生对已有知识的机械记忆和训练，缺少主动的探究与发现。不利于学生的主动性、积极性和创造性的培养，也不利于学生自主学习的意识和习惯的培养。二是学生"独立"的学习行为。这里的"独立"主要指学生在完成学习任务时单打独斗，缺少合作。由于中国学校教育中精英主义的教育倾向严重，又受到应试教育的严重影响，学生之间"竞争"意识强烈，以追求突出的学业成绩为目的。缺乏同学之间的合作和交流，也不利于合作精神和团队精神的培养。三是学生"听话"的行为。由于传统文化中"师道尊严"观念的根深蒂固，教师的权威性神圣不可侵犯。"教师讲，学生听"是我国传统教学的常态，养成了学生顺从的行为习惯。"听话"的学生被认为是好学生，这种过分依赖于教师的权威的"听话"行为，使得学生失去了自己的独立意识，缺乏对知识的质疑和反思，扼杀了学生的主动性和创造性。总之，被动接受的、孤立的、顺从的学习行为是一种被动的学习观念的体现。既不利于学生主动性、创造性的培养，也不利于学生主体地位的确立。

要改变这些行为首先必须转变学生的学习观念。学生学习观念的转变，表现在课堂上，就是让学生成为教学过程的参与者和主要的活动者，调动他们的主动性和积极性，引导他们自己完成学习的任务。其次，确立学生在学习过程中的主体地位，不是简单地转变他们学习的方式和方法就能完成的，关键在于培养他们养成自主学习的意识和习惯。自主学习并不是让学生自己学习，也不是将课堂教学变为自学课堂。最后，学生主体地位的体现和强化，是需要教师的引导来完成的。不能削弱教师的主导作用，而是转变以往教师主导的目的性和功能，通过教师的引导，改变学生不良的学习习惯，激发学生的潜能，培养他们自主学习的意识、积极主动的学习态度和方式。

三 转变课程主体的行为方式

课程主体的行为方式是课程主体文化最直接的体现，课程主体文化的变革具体表现在教师和学生的行为方式的转变上。

(一) 教师行为方式的转变

1. 从隔离型向合作型的转变

"隔离型的教师行为方式是教师之间疏于合作、羞于评定、信奉独立、相互隔离的特定连接方式和习惯表征。它建立在个体取向基础之上，是一种比较普遍的教师行为方式。合作型教师行为方式是教师按照某种合作方式，在互动过程中相互开放、信赖、协作、支持以达成一定目标，从而促进教师共同发展的关系形式。"① 受现代教育合作理念的影响，教师们也逐渐认识到，无论从不同阶段学校教育的连续性来看，还是从同一学段的学校教育来看，学生的成长和发展都不是某一位教师教育的结果，而是教师团体的作用。教师的合作意识觉醒，也开始在日常的教育教学活动中寻求彼此之间的团结合作。以往"自给自足"的隔离型的行为方式开始向合作型行为方式转变。教师的这种合作主要体现在教师所在的教研组、年级组和课题组等具体团队的合作创新上，可以通过听评课、观摩课、教研活动和课题开展等方式来进行。教师之间的合作有利于激发教师的教学反思，提升教师个体和教师群体的专业素养。

2. 选择合适的教师教学方式

中华人民共和国成立以来的七次基础教育课程改革，因为基础教育课程体系的全国统一性，这种统一性体现在教学计划、教学大纲、教科书选用等各个方面。特别是在学科课程的教学大纲中，教学要点、教师所采用的教学方式都有明确规定，教师的主要活动限于课堂教学之内，教学方式主要是课堂讲授。尽管对于基础知识和基本技能的传递来说产生了巨大的作用，但是对教学各方面的统一规定束缚了教师的自主性和创造性，也使学生处于一种被动学习的状态，缺乏学习的主动性、积极性和创造性。鉴于此，新一轮基础教育课程改革明确提出："改变课程实施过于强调接受学习、死记硬背、机械训练的现状，倡导学生主动参与、乐于探究、勤于动手，培养学生搜集和处理信息的能力、获取新知识的能力、分析和解决问题的能力以及交流与合作的能力。"

然而，这种以建构主义作为改革的指导理论，以科学探究作为教学

---

① ［加拿大］富兰·迈克：《变革的力量：透视教育改革》，教育科学出版社2000年版，第233—246页。

的主要方式从一开始就成为争论的焦点,并遭到质疑。突出表现在教育理论界的"钟王之争"。钟启泉先生认为:"短短三年来,一系列教育、教学的概念正在我国得到重建。……开创了我国课程创新的崭新局面。这种大好局面不仅受到全国教育界内外的欢迎,而且得到国际课程学界的高度评价。因此可以说,这几年来课程教学转型开始'从理论走向实践',我国的基础教育课程改革正在大步前进"①。而北京师范大学王策三先生却持相反的观点,认为以建构主义作为改革的指导理论,以科学探究作为教学的主要方式有轻视知识的倾向②。除了理论界双方的激烈争辩之外,中学一线教师程少堂基于亲身体验,撰文《第三只眼睛看课改——中小学课改四年的回顾与反思》,提出:"将小学和初中课程改革的教训概括为:形而上学猖獗,形式主义盛行。具体表现为'四个满堂'和'四个虚假'。'四个满堂'即'满堂问'、'满堂动'、'满堂放'、'满堂夸'。'四个虚假'即'虚假地自主'、'虚假地合作'、'虚假地探究'、'虚假地渗透'。"③ 程少堂所提到的种种现象不是中小学课堂的绝对现象,但的确是常见现象。

当所谓的"合作学习、探究学习、小组学习"充斥着中小学课堂;当不少地方和学校出现"专家叫好,教师叫苦,学生喊冤"的局面时;当课程改革言必称"科学探究"时,我们必须冷静地思考以科学探究为教师教学的主要方式和学生学习的主要方式是否合理可行。"科学探究"是否适应所有的学科,是否适应所有的教师和学生。提倡"科学探究",是不是意味着完全摒弃讲授教学。针对建构主义以自主探索和合作交流作为教学活动主要方式的取向,数学家姜伯驹院士认为其"不符合人类认识发展的规律",他提出,"学而不思则罔,思而不学则殆。历史的经验证明,不强调以吸收、继承间接经验为基础而片面强调创新,容易滋生虚妄",因此"有必要重申教师在教学中的主导地位,重申讲课、课堂

---

① 钟启泉:《概念重建与我国课程创新——与〈认真对待"轻视知识"的教育思潮〉作者商榷》,《北京大学教育评论》2005年第3期。

② 王策三:《"新课程理念""概念重建运动"与学习凯洛夫教育学》,《课程·教材·教法》2008年第7期。

③ 程少堂:《第三只眼睛看课改——中小学课改四年的回顾与反思》,《深圳特区报》2004年11月2日第8版。

讨论、课外作业是主要的教学方式"①。数学教育家张奠宙认为："教学不能进行演讲、解释，不要试图'传送知识'，只要'提出"好"的问题'就行，这行得通吗？难道教师的责任就是'为学生创设环境和条件'，让学生自己在黑暗中摸索吗？教学还需要效率吗？事实上，'传送'知识是人类繁衍的本能行为。至于如何传送，我们必须符合'受传送者'的知识结构，即要启发式，不要填鸭式，让学生独立思考。"② 这清楚地反映了科学家、学科教育专家重视传授教学的教育思想。

客观地说，讲授法容易使教师产生重教轻学的思想，教师更多考虑的是如何讲得全面、细致、深刻、透彻，也容易使学生养成一种期待和依赖心理，而这种期待和依赖心理可能削弱学生学习的主动性、独立性和创造性。这也是讲授法运用中存在的一种普遍病症，也正是讲授法被批判的主要原因。从这一角度来看，科学探究方法的运用很有必要，但不能因为讲授法的缺点而全面否定它。任何一种教学方法都有其优缺点，选择什么样的教学方法的关键在于是否适合，应该根据学科性质、学科内容、教师和学生的自身特点去选择合适的教学方式和学习方式。能不能语文有语文的教法、数学有数学的教法、音乐有音乐的教法……而不是所有学科都采用同一种教法。只有得当的教学方式和学习方式，才能调动教师和学生的积极性和主动性，也才有利于基础教育课程文化的动态开展。

总之，课程主体文化的变革体现在教师课程理念转变上，还体现在教师教学方式的选择以及日常教育教学活动中。

（二）学生行为方式的转变

学生行为方式是课程主体文化的主要体现，也是学校课程文化的重要组成部分。然而在以往学校课程文化建设的研究和实践中，围绕教师和"教"的活动较多，而围绕学生及"学"的活动很少。"完整的人"是基础教育课程文化"应然"的内在价值追求，也是其终极追求。这就要求我们必须要关注和强调学生的学习活动及行为方式。学生的活动主

---

① 姜伯驹：《关于初中数学课程标准的"基本理念"》，《数学通报》2005年第8期。
② 张奠宙：《期盼中国教育科学研究具有"大国"风范》，《教育科学研究》2005年第2期。

要有两类：一类是学习活动，一类是交往活动。

1. 培养学生良好的行为规范

文化的核心是价值观，学生的行为规范是其价值观的主要表现形式，两者是相互促进、不断生成的过程。学生正确价值观的培养和引导与学生良好行为规范的养成密切相关。在这里，我们把学生的行为规范主要分为两类：一是学生的日常行为规范。主要包括自尊自爱，注意仪表、诚实守信、礼貌待人、遵守纪律、勤奋学习、勤劳俭朴、孝敬父母、严于律己、遵守公德等几大方面。体现在学生日常行为的各个层面，良好的行为规范的养成是一个长期的过程，需要学校、教师、家长和学生自己的共同努力。二是学生的学习行为规范。学生的日常行为规范包含了学习行为规范，但由于学生的学习在学生生活中所占比重的绝对性，及其对学生成长和发展的重要作用。强调学生的良好学习行为规范的培养，具有重要意义。学习行为规范主要体现在学生的学习活动中，除了以他律的方式去教导和约束，更重要的是要学生自觉养成良好自己的学习行为规范，以适应学习化的社会需要和自身的成长和发展。需要注意的是，今天许多人将自由、平等、民主观念与规范、规则对立起来；将爱与纪律对立起来；将个性与社会性对立起来；将"以人为本"与"德育为先"对立起来。这些对先进理念的误读和偏激的做法都不利于学生良好的行为规范的养成，需要学校和教师的正确引导。学生良好的行为规范的养成是一个长期的过程，需要学校、教师、家长和学生自身的共同努力。

2. 转变学生学习方式

传统的学习方式把学习建立在人的客体性、受动性和依赖性基础之上，忽略了人的主动性、能动性和独立性。培养学生主动性、能动性和创造性，凸显学生主体的价值和意义，要转变学生传统的学习方式。

（1）加强合作学习

传统的学生的学习处于一种被动的、封闭的接受式学习，学生在学习中合作互助的机会很少，学习方式也常常呈现出一种"个人主义"的特点，学生缺乏合作的意识和动机，也没有与他人分享学习成果的意愿。这种学习方式容易造成了学生之间的疏离，甚至对立，不能适应现代社会对学生合作意识和能力的要求。因此，加强学生之间的合作是学生学习方式转变的一种必然结果。合作学习要求学生将自身的学习行为有机融入小组或团队的集体学习活动之中，在完成共同的学习任务时，展开有明确责任分工的互助性学习。合作学习可以让每一个学生都有表达自己意见的机会，可以加强学生之间、师生之间的合作和交流，激发学生的思考，增强学生的责任感，培养学生的合作精神和团队精神。

（2）提倡实践学习

实践活动是认识的源泉，又是思维发展的基础，学生学习知识的获取，学习技能的培养、学习素质的提高，无不是在实践中得以实现的。传统的学习方式过分强调学生对间接经验的学习，忽视了学生的社会生活实践，割裂了学生的学习与生活世界的联系。造成学生高分低能、厌学逃学等不良后果。间接经验的学习对于学生来说是非常重要的，因为它可以让学生在短时期内掌握大量的人类的优秀文化成果，但学生学习的知识仅限于此是不够的，也是很危险的。学生要把所间接经验内化为自己的东西，才能运用于实践，这就需要一定的直接经验和感性认识为基础。也就是要在学生学习过程中开展实践活动，如以认识事物、获取知识、发展能力为目的的认知实践，以处理自身日常事务的生活实践，以处理与他人相互关系、与他人交流合作的交往实践等。通过实践学习提高学生的问题解决能力和实践操作能力。

（3）倡导探究学习

学生的学习过程是主动探究的过程。传统的学习观认为学生的学习主要是一种特殊的认识活动。这种认识活动是以教师的活动为中心，以学习人类积累的知识经验，特别是书本知识为主要内容，造成学生被动"接受"和"掌握"。这种被动地接受性学习缺乏学生的主体性与能动性，无法培养学生的创造能力和创新精神。要改变这种现状，就是要确立学生的主体地位，培养学生自主学习的意识和习惯，倡导自主探究的学习方式。在学生学习的过程中，要注重原有的认知结构和知识经验，并以之为基础，引导学生能动地筛选、加工和改造所学习的内容，内化并吸纳到自己的认知结构中去。这是一种基于自身与外部世界相互作用的建构过程，是一种具有创造性的、积极主动的探究过程。

需要注意的是，探究学习不是说整个学习活动是完全由学生自己提出、研究和解决每一个问题，关键在于对学生独立思维的激发。我们倡导探究学习，主要是要求学生在学习的过程中，体验探究的乐趣，学习探究的方法，领悟探究的思想和精神。注重的是学习的过程，而不是追求其结果。

（4）强化个性化学习

个性化的学习方式是多层次、多维度的复合体，概括起来它有三个方面的规定性：一是学习的自主性。强调在学习过程中，学生不能过分地依赖教师和他人，要自己确定学习目标，主动规划学习进程和学习策略。逐步确立学生的主体意识和观念，培养学生的独立思考和解决问题的能力，不断增强自我学习、自我发展的内在动力。二是学习的独特性。由于每一位学生都有自己的独特品质。我们在指导学生学习时要最大限度地尊重和利用这种独特性，引导学生根据自身状况和实际需要，选择和采用自己喜欢并有效的学习方式。尽量避免"一刀切""标准化"。三是学习的创造性。创造性是个性的核心品质，学生的创造性的培养是我国的教育最为缺乏的。这需要加强对学生的"趋异""求新""自信""冒险""进取"等品质的训练和培养，指引学生积极探究自己不知道的问题，善于将新的学习内容灵活变通地纳入已有的认知结构，实现自身的超越。

我们提倡个性化的学习方式，但不是推崇"个人主义""自由主义"。在集体与组织中，有时学生的学习不能不受到一定的制约。对于一个班集体或组织，要保证其学习的整体性、有序性和高效性，成员之间就得遵守最低限度的规则，这不能称之为轻视或压抑个性。

3. 创设学生的人际交往情境

学生人际交往包括与成人的交往（主要是与老师、父母或其他成人的交往）、与同伴的交往。人际交往能力对学生的自我认识和评价、对他人的理解、社会责任感的培养等都具有重要作用。目前，中小学生的主体是独立子女，交往空间狭小，交往的人员结构单一，容易以自我为中心，缺乏合作意识。再加上学生本身的社会生活圈有限，交往机会较少，整体缺乏交往技能技巧。提高学生的人际交往能力势在必行。要通过树立懂得尊重、相互信任、学会赞美的人际交往观；组织参加社会服务、社会实践，丰富学生的交往结构；通过班集体活动，激发学生合作交流的意识等方式，提高学生的人际交往能力。

此外，学生行为方式的转变还需要在学校主导下，不断改善学生成长的文化环境。学生的行为方式会受到家庭、社会、同伴和学校的共同影响，作为专业化教育机构的学校有责任和义务协调影响学生的其他力量，优化学生成长环境，形成文化建设合力。

总之，课程选择的文化和课程主体文化是基础教育课程文化这一整体的两个层面或两个视角，只有课程选择的文化，基础教育课程只是停留在理念层面，只是纸上谈兵，而课程主体文化的开展必须建立在课程选择的文化基础之上。因此，在基础教育课程实践中，课程选择的文化和课程主体文化往往是缠绕在一起的，课程选择的文化在选择和更新的同时，课程主体文化也在开展。基础教育课程文化"应然"的价值追求的实现过程是一个复杂的动态生成过程。

结　语

　　基础教育在个体的成长和发展中以及整个教育体制中都具有基础地位。基础教育的这一重要作用要靠基础教育的任务和培养目标去实现，而基础教育课程又是实现基础教育任务和培养目标的核心因素。鉴于课程与文化的紧密联系，文化是课程的来源，课程传承着文化。选择什么样的文化进入课程，课程所选择的文化如何组织和安排，如何把课程所选择的文化落到实处，这都会直接影响到基础教育任务和培养目标的实现。

　　基础教育课程文化对整个基础教育有着不可忽略的重要影响和作用。丰富完善的基础教育课程文化将予以课程主体的发展以充分的营养，在彰显课程主体的价值和意义的同时，创新和生成新的课程文化，促进中小学生的发展，促进中小学校的发展，更能为教育系统和整个社会的发展奠定良好的基础。基础教育课程文化不仅反映基础教育的教育理念、育人观、价值观，而且通过它的基本理念、育人观和价值观凸显它对教育本真的理解和追求。

　　基础教育课程文化建设是一项复杂的系统工程。基础教育课程要选择什么样的文化，依据哪些标准，所选择的文化要如何组织和安排，如何落实课程选择的文化，是对所选择文化的复制和传递，还是创新和生成，又会形成什么样的课程主体文化。通过对中华人民共和国成立以来不同基础教育课程改革时期的基础教育课程文化的梳理和分析，以期解答这一系列的问题。纵观中华人民共和国成立至20世纪末中国基础教育课程文化变迁，基础教育课程文化主要是为了适应社会发展的需要而不断变革，课程选择文化的主要价值取向是社会取向，课程文化的价值追求以外在的社会价值追求为核心，而作为课程文化出发点和落脚点的人，却成了社会发展的附属物，丧失了真正意义上的"人"的意义和价值。直到 21 世纪以来的新一轮基础教育课程改革，提出"为了每一位学生的发展"的根本理念，是一次对课程目标、课程结构、课程内容、课程实施、课程评价和课程管理等方面进行的全方位改革。基础教育课程文化选择的价值取向发生了从社会取向到人的取向的根本转变，"为了每一位学生的发展"也成为这一时期基础教育课程文化的核心价值追求。

然而，在经过十多年的基础教育课程实践之后，基础教育课程文化的价值追求并没有实现，而且遇到了诸多困难。我们在寻找基础教育课程实践层面的原因时，不得不反思基础教育课程选择的文化及其价值追求是否合理，是否能满足当今社会对基础教育培养的人的质量规格的需求，是否能解决目前中小学生普遍存在的发展问题。那么，当前中国基础教育课程文化"应然"的价值追求是什么？如何去实现？

本书在反思中华人民共和国成立以来中国基础教育课程文化及其价值追求的基础上，以元理论的本体论、认识论和价值论、社会结构功能理论和马克思主义的"人的全面发展"理论为理论基础，以当前国内外社会背景为实践依据，提出培养"完整的人"是基础教育课程文化"应然"的内在价值追求，且是核心价值追求，和谐社会的构建是基础教育课程文化"应然"的社会价值追求。为了实现基础教育课程文化"应然"的价值追求，现行的基础教育课程文化要发生相应的变革。一方面，要更新和完善课程选择的文化；另一方面，要落实课程选择的文化，深入开展课程主体文化。

基础教育课程文化的发展和完善是一个长期的过程，传统的课程文化不可能全部摒弃，这也不符合文化发展规律，新的课程文化也不能一蹴而就，合理的课程选择的文化的落实和课程主体文化的创新和生成也存在很多的不确定因素。在基础教育课程文化及其价值追求的研究过程中，笔者深感这一研究的艰深和自身学识的浅薄。在提出以上观点的同时，也深深感到后续研究的必要。鉴于时间关系，由于个人的研究视角的限制，对课程主体文化的分析不够深入，对基础教育课程文化"应然"的价值追求构建缺乏理论的系统性，实现策略的提出也只是一种应然的分析和探讨，有待于实践检验。这些都是本书存在的缺憾，也是笔者进一步研究的重点和方向。

附　录

课程主体文化访谈提纲

1. 请问您是哪一年出生的？您接受小学教育和中学教育分别是哪一年？
2. 您还记得当时中小学校教师是如何教学的？学生是如何学习的？
3. 当时您所在的学校除了课堂教学外，还有没有其它的活动？
4. 您是哪一年工作的？任教的是中学还是小学？任教的科目是什么？
5. 您任教期间是如何教学的？当时所在的学校除了课堂教学外，有没有其它活动？
6. 您如何理解课程？

参考文献

一 中文文献

（一）著作

[美] T. 帕森斯、R. F. 贝尔斯、E. A. 希尔斯：《行动理论草稿》，纽约1953年版。

丛立新：《课程论问题》，教育科学出版社2000年版。

刁培萼主编：《教育文化学》，江苏教育出版社2000年版。

费孝通：《论人类学与文化自觉》，华夏出版社2004年版。

[美] 费耶阿本德：《反对方法》，周昌忠译，上海译文出版社1992年版。

[加拿大] 富兰·迈克：《变革的力量：透视教育改革》，教育科学出版社2000年版。

郝德永：《课程与文化：一个后现代的检视》，教育科学出版社2002年版。

何东昌：《中华人民共和国重要教育文献（1949—1975）》，海南出版社1981年版。

何东昌主编：《当代中国教育（上）》，当代中国出版社1996年版。

胡德海：《教育理念的沉思与言说》，人民教育出版社2005年版。

胡德海：《教育学原理》，甘肃教育出版社2006年版。

瞿葆奎：《教育学文集》（第11卷），人民教育出版社1988年版。

梁漱溟：《东西文化及其哲学》，商务印书馆1929年版。

刘英杰主编：《中国教育大事典（1949—1990）》（上），浙江教育出版社1992年版。

吕达：《课程史论》，人民教育出版社1999年版。

［英］罗素：《美好生活的教育目的》，载瞿宝奎主编《教育学文集·教育目的》，人民教育出版社 1989 年版。

《马克思恩格斯全集（第 3 卷）》，人民教育出版社 1995 年版。

《马克思恩格斯全集》第 19 卷，人民出版社 1965 年版。

《毛泽东论教育革命》，人民出版社 1968 年版。

《毛泽东选集：第五卷》，人民出版社 1977 年版。

［美］D. P. 约翰逊：《社会学理论》，南开大学社会学系译，国际文化出版公司 1988 年版。

［美］塔尔科特·帕森斯：《社会行动的结构》，张明德等译，译林出版社 2012 年版。

［日］佐藤学：《课程与教师》，钟启泉译，教育科学出版社 2003 年版。

施良芳：《课程理论——课程的基础、原理与问题》，教育科学出版社 1996 年版。

石中英：《教育学的文化性格》，山西教育出版社 2007 年版。

石中英：《知识转型与教育改革》，教育科学出版社 2001 年版。

孙美堂：《文化价值论》，云南人民出版社 2005 年版。

王本陆主编：《中国教育改革 30 年（课程与教学卷）》，北京师范大学出版社 2009 年版。

王策三：《教学论稿》，人民教育出版社 1985 年版。

王德如：《课程文化自觉论》，人民出版社 2007 年版。

［法］维克多·埃尔：《文化概念》，康新文、晓文译，上海人民出版社 1988 年版。

吴杰：《教学论》，吉林教育出版社 1986 年版。

叶澜主编：《课程改革与课程评价》，教育科学出版社 2001 年版。

［英］斯宾塞：《教育论》，胡毅译，人民教育出版社 1962 年版。

喻春兰：《大众文化的课程价值研究》，广东教育出版社 2009 年版。

袁贵仁：《价值学引论》，北京师范大学出版社 1991 年版。

郑金洲：《教育文化学》，人民教育出版社 2000 年版。

中共中央文献研究室：《关于建国以来党的若干历史问题的决议（注释本）》，人民出版社 1983 年版。

中央教育科学研究所编：《中华人民共和国教育大事记（1949—1982）》，

教育科学出版社 1983 年版。

钟启泉等主编：《〈基础教育课程改革纲要（试行）〉解读》，华东师范大学出版社 2001 年版。

钟启泉、张华主编：《世界课程改革趋势研究》（上卷），北京师范大学出版社 2001 年版。

《周恩来选集（下册）》，人民出版社 1984 年版。

《尊重知识，尊重人才》，《邓小平文选》（第 2 卷），人民出版社 1994 年版。

　　（二）学位论文

陈秀春：《语文课程文化建构论》，博士学位论文，山东师范大学，2006 年。

段发明：《课程革命与革命课程——文革时期中小学教科书研究》，博士学位论文，湖南师范大学，2011 年。

范兆雄：《课程文化发展研究》，博士学位论文，西北师范大学，2004 年。

黄忠敬：《知识·权力·控制——基础教育课程文化研究》，博士学位论文，华东师范大学，2002 年。

刘旭东：《现代课程的价值取向研究》，博士学位论文，西北师范大学，2000 年。

罗生全：《符号权力支配下的课程文化资本运作研究》，博士学位论文，西南大学，2008 年。

王德如：《论课程文化自觉》，博士学位论文，西南大学，2007 年。

王燕：《课程价值取向之"应然"——兼评新基础教育课程改革的价值追求》，硕士学位论文，南京师范大学，2003 年。

于海波：《科学课程的文化阐释与时代建构》，博士学位论文，西北师范大学，2003 年。

郑家福：《新中国基础教育课程改革的文化检讨》，博士学位论文，西南师范大学，2003 年。

　　（三）期刊论文

包舒畅：《我国民族地区基础教育课程文化选择的误区及思考》，《教育学术月刊》2011 年第 2 期。

鲍道宏：《校本课程开发中的文化冲突及其调适》，《教育发展研究》2012

年第 15—16 期。

查有梁：《论新课程改革的"软着陆"》，《教育学报》2007 年第 2 期。

陈钢：《精英文化的衰落与大众文化的兴起》，《南京师大学报》（社会科学版）2001 年第 4 期。

陈时见：《多元文化视域下的课程发展》，《西南师范大学学报》（人文社会科学版）2003 年第 6 期。

陈旭远：《新一轮基础教育课程改革的基本理念》，《中小学教育》2001 年第 7 期。

陈玉琨：《课程价值论》，《学术月刊》2000 年第 5 期。

陈兆集：《能力的襁褓智力的摇篮——记广州市中学的课外活动》，《人民教育》1984 年第 10 期。

代建军：《论课程文化的重塑》，《山西师大学报》（社会科学版）2009 年第 1 期。

丁钢：《课程改革的文化处境》，《全球教育展望》2004 年第 1 期。

董纯才：《课外活动的意义和原则》，《人民教育》1984 年第 12 期。

范蔚、郭寿良：《川、渝、云、贵中小学校本课程开发现状的调查报告》，《西南大学学报》（社会科学版）2008 年第 1 期。

范兆雄：《论课程文化发展的客观标准》，《教育研究》2004 年第 6 期。

方莹莹：《课程与文化：从分离走向融合——从皮革马利翁与伽拉特亚引发的思考》，《当代教育科学》2010 年第 16 期。

冯生尧、李子建：《教师文化的表现、成因与意义》，《教育导刊》2002 年第 4 期。

傅敏：《课程本体论：概念、意义与构建》，《西北师大学报》（社会科学版）2004 年第 3 期。

傅正元：《帕森斯的社会学理论》，《国外社会科学》1982 年第 11 期。

郭元祥：《综合实践活动课程的回顾与前瞻》，《基础教育课程》2010 年第 5 期。

韩登亮：《课程的文化存在：一种本体论的视角》，《当代教育科学》2012 年第 23 期。

郝德永：《走向文化批判与生成的建构性课程文化观》，《教育研究》2001 年第 6 期。

郝志军：《教学文化的价值追求：达成教化与养成智慧》，《教育研究》2008 年第 4 期。

何智林：《论校园文化》，《自贡师专学报》1993 年第 1 期。

贺卫东：《消费语境的课程文化个性确立》，《江苏高教》2013 年第 2 期。

洪俊、齐阿娜尔：《课程失衡：民族地区农村学校课程的多元文化解析》，《东北师大学报》（哲学社会科学版）2008 年第 1 期。

胡斌武、吴杰：《试论课程的文化学基础》，《西南师范大学学报》（人文社会科学版）2002 年第 5 期。

胡双喜：《基础教育新课程改革实施困境的文化学解读》，《河北师范大学学报（教育科学版）》2009 第 4 期。

扈中平：《"人的全面发展"内涵新析》，《教育研究》2005 年第 5 期。

黄济：《基础教育战略意义浅议》，《集美大学学报》2004 年第 12 期。

黄忠敬：《课程文化释义：一种分析框架》，《学术探索》2002 年第 1 期。

黄忠敬：《全球化语境下的课程文化观》，《现代教育论丛》2002 年第 5 期。

江红来：《课程文化定义的探讨》，《辽宁教育研究》2006 年第 9 期。

姜伯驹：《关于初中数学课程标准的"基本理念"》，《数学通报》2005 年第 8 期。

蒋英燕：《"非主流"文化对高校思政工作的"正能量"价值探微》，《前沿》2013 年第 6 期。

金箭：《课程的本体论价值和工具论价值之关系研究》，《中国教师》2001 年第 2 期。

金志远：《课程文化：实质、属性与特征》，《内蒙古师范大学学报》（教育科学版）2005 年第 11 期。

金志远：《民族基础教育课程改革的文化批评》，《西南民族大学学报》（人文社科版）2008 年第 5 期。

靳玉乐、陈妙娥：《新课程改革的文化哲学探讨》，《教育研究》2003 年第 3 期。

靳玉乐：《课程定义的批判分析》，《焦作教育学院学报》（综合版）2001 年第 4 期。

靳玉乐：《试论文化传统与课程价值取向》，《西南师范大学学报》（哲学社会科学版) 1997 年第 6 期。

乐传永、曾宪群:《试论控制型课程文化的有效转向及其建设》,《当代教育科学》2008 年第 8 期。

李广、马云鹏:《课程改革中的文化冲突与文化适应》,《教育发展研究》2008 年第 22 期。

李涛:《新中国历次课程改革中的"双基"理论与实践探索》,《课程·教材·教法》2009 年第 12 期。

李晓华、孙丽娟:《人文关怀:基础教育课程文化的一种价值选择》,《青海师范大学学报》(哲学社会科学版) 2010 年第 4 期。

李忠东:《优质、均衡的芬兰基础教育》,《河南教育》2006 年第 10 期。

林坚、黄婷:《科学素养和人文素养的整合》,《科普研究》2011 年第 2 期。

林淑媛:《对新课改中课程实施问题的反思》,《教育导刊》2006 年第 12 期。

刘复兴:《教育的本体价值与工具价值关系管窥》,《山东师大学报》(社科版) 1991 年第 6 期。

刘启迪:《课程文化:涵义、价值取向与建设策略》,《课程·教材·教法》2005 年第 10 期。

刘启迪:《中国课程改革需要文化自觉与文化自信》,《当代教育科学》2012 年第 22 期。

刘舒生:《课堂教学与课外活动我见——兼评"两个课堂"与"两个渠道"》,《课程·教材·教法》1986 年第 4 期。

刘硕:《关于基础教育课程改革的几点思考》,《北京师范大学学报》(社会科学版) 2003 年第 1 期。

刘旭东:《文化视野中课程的价值取向》,《教育评论》1997 年第 6 期。

陆竞文、温元秀:《"新课改"中教师阻抗的文化检视》,《江西教育科研》2005 年第 10 期。

吕建生:《我国基础教育教材多样化建设的思考》,《基础教育课程》2009 年第 3 期。

罗生全:《基础教育课程文化研究的现状及其启示》,《天津师范大学学报》(基础教育版) 2008 年第 3 期。

南京师范大学附属中学：《"高中必修课分层教学"的研究与实验》，《江苏教育》2001 年第 11/12 期。

庞德英：《主流文化与非主流文化的冲突与和谐》，《中共桂林市委党校学报》2012 年第 4 期。

裴娣娜：《多元文化与基础教育课程文化建设的几点思考》，《教育发展研究》2002 年第 4 期。

彭钢：《在学校文化建设中形成学校特色》，《教育发展研究》2008 年第 2 期。

彭泽平：《我国新课程改革的价值转型及其知识论与人学根源》，《华东师范大学学报》（教育科学版）2005 年第 6 期。

彭泽平：《我国新一轮基础教育课程改革的问题检视》，《教学与管理》2005 年第 11 期。

彭泽平、姚琳：《和谐社会与课程的和谐伦理指向——"和谐社会"视域下我国基础教育课程改革的思考》，《教育理论与实践》2010 年第 9 期。

彭泽平：《真实成就与客观困境——改革开放至 20 世纪 90 年代末我国基础教育课程改革评析》，《教育理论与实践》2005 年第 7 期。

彭泽平：《知识厄运与制度悲剧——文革时期我国基础教育课程"革命"的历史省察》，《西北师大学报》（社会科学版）2005 年第 4 期。

乔晓冬：《文化与课程建设的价值取向》，《北京师范大学学报》1989 年第 2 期。

容中逵、刘要悟：《民族化、本土化还是国际化、全球化——论当前我国基础教育课程改革参照系的问题》，《比较教育研究》2005 年第 7 期。

申丽娜：《上海市中学生命科学校本课程开发的调查研究》，《上海教育科研》2007 年第 6 期。

石伟平：《劳顿的"文化分析"课程理论及其应用》，《外国教育资料》1995 年第 5 期。

史根林：《学校课程文化的处境及其重建》，《教育理论与实践》2008 年第 4 期。

树生、李建军：《课程文化：学校文化建设的核心》，《教育发展研究》2010 年第 2 期。

唐迅：《21 世纪的文化选择与课程的民族化和现代化》，《上海高教研究》1994 年第 4 期。

唐莹、瞿葆奎：《元理论与元教育学引论》，《华东师范大学学报》（教育科学版）1995 年第 1 期。

汪丁丁：《教育的问题》，《读书》2007 年第 11 期。

王彬、向茂甫：《课程文化——从工具论到本体论的认识》，《内蒙古师范大学学报》（教育科学版）2004 年第 4 期。

王策三：《"新课程理念""概念重建运动"与学习凯洛夫教育学》，《课程·教材·教法》2008 年第 7 期。

王崇宝：《新课改背景下学校课程文化建构存在的问题及对策建议》，《当代教育科学》2010 年第 16 期。

王德如：《课程文化自觉的价值取向》，《教育研究》2006 年第 12 期。

王德如：《试论课程文化自觉与创新》，《课程教材教法》2004 年第 11 期。

王鉴：《我国课堂教学研究的理论及其发展共势》，《中国教育科学》2014 年第 4 期。

王凯：《地方课程发展困境的文化学审视及可能突破》，《教育发展研究》2011 年第 10 期。

王平：《课程文化变迁路径探析》，《中国教育学刊》2010 年第 4 期。

王艳霞、陈慧中：《课程文化选择问题的探讨和思考》，《教育发展研究》2007 年第 10 期。

王悦芳：《芬兰基础教育改革的逻辑与理念》，《外国中小学教育》2009 年第 6 期。

王中男、贺巍巍：《文化视域下的课程异化与回归——试论课程文化品性的重建》，《广西师范大学学报》（哲学社会科学版）2008 年第 2 期。

吴立忠：《课程即经验知识的活动——一种关于课程概念的简约、实用性定义》，《中国教师》2011 年第 2 期。

武卫华：《新课改最大的误区——课堂教学的形式化》，《新课程（中学版）》2008 年第 1 期。

肖鹰：《中国文化的问题在精英文化取向的下滑——兼论精英文化与大众文化的互动》，《探索与争鸣》2012 年第 5 期。

肖正德：《农村学校新课程改革的文化阻滞力——城乡二元社会结构的审视》，《中国教育学刊》2013年第3期。

谢翌、马云鹏：《关于课程实施几个问题的思考》，《全球教育展望》2004年第4期。

邢红军：《中国基础教育课程改革：方向迷失的危险之旅》，《教育科学研究》2011年第4期。

徐小容、朱德全：《课程实施：忠实取向与创生取向相统一》，《中国教育学刊》2011年第8期。

杨宝山：《我国基础教育教材的建设：历程与建议》，《课程·教材·教法》2010年第11期。

杨晓微：《近二十年我国基础教育课程研究的方法论探析》，《教育研究》2000年第3期。

杨志成、柏维春：《隐性课程的文化价值选择》，《黑龙江高教研究》2013年第6期。

杨志娟、蔡淑兰：《课程定义的新视角——基于系统论视角的新经验论》，《内蒙古师范大学学报》（教育科学版）2009年第12期。

易丽：《多维视域下的课程文化重建及其实践路向》，《教育研究与实验》2009年第2期。

尹弘飚：《全球化时代的中国课程改革》，《高等教育研究》2011年第3期。

曾文婕：《论课程文化基础的建构》，《学术研究》2007年第2期。

张奠宙：《期盼中国教育科学研究具有"大国"风范》，《教育科学研究》2005年第2期。

张红霞：《回溯与展望：国内近年课程文化研究现状及反思》，《河北师范大学学报》（教育科学版）2009年第4期。

张华、刘宇：《试论课程变革的文化问题》，《教育发展研究》2007年第1期。

张华：《我国基教育新课程的价值转型与目标重建》，《语文建设》2002年第1期。

张庆华、邵景进：《"生活世界"视域下课程文化的重建》，《教育探索》2013年第3期。

张希艳、陈树生:《课程文化建构中的师生角色期待》,《教育理论与实践》2011年第11期。

张悦群:《三维目标尴尬处境的归因探析》,《江苏教育研究》2009年第1期。

章玳、胡梅:《在线课程的文化选择》,《江苏高教》2013年第4期。

赵颖、郝德永:《当代课程的文化底蕴与品质》,《教育科学》2002年第10期。

郑金洲:《文化传播与教育》,《华东师范大学学报》(教育科学版)1994年第4期。

钟启泉:《概念重建与我国课程创新——与〈认真对待"轻视知识"的教育思潮〉作者商榷》,《北京大学教育评论》2005年第3期。

周序、管浏斯:《评新课程改革中知识的地位之争》,《教育学报》2007年第5期。

周耀慈、王世光:《"教材城市化倾向"的应对》,《教育评论》2006年第1期。

邹广文:《当代中国的主流文化、精英文化与大众文化》,《杭州师范学院学报》(社会科学版)2002年第6期。

二 外文文献

(一) 著作

Beauchamp, G. A., *Curriculum Theory* (3rd ed), Wilmette, IL: The Kagg Press, 1975.

Bernstein, B., *On the Classification and Framing of the Educational Knowledge in Class, Codes and Control*, London: Routledge, 1977.

Cairns, J. Gardner, R. & Lawton, D., *Values and Curriculum*, London: Woburn Press, 2000.

Grallon, T. *Gender and Curriculum Choice, in Curriculum Practice: Some Sociological Case Studies*, ed by Martyn Hammersly and Andy Hargeaves, London: The Falmer Press, 1983.

Grundy, S., *Curriculum: Product or Praxis*, Lewes: Falmer, 1987.

Hargreaves, A., *Curriculum and Assessment Reform*, UK, St Edmundsbury

Press, 1989.

H. L. Casswell & D. S. Campbell, *Curriculum Development*, New York: American Book Company, 1935.

McNeil, J. D., *Curriculum: a comprehensive introduction (Fifth Edition)*, New York: Harper Colons Publishers, 1996.

Pinar, W. F., Reynolds, W. M., Slattery, P., Taubman, P. M., *Understanding Curriculum*, New York: Peter Lang Publishing, 1995.

See Snyder, J., Bolin, F. & Zumwalt, K. *Curriculum Implementation*, Jackson: P. W. (Ed.), 1992.

(二) 期刊论文

Anyon, J., "Ideology and United States History Text book", *Harvard Education Review*, Vol. 49, No. 379, March 1979.

Apple, M. W., "Making Curriculum Problematic", *The Review of Education*, Vol. 2. No. 210, January 1976.

Astiz, M. F., Wiseman A, Baker D., "Slouching Towards Decentralization: Consequences of Globalization for Curricular Control in National Education Systems", *Comparative Education Review*, Vol. 46, No66, January 2002.

Dimmock, C. & Walker, A., "Globalization and Societal Culture: Redefining Schooling and School Leader-ship in the 21st Century", *Compare*, Vol. 30, No. 3, March 2000.

Fullan, M. and Pomfret, A. "Research on Curriculum and Instruction Implementation", *Review of Education Research*, Vol. 47, No. 1, March 1977.

Fullan, M. "The Return of Large-scale Reform", *Journal of Educational Change*, Vol1. 1, No. 28, May 2000.

Kiekbusch, K. W. and Everhart, R. B., "Curriculum, Practical Ideology, and Class Contraction", *Curriculum Inquiry*, Vol. 15, No. 281 - 317, March 1985.

Mao, C. J., "Fashioning Curriculum Reform as Identity Politics – Taiwan's Dilemma of Curriculum Reform in New Millennium", *International Journal of Educational Development*, Vol. 28, No. 5, March 2008.

M. Lkhnson, "Ditlnitions and Models in Curriculum Theory", *Educational*

Theory, No. 4, April 1967.

Nell Burton Wood, "Culture, Identity and the Curriculum", *Education Review*, Vol. 3, No. 227 – 235, March 1996.

Sahlberg, P., "Education Policies for Raising Student Learning: the Finnish Approach", *Journal of Education Policy*, Vol. 22, No. 159, February 2007.

See Mclaughlin, M., "Implementation of ESEA, Title 1: A Problem of Compliance", *Teachers College Record*, Vol. 80, No. 1, April 1976.

Short, G. & Carrington, B., "Anti-racist Education, Multiculturalism and the New Racism", *Educational Review*, No. 1, January 1996.

Tse, T. K. C., "No Easy Choice: Value Dilemmas of Education Reform and Economic Rationalism in Hong Kong", *International Journal of Educational Reform*, Vol. 14, No. 1, June 2005.